国際経営論の体系図

- 企業経営の国際化と
グローバル化の進展　　（第1章）
（グローバル化の歴史的背景と理論的フレームワーク）

- ニューアジアでの
グローバル小売競争の進展　　（第2章）
（マーケティング時代の進展とニューアジア市場）

- ニューアジア時代における
製造業のビジネスモデル　　（第3章）

（日系企業とアジア市場）

- 変貌する東アジアと
日系企業の進出　　（第4章）

（中国企業とグローバル化）　　（韓国企業とグローバル化）

- 中小製造業のアジアにおける
現地経営　　（第5章）

- グローバル化時代の
韓国の企業経営　　（第7章）

- 中国の対外ビジネスと
グローバル化　　（第6章）

- 韓国企業のダイバーシティ・
マネジメント　　（第8章）

- アジア企業のグローバル化
国際的ネットワークの構築　　（第9章）
（グローバル化時代の競争優位ネットワーク）

- 日本および東アジアのグローバル化と
ニューアジア経営の展望　　（第10章）
（日本企業のグローバル化とニューアジア経営）

21世紀経営学シリーズ 9

国際経営論

グローバル化時代とニューアジア経営の展望

佐藤　憲正　編

学　文　社

執 筆 者

*佐藤　憲正	桜美林大学	（第1, 10章）
中村　久人	東洋大学	（第2章）
高井　　透	日本大学	（第3章）
岸本　寿生	富山大学	（第4章）
中山　　健	千葉商科大学	（第5章）
杉田　俊明	甲南大学	（第6章）
尹　　大栄	静岡県立大学	（第7章）
馬越恵美子	桜美林大学	（第8章）
丹野　　勲	神奈川大学	（第9章）

（執筆順：＊は編者）

読者へのメッセージ

　大学院在学時代は財務意思決定論をテーマとしていた私が企業経営の国際化や多国籍企業問題に本格的に興味を抱いたのは，レイモンド・バーノン（1971）『SOVEREIGNTY AT BAY；追いつめられた国家主権』を読んでからである。その後，企業行動の国際化が急激に加速する中で私の国際経営についての興味がますます膨らみ，1991年に桜美林大学から海外研修の機会が与えられたとき，①1992年のEU統合前夜をイギリスから観察できる，②ヨーロッパにおける多国籍企業研究の重要拠点であるレディング大学の研究者達との交流が期待できる，という2つの理由でレディング大学にお世話になることにした。レディング大学では，高名なジョン・H．ダニング，マーク・カソン，ジェフリー・ジョーンズ（現在ハーバード大学に転籍）教授たちとワークショップや懇親パーティーにおいて親しく交わり，議論させて頂いたことは私の貴重な財産となった。特に，ジェフリー・ジョーンズ教授には，大学院準備コンセントレーション・コースに在学し，後に私の妻となった末次真美（2002年1月永眠）共々公私に渡り大変お世話になり感謝している。

　本書は，全体として10章で構成されている。まず1章では，企業経営のグローバル化の歴史的背景・理論的フレームワークについて理解を深め，2章ではまさに激動の最中にあるニューアジア市場におけるグローバル小売競争の進展について触れている。次いで，3章と4章では，日系製造業のアジア市場におけるビジネスモデルや新展開について論述してある。そして，5章と6章では日本の中小製造業のアジアにおける現地経営や中国企業のグローバル化に焦点を当て，7章と8章ではグローバル化時代の韓国の企業経営や韓国企業のダイバーシティーマネジメントに伴う諸問題を取り扱っている。さらに9章では，東アジアのみなら

i

ず広くアジア全体に目を転じてアジア企業のグローバル化，特に国際的ネットワークの構築について論述してある。そして最後の10章においては日本経済・企業のグローバル化の歴史や東アジアのグローバル化とニューアジア経営の展望について論じてある。とはいえ，読者の皆さんは必ずしも1章から順を追って読み進む必要はなく，最も興味のある章から読み始めて10章まで読み進んでから改めて1章に戻るというルーチンを辿っても理解できるようにするために重要なキーワードや理論的枠組みについては，そのつど簡潔に説明を加えてある。

　本書の執筆者は，国際ビジネス研究学会でいろいろとお世話になっている早稲田大学の江夏健一教授や兵庫県立大学の安室憲一教授を通じて親しくさせて頂いた先生方が多く，ここにあらためてお二人にお礼を申し上げる次第である。最後になって恐縮ですが，本書の出版に際しては執筆を依頼されてからまもなく，妻と母の闘病・永眠という試練に晒されたため執筆が思うように進まず，その間に他の執筆者の皆さんの原稿内容やデータが古くなり何度も書き換えていただき，編者として誠に申し訳なく思っている。そのような状況の中で，学文社の田中社長には辛抱強く原稿を待って頂いたのみならずいろいろと貴重な助言や激励をして頂き深く感謝しておる。また，横浜市立大学の斉藤毅憲教授，千葉商科大学の中山健教授，水戸短期大学の百武仁志講師には編集作業などにおいてご助力頂き，ここに特筆してお礼を申し上げる次第である。

　2003年10月

佐藤　憲正

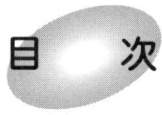

目次

第 1 章　企業経営の国際化とグローバル化の進展 …………………… 1

1　ニューアジアと企業経営の国際化の歴史的背景　2

経営学の導入と国際経営論への発展　2／　世界経済システム的パースペクティブとニューアジア的アプローチ　4／　ヨーロッパの奇跡　5／　イギリス産業革命と経済活動の国際化　7／　情報化の進展と多国籍企業　10

2　国際ビジネスのグローバル化と多国籍企業の多様性　11

グローバル化の進展と多国籍企業　11／　多国籍企業の定義　12

3　国際ビジネスの理論的フレームワーク　16

ロボック＝シモンズの所論　17／　ジェフリー・ジョーンズの所論　22

第 2 章　ニューアジアでのグローバル小売競争の進展 …………… 33

1　グローバル小売企業のニューアジアへの進出と市場特性　34

ニューアジア市場への躍進　34／　ニューアジア市場の特性　36

2　ニューアジア市場の拡大　38

中間層市場の台頭　38／　消費者の価値観の重要性　40

3　グローバル小売企業のプッシュ要因とプル要因　41

主たるプッシュ要因とプル要因　41／　日系企業の進出動機　44

4　ドメスティック産業としての小売企業　45

ドメスティックな性格をもつ小売業　45／　小売企業の国際化　46／　「母国市場の産物」　47

5　中間流通（問屋）システムが成熟していない市場への対応　49

アジアにおける未成熟状態　49／　未成熟への対応　50

第3章　ニューアジア時代における製造業のビジネスモデル …… 55

1　海外進出に対する経営学的アプローチ　56

段階的な海外進出プロセス　56／　ウプサラモデルの内容　56

2　海外進出の段階的アプローチの限界　58

低下した説明力　58／　組織学習の意味　60／　ポーターの主張　60

3　グローバル企業のマネジメントと組織　63

マネジメントへの関心　63／　ゴーシャルの見解　63

4　アジア市場の成長　66

アジア企業の台頭　66／　エイサーのマネジメント　66

5　日本企業における新たな戦略の潮流　67

戦略タイプⅠ（設立から海外資源を活用する）　67／　戦略タイプⅡ（国内回帰でコスト競争力を強化する）　69／　戦略タイプⅢ（逆張り型で競争優位性を創造する）　71／　戦略タイプⅣ（現地企業の能力を取り込む）　74

6　戦略モデルが示すインプリケーション　77

7　おわりに　79

第4章　変貌する東アジアと日系企業の進出 ……………………… 85

1　日系企業のアジア進出の変遷　86

対アジア貿易・対外直接投資の展開　86／　国際分業・対外直接投資理論からの評価　87

2　変貌するアジア市場　91

東アジアの奇跡　91／　ターニングポイントとしてのアジア通貨危機　93／　リージョナリズムの進展とアジア　94／　急成長する中国と東南アジアとの関係　97

3　アジアで活動する日系企業のマネジメント　98

組織構造の変容—地域統括会社/地域本社　99／　あたらしい分業形態 — OEM, EMS　101／　グローバル戦略としてのサプライチェーンマネジメント（SCM）　102

4　アジアと共生する日系企業の戦略 — まとめにかえて　104

日本経済の空洞化　104／　日本企業の対アジア新戦略　106

第5章　中小製造業のアジアにおける現地経営　……………………　111

1　中小企業による海外事業展開の動向　112
海外直接投資の動向　112／　海外事業展開上の特徴　114

2　中国における日系中小企業の経営　117
中国進出の目的　117／　仕入・販売活動　117／　現地法人の企業形態と組織　118／　三資企業のメリットとデメリット　120／　人的資源管理　121

3　現地経営の課題と対応策　123
現地経営のむずかしさ　123／　現地経営の問題点　124

4　中小企業の国際戦略　127

第6章　中国の対外ビジネスとグローバル化　……………………　135

1　外資系企業の動向および対外貿易における役割　136
対中国直接投資の国別・業種別特徴　136／　企業形態からみた対中国直接投資の軌跡　138／　中国貿易における外資系企業の役割　140

2　貿易形態別特徴と企業形態別の競争戦略　143
中国貿易の形態別特徴　143／　貿易形態と企業形態との関連性　144

3　中国企業の国際化と海外直接投資　148
中国企業の対外ビジネスとその成長　148／　中国企業対外直接投資の国別特徴　151／　中国企業対外直接投資の業種別特徴　151

4　グローバルビジネスにおける新たなビジネスモデルの形成へ　153

第7章　グローバル化時代の韓国の企業経営　……………………　157

1　韓国企業経営の変化　158

2　韓国企業の全体像　158
業種別内訳　159／　従業員の規模　159／　売上高の規模　161／　利益水準　162／　韓国経済に占める財閥企業の存在　163

3　通貨危機後における企業経営の変化　164
　　　ヒアリング内容の分析　165
　4　グローバル時代における韓国企業経営　170

第8章　韓国企業のダイバーシティ・マネジメント …………… 175

　1　ダイバーシティ・マネジメントの変遷と概念枠組み　176
　　　新しいアプローチの意味　176／主な特徴　176
　2　アイビーエム（IBM）における先駆的事例　178
　　　多様な能力を活かす雇用の方針　178／浸透するダイバーシティ・マネジメント　179
　3　ダイバーシティ・マネジメントにおける韓国と日本　180
　　　遅れている韓国と日本　180／韓国企業A社の事例　181／遅れている理由　183
　4　韓国企業のダイバーシティ・マネジメント　184
　　　SKコーポレーションの事例　184／サムスン・エレクトロニクスの事例　187
　5　韓国企業における人事管理　191
　6　おわりに　194

第9章　アジア企業のグローバル化 ― 国際的ネットワークの構築 … 199

　1　伝統的な国際経営論よりみた「アジア企業のグローバル化」　200
　　　国際的資源移転論 ― 比較優位性による進出　200／プロダクト・ライフサイクル・モデル　201／内部化の理論　206
　2　経営資源の比較優位性を重視した国際経営論の主張　207
　　　競争優位の創出と維持という考え方　207／説明力のある理論　208
　3　グローバル化するアジア企業の競争優位の検討　211
　　　ニッチ戦略による海外進出　211／輸入代替による海外進出　212／コスト優位の維持による輸出志向の海外進出　213／垂直的統合戦略による海外進出　215／製品分業のための海外進出　218／リスクの回避や分散による投資

219／　コングロマリット展開による海外進出　　220／　経営資源（技術，ブランド）の獲得や組織学習経験蓄積のための海外進出　　221／　本国での成長制約を打破するための国際化　　222／　資金調達を目的とした企業進出　　223

4　おわりに ― アジア企業のグローバル化の促進要因　　223

第10章　日本および東アジアのグローバル化とニューアジア経営の展望
　　　　　　　　　　　　　　　　　　　　　　　　　　　　　　229

1　日本企業のグローバル化の軌跡　　230

　日本経済のグローバル化への軌跡─経済成長の3つのフェーズ　　231

2　グローバル化とニューアジア経営の展望　　235

　東アジアの奇跡　　237／　東アジア諸国の産業政策と「奇跡の経済成長および危機の克服」　　240

3　東アジア地域主義の台頭　　243

　東アジアの地域主義台頭と地域統合組織・国際機関の必要性　　243

4　日本の多国籍企業の特質　　245

　日本企業のグローバル化　　245／　日本企業の多国籍化の足跡　　246

5　ニューアジア経営の展望　　249

　外資企業の動向　　249／　国内空洞化問題　　251／　日本の多国籍企業経営のグローバル化とニューアジア　　252／　グローバル化戦略とニューアジアの経営　　254

索　引　　259

第 1 章

企業経営の国際化とグローバル化の進展

本章のねらい

本章は本書の冒頭にあたり，主に本書の基礎となる考え方を説明する。本章を学習すると以上のことが理解できるようになる。

① ニューアジアと企業経営のグローバル化の歴史的背景

② 国際ビジネスのグローバル化と多国籍企業についての多様な意味あい

③ グローバル化の進展とニューアジア経営の展望

ニューアジアと企業経営の国際化の歴史的背景

　企業経営の国際化とグローバル化を研究対象とする**国際経営論**を掘り下げるに先立って，まず日本における経営学の発達について整理する。次いで，企業の経営行動の国際化を世界的な政治経済の歴史から概観し，検証する。世界経済システムの全体的構造を歴史的に研究した文献の多くは，ヨーロッパ中心の歴史観に基づいている。そのため，今日の国際ビジネスのグローバル化現象を分析するに際してもヨーロッパを世界経済の重要な一部とみなして，世界経済システムそのものを包括的に捉えるパースペクティブ（観点とか展望）が要求されるであろう。

　とはいえ歴史的視点から見れば，ルネッサンスに端を発し，産業革命の連鎖を通じてヨーロッパが歴史の表舞台の主役に躍り出る以前には，陸路の絹の道や海路のモスリム商人の活躍などに見られる「**アジアの時代**」があった。それゆえ，「アジアの時代」から「ヨーロッパの時代」，「そしてアメリカを中心とする時代」になり，近年再びアジアが台頭して**ニューアジアの時代**が始まろうとしているというパースペクティブを持つことが，国際経営を研究するときに不可欠となっている。

経営学の導入と国際経営論への発展

　国際経営論は，経営学のさまざまな研究テーマの中で近年最も注目を浴びている分野である。そもそも**経済学**がイギリス的・フランス的学問であるのに比べて，**経営学**はドイツ的・アメリカ的学問であり，**日本の経営学**は「ドイツに骨を借り，アメリカの肉づけをし，日本的魂を持って形成された」といわれる。

　ドイツの経営学の歴史は，古く，17世紀以前に行われた各種の商業学的研究と18世紀に盛んに行われた**官房学**（国家財政に関する学問）を下

敷きに，**商業学**の科学化・体系化を目指して経営経済学が構築され，その後，経営社会学などが加わって肉厚な学問として成立した。日本の経営学はこの経営経済学が，1920年代の大正末期に日本に導入され，発展を遂げてきたのである。

ところが，第2次世界大戦後においては，復興や奇跡的ともいわれた急速な経済や企業の成長を研究する学問として，ドイツ経営経済学よりはむしろアメリカ経営学が主流になった。**アメリカ経営学**は，南北戦争後に急激に工業化が進み，熟練労働者による組織的怠業が社会問題となったことから，作業の合理的・科学的方法の究明により生まれた**科学的管理運動**に始まっている。

つづいて経営と管理の機構としての経営組織の研究，専門経営者の計画・意思決定に焦点を当てる研究，経営の一般理論の究明を**学際的**に行う，という4つの発展段階を経て，世界中の先進工業国の企業・経営研究に大きな影響を与えるところとなった。なかでも日本の企業・経営研究は，最もその影響を強く受けたといってよかろう。

そして，**ドルショック**，**オイルショック**というふたつの世界経済を揺るがす大事件で幕開けとなった1970年代にいたると，世界経済は歴史的転換期を迎えて低迷していく。しかし，そのなかで日本の経済や企業の堅調さが目立ち，これに対して世界中の経済・経営学者が注目するようになる。そして，**日本的経営論**を研究する学者が急増し，日本独自の歴史的・社会的・文化的特性を反映した企業・経営研究に関する多くの研究成果が発表されるようになった。

かくて，経営学においては，かつてのように，財貨やサービスが国境を越えて交易することを一部の特殊な事象として扱う次元から，経営行動の総体がグローバルな次元で展開される時代となる。そして，国際経営論の研究がますます重要となってきた。

国際経営論においては，主体となる個別企業・所属する産業・所属す

る国家経済などの**主体的条件**に関するそれぞれの発展段階・国際化度に対する，客体となる個別企業の市場・所属する産業の市場・所属する国家市場などの**客体的条件**に関するそれぞれの発展段階・国際化度などとのスリ合わせにより，さまざまな研究テーマの広がりが生じる。

さらに，個別企業の戦略が，多角化，業際化，多国籍化を急速に展開するようになると，**カンパニーイズム**（会社主義）と**ナショナリズム**（国家主義），**ナショナリズム**と**リージョナリズム**（地域主義），リージョナリズムとグローバリズムというきわめて複雑な問題を惹起させることになる。国内に内なる国際化が加速することにより，巨大化した多国籍企業のみならず，中小企業の経営においてさえ，広範な**学際的**（インターディスプリナリー）アプローチのもとで研究を行わなければならなくなっている。

世界経済システム的パースペクティブとニューアジア的アプローチ

アジアとヨーロッパの歴史を世界経済システム的パースペクティブから分析するときに，しばしば提起される設問に，「なぜヨーロッパが勝ったのか」というのがある。その答えとしては，さまざまな理由が考えられるが，確かなことは，相対的に「**アジアが弱体化した**」，あるいは「ヨーロッパが強大化した」ということになろう。それでは，なにがアジアを弱体化させ，なにがヨーロッパを強大化させたのか，そしてそれらのふたつの過程がどのように結びついて歴史が刻まれてきたのかを検証していくことが，次の研究テーマとなろう。

しかし，本書の中心課題は，それらの過程を研究することではなく，かつてアジアの時代があって，再びアジアの時代が到来する可能性があるという仮説の基に，それらの歴史の教訓を必要に応じて学ぶという視点から国際ビジネスを研究していくことである。すなわち，ヨーロッパ中心主義の歴史観に振り回されることなく，21世紀的世界経済システム

の中でアジアを捉えなおし，この「**ニューアジア的アプローチ**」を通じて国際経営の研究を位置づけることである。

とくに，東西冷戦の終結，共産主義・中国の政治的社会的安定によってもたらされた奇跡的な経済成長が，世界経済システムに与える影響は計りしれないものがある。**WTO加盟**（2001年）以後，国際経済社会に正式にデビューした中国は，脇役を脱して，主要なアクターの地歩を固めて21世紀の世界経済舞台の主役的役割を演じるという視点から世界経済システムを見つめなおす必要がある。

ニューアジアという概念は，西アジア，中央アジア，東南アジア，東アジアなどのように，地理的な特性や政治・経済・文化・宗教などの特性によって規定するのではなく，むしろ研究の中核となるアジアの発展した国々の企業がネットワークを通じて国際ビジネスを展開していく際の影響関係の重要度に応じて柔軟に捉えるべきである。

それゆえに，**ASEAN**（ASSOCIATION OF SOUTH-EAST ASIAN NATIONS）**プラス3**，は当然のこととして，**APEC**（ASIA-PACIFIC ECONOMIC COOPERATION），最近急速に力をつけてきている**BRICs**（ブラジル，ロシア，インド，中国）諸国とのビジネスネットワークの拡大や活性化が，国際ビジネスの世界に新しい潮流を生み出してきていることを視野に入れなければなるまい。

したがって，ニューアジアという概念は，意思決定主体となる国・産業・企業の発展段階や，それらの対象となる客体との相互の影響関係などによって規定される。そして，21世紀のコミュニケーション・トランスポーテーションの発達により，その広がりがアフリカ，ラテンアメリカ諸国におよぶことも考えられよう。

ヨーロッパの奇跡

15世紀中葉，イタリアのフローレンスを中心にして**ルネッサンス**が開

花し，その**三大発明**（火薬，羅針盤，活版印刷：1450年）を活用して，**大航海時代**が展開し，新世界であるアメリカ大陸の発見がなされた。この新世界の覇権や市場をねらってイギリス，オランダ，フランス，スペイン，ポルトガルなどの国々が鎬を削って争ったことがヨーロッパの歴史に大転換をもたらした。

しかし，15世紀末のヨーロッパは，いまだに強力な**オスマン帝国**（ヨーロッパ東南部から西アジア，北アフリカにおよぶ広大な地域を支配していたトルコ族のイスラム王朝）の脅威に晒されており，血なまぐさい対決の苦しみと混乱の渦中にあった。そのため，オスマン帝国の首都イスタンブールから数百キロしか離れていないウイーンやドイツの都市国家は，いわゆる朝貢外交を通じて保身を図ったといわれている。

ところが，15世紀のアジア地域は，大変な繁栄を遂げており，中国においては儒学者の官僚により比類なく高度な洗練された政治的階層組織がすでに構築されており，各種の生産技術もヨーロッパより数段すぐれていた。11世紀には可動活字印刷機による印刷がなされており，紙幣の流通により通商の流動性と市場の活性化が実現されていた。また，いち早く発明された火薬と大規模な鉄工産業が火器の発達をもたらし，強力な軍隊組織を可能にしていた。

しかし，中国で明朝が爛熟し，**朝貢・冊封政治のマンネリ化**，北方・南方辺境部の動乱などで覇気が失われている間に，ヨーロッパでは，さまざまな民族や国家が**合従連衡**を通じて，覇権を争いながら国力をつけていった。そのような歴史の流れの中からヨーロッパ人の中に魔法の力によるかのような活気に満ちた精神の高揚がもたらされた。**ルネッサンス**，**宗教改革**，**啓蒙思想運動**，**科学革命**，**産業革命**など，次から次に文明の進歩発展の波が，押し寄せ，大航海時代，植民地争奪時代へと突入していき，"ヨーロッパの奇跡"が起きたのであった。

かくて，歴史が地中海を中心に展開していた時代から，大西洋，カリ

ブ海，インド洋さらには太平洋までをも巻き込み，イギリス，オランダ，スペイン，ポルトガル，フランスなどの列強諸国は激しい**植民地争奪戦**を展開し，国家権力をバックに世界中でさまざまな経済行動を展開することになった。その結果，ヨーロッパ大陸の辺境の島国でしかなかったイギリスは，7つの海を支配する大国となり，**パックス・ブリタニカ**の歴史が始まり，第2次世界大戦後アメリカによってその地位が取って代わられ，**パックス・アメリカーナ**と呼ばれる時代が展開するまでは，文字どおり世界に君臨する超大国となったのであった。

イギリス産業革命と経済活動の国際化

　昔，ローマ帝国の兵士たちは，地中海の明るい太陽の下の本国に比べて気温が低く，霧に悩まされる天候ばかりか，人身御供を行う原始的な宗教（ドルイド教）がはびこる島国であったイギリスに派遣されるのを嫌がり，イングランド南西部の町バースの温泉で気を紛らわせていたとのことであった。

　ところが，15世紀末以降，ルネッサンスの3種の神器を大いに活用してスペインやポルトガルを中心にヨーロッパ諸国が，アメリカ大陸やアフリカ，アジアを始め，世界各地に殖民・略奪・交易を展開した。そして，世界中が一体化し始めた大航海時代になると，大陸文化の辺境の地であった大西洋に面した海洋国であるイギリスは，一躍歴史の表舞台に躍り出ることになった。

　やがて，アメリカ大陸の膨大な自然資源（なかでも金と銀）開発のための労働力不足を補うために**奴隷貿易**が行われ，ヨーロッパからは繊維・生活雑貨，アフリカからは奴隷，アメリカ大陸から金銀という**三角貿易**が始まり，ヨーロッパに**商業革命**をもたらした。さらに，16世紀から17世紀中葉頃になると，イギリスとオランダの二大勢力が世界の覇権を争って対立するようになり，大航海時代の歴史は終わりを告げ，次の時代が

分業・依存関係・比較文化研究

　産業革命期の経済現象についてはさまざまな研究があるが，最も重要な参考文献としてアダム・スミスの『諸国民の富』(The Wealth of Nations) をあげることができよう。商業革命などを通じて市場規模が急激に拡大したことや製造技術革新の群棲，蒸気機関の発明によるエネルギー・輸送革命以外に，スミスは分業がもたらした効用を以下のように指摘している。

　従業員が10名しかいないある小さなヘアピン工場があった。ヘアピンの製造工程は①ワイヤーをリールからひきだす，②ワイヤーを真っ直ぐに伸ばす，③適切な長さに切る，④切り口を削る，⑤留め金頭を作る……紙に包むまで全部で18工程もあったが，それらの工程を分業にして，人によっては2～3工程を担当し，作業をさせた。すると，分業せずに作業したときには，1人当たりでは1日でおよそ20本のヘアピンしか生産できなかったが，分業により生産性が急激に向上して，10人で1日あたり48,000本，1人当たりでは4,800本になり，240倍もの効率を上げることができた。

　ここで注意しなければならないことは，社会的分業も工場内分業も同様であるが，分業は信頼できる**安定的な依存関係**があって初めて成り立つのである。確かに社会も工場も分業を通じて全体のパイを拡大できるが，依存関係が確保できないならば分け合うためのパイをひとつすら得ることができないことも起こりえる。それゆえに，分業の効率を上げるためには，どのように信頼できる安定した依存関係を確保するか，という問題こそが，経営学の主題となるのである。この依存関係を深く理解するためには，個人と組織に関する掘り下げた研究が不可欠である。グローバル化の進展とともに，欧米の**役割・機能連鎖型**で**消極的組織参加型社会・文化**と日本を含む東アジアの**人格連鎖型**で**積極的組織参加型社会・文化**の比較研究が今後ますます重要となってくるであろう。

始まったのであった。

　かくして，アメリカ大陸という莫大な市場を手にしたイギリスでは，毛織物・綿製品の生産性を飛躍的に増加させた生産技術の改良や発明が急速に群棲し，さらには**蒸気機関の実用化**（1775年）が製造技術のみならず輸送システム，工場立地などに大変革をもたらした。その結果，大規模な工場生産が支配的となり産業革命が達成された。

　他のヨーロッパ諸国に先駆けて，イギリスがいち早く**産業革命**を達成できた主な理由としては，次の4つをあげることができよう。①商業革命を通じて世界貿易の独占的地位を築いたことにより資本蓄積が進んでいた。②近代市民社会の形成が早かった。③農業革命の進展に伴い，**エンクロージャー（囲い込み）**によって土地を失った大量の農民が賃金労働者となった。④鉄鉱や石炭など蒸気機関の活用に必要な資源が比較的豊富であった。

　このようなイギリスにおける産業の革命的変化は，**富の偏在性，階級の対立**，生産関係や分配問題などのさまざまな社会的問題を引き起こし，それらの問題に対する科学的なアプローチが必要となり経済学が樹立されることになった。そもそも経済学とはギリシャにおける都市国家の財貨の出入りや財政を研究する「**オイコノモス**」に端を発し，イタリア，フランスを経由し，イギリスに渡り**アダム・スミス**によって体系化された学問であるといわれる。スミスがその著書『諸国民の富の性質と原因に関する研究』を表した頃（1776年），ヨーロッパではフランスを中心とする**重農主義**の思想が色濃く残っていたものの，イギリスではあい次ぐ機械や蒸気機関の発明により製造業が勃興し，産業や社会構造が革命的な変化を遂げていた。

　このイギリスの産業革命が，ヨーロッパ諸国のみならず世界中に大きな衝撃を与え，フランスやベルギーでは1830年代に，ドイツでは19世紀中葉に，そしてアメリカでも1830年代，ロシアや日本でも19世紀末に産

業革命を起こさせるにいたった。その結果，農業社会から**資本主義的工業社会**へ世界的規模での大転換がもたらされ，新しい時代の主役となった資本家たちは，国際的視座から競争を展開せざるをえなくなってきた。

情報化の進展と多国籍企業

　1860年に，幕府の遣米使節が咸臨丸で太平洋を横断した時は，37日を要した。また，その当時，情報交換のために書信を交わす場合には，所要時間の長さも問題であったが，確実に相手の手元に届かない危険があるために同じ書信を何通も送らなければならなかった。

　しかし，われわれは今日，トランスポーテーション（交通）やコミュニケーションシステムの目覚しい発展のお陰で，時間や空間の拘束から解放されて**移動や交信の自由**を急速に拡げてきている。このような時代的背景の中で高度に発達した資本主義諸国の**投資意思決定主体**である多国籍企業（経営者）は，どん欲に国境を越えて活動の場を拡大し，**グローバルな戦略**を展開するようになってきた。

　さて，経営者は，一方ではあくまで**どん欲に利益を求めて投資**をしたがる。だが，他方で投資した瞬間から計画や戦略の成功をいぶかり，臆病になるという習性を持っていることである。それゆえ，投資額が巨大化・長期化したり，企業内外の環境の複雑化・不確実化が加速する状況下において，多国籍企業が投資意思決定をする際には，あらゆる情報機器を駆使して安全性を確認するばかりか，予想されるリスクをヘッジしたり，保険をかけたりすることになる。

　かくして，トータルでの**長期・安定・成長・存続利潤**を求めて，世界中のビジネスチャンスを分析しつつ，国境を越えた戦略を展開するようになる。したがって，国際化の進展が情報化を加速した局面もあるとはいえ，基本的には情報化の進展によって企業経営のグローバル化が加速したと考えるべきであろう。

2 国際ビジネスのグローバル化と多国籍企業の多様性

「過去約40年の間にいつのまにかいわゆる近代社会は姿を消し，いまだに特定の呼び名もない時代が始まっており，その歴史の歯車はいやがうえにも回転を加速してきている」と**ピーター・ドラッカー**が『変貌する産業社会』において指摘してから，すでに半世紀が経過した。この時代をわれわれは「**グローバル化時代**」と命名することができよう。

このような時代において「**温故知新**」の学習姿勢とは，単に過去の類例から学び取るのではなく，現在を注視し，過去に未来の萌芽を見出して，未来を予測し，積極的な適応策を開発するという姿勢をもつことである。

グローバル化の進展と多国籍企業

東アジアの歴史を振り返ると，ヨーロッパ諸国が植民地争奪合戦でアジアの地に足を踏み入れ，ポルトガル，スペイン，オランダ，フランス，イギリスなどの諸国が数百年にわたって支配や影響を与え続け，「**パックス・ブリタニカ**」で総決算された歴史は，第2次世界大戦後の東西両陣営の対立のなかで，アメリカによって展開された「**パックス・アメリカーナ**」によって新しい時代に突入した。

そして，かつてはフランスやイギリスの影響下にあったアジアの国々は，次々と独立を果たし，旺盛な復興を遂げた。しかも1950年代後半になると，世界経済の交流関係は，援助や貿易を主流とする関係から急速に変化している。

貿易主流時代には**相手国市場の評価**に際して，一般的には歴史的な発展段階を追いながら，次のような5つの項目がチェックされてきた。具体的には，①政治的・社会的・宗教的安定度，②港湾・道路などのロジ

スティック・インフラストラクチャーの発展度，③代理店・卸売り問屋・小売店などのマーケティングチャネルの整備・発展度，④決済・送金などに係わる金融システムの発展度，⑤市場の特性や趨勢などをチェックするための情報システムの発展度，である。

しかし，1950年代後半になると，従来の本国で生産し，それを輸出するというパターンから，外国に企業が進出して自社製品を製造し，自国のみならず，世界市場に販売するパターンに重点が移行する。

貿易志向的接近から**生産志向的接近**への重点移行の結果，先進諸国の工業品輸出は，すでに外地生産・販売の半分以下になってきている。このような経済行動は，従来の伝統的貿易理論の枠組みでは説明できなくなってきた。

とはいえ，グローバル化時代の経済行動主体の主役である国境を越えて自由に生産や販売を行う，いわゆる多国籍企業に関する研究は，まだその端緒についたばかりである。したがって，国際経営の視点から多国籍企業の実像の理解を深める必要があろう。

多国籍企業の定義

多国籍企業という用語は，1960年4月カーネギー工科大学の大学院において「1985年における企業と管理」と題するシンポジウムに先立ち，配布された論文の中で，かつてアメリカのテネシー渓谷開発公社（TVA）の長官であった**リリエンサル**（Lilienthal, D.E.）によって初めて用いられた。

だが，日本において，多国籍企業がにわかに注目されるようになったのは，1971年以後のことである。1971年という年は，**国際通貨不安**が充満していた実にエポークメーキングな年であった。

5月にドイツでマルクの変動相場制への移行，8月にアメリカでニクソン大統領による金の交換停止を含むドル防衛のための総合経済政策の

発表，12月に日本で円の切り上げを含む平価調整など，国際通貨に関連する重大な出来事が，次々と起きている。そして，その影の元凶として多国籍企業の暗躍が取りざたされたのである。

　それでは，いったい多国籍企業とはどのような企業なのかを調べてみても，文献によって定義が異なり，一説には研究者の数だけ定義があるとさえいわれている。そこで，以下において代表的な研究者の定義を吟味することを通じて多国籍企業の実態やイメージを把握することにしよう。

1）**バーノン**（Vernon, R.）：規模として『**フォーチュン**』誌の米国産業会社**ベスト500社**に入っており，6ヵ国もしくはそれ以上の国に製造子会社を持つ企業と規定し，187社に多国籍企業のラベルを貼った（銀行，商社，運輸会社は除外，意思決定の統一と調和，規模：年間売り上げ1億ドル以上を基準とする）。

2）**フェアウェザー**（Fayerweather, J.）：2ヵ国あるいはそれ以上の国にまたがって**直接投資活動**に従事している企業であり，唯一の基準はその企業が輸出入，ライセンス契約，国外の工場を直接運営するなど国際的な活動をしていること（資源・各種技術の移転機能を基準とする）。

3）**ロビンソン**（Robinson, R.D.）：国内企業と比較して意思決定部署の違いに基づく国際企業の類型を発展段階的に分類している。ⓐ**国内的**，ⓑ**外国志向的**，ⓒ**国際的**。そして，国際的企業との比較を通じてⓓ**多国籍企業**の特性を明らかにしている。ⓒからⓓへの移行は，外国市場の規模が50％を超えたときに起こる。さらに，ⓓタイプの上にⓔ**超国籍**，ⓕ**超国家企業**が出現する。ⓓにおいては意思決定に国家的色彩がなくなり，国家的意識を超越した企業に対し従業員が忠誠を誓い，さまざまな国民により所有・経営されるようになるとⓓからⓔへと移行し，さらには**超国家企業の設立**の権限を持つような国際機関が設立さ

れ，企業が特定の国家の管轄下で設立する必要がなくなった時に ⓔ から ⓕ へと移行する（意思決定，経営態度を基準とする）。

4）**ストップフォード**など（StopFord, J.N., And L.T. Well Jr.）：国内での企業成長と多角化に伴って発生する組織展開を国外進出においても繰り返すと考えて，その延長線上に多国籍企業を位置づける。まず，国内での成長段階を企業規模，コミュニケーション効率，多角化度を軸に3段階に分類する。さらに，国際活動の発展を3つのフェーズ（局面）に分類する。フェーズ1では親会社と**国外子会社**は持株会社と同じ方式で緩やかな財務関係で結ばれる。そして，フェーズ2では，組織統合の時期であり，独立した**国際事業部**が開設される。さらに，フェーズ3では，首尾一貫した世界規模の戦略計画が樹立され，**国外事業組織**は他の企業内組織と結びつくように改変される（多角化と成長力を基準とする）。

5）**ダニング**（Dunnin, J.H.）：多国籍企業とは**多国籍生産企業**（Multinaional Producing Enterprise:MPE）のことである。そして，2ヵ国以上で生産施設（工場，鉱山，石油精製，販売経路，事務所など）を所有するか，あるいは支配する企業であり，しかも一国により財務上の支配がなされている企業。MPEは**MTE**（Multinational Trading Enterprise）と明確に区別され，MTEとは国際貿易だけに従事している企業のことである。したがって，MPEの場合にはインターナショナルな貿易ではなく，**イントラカンパニー**（企業内部）の貿易を行う製造業ということになる（投資形態，事業形態を基準とする）。

6）**リリエンサル**（Lilienthal, D.E.）：2ヵ国，あるいはそれ以上の国にまたがって直接経営活動に従事している企業である。証券投資や代理店などを通じて販売活動をしているのではなく，国外で直接経営責任を負いながら工業や商業活動をしている企業（経営責任を基準とする）。

7）**パールミュッター**（Perlmutter, H.V.）：経営者の心理状況の違いに

基づいて分類。①**国内志向型（エスノセントリック：ethnocentric)** とは，中央集権的で，重要な意思決定はすべて本社によって行われ，各子会社には一方的に伝達される。②**現地志向型（ポリセントリック：polycentric）** とは，財務，技術開発，管理的意思決定など重要事項は本社で意思決定がなされ，業務意思決定は現地に任せる。③**世界志向型（ジオセントリック：geocentric）** とは，相互に依存関係にある子会社群と本国親会社が有機的に結びつきグローバル・ベースで事業活動を展開する企業。狭あいなナショナリズムを脱し，人事交流，重要な政策決定などを親会社と子会社群との情報交換をベースに行う（経営者の心理的態度を基準とする）。

8) ジョーンズ（Jones, G.）：多国籍企業の概念のエッセンスを「少なくとも2ヵ国以上で所得を生み出す資産を支配している企業」と規定している。そして，資産の取得形態を**間接投資**（経営に対する支配権を伴わない有価証券の取得）および，**国外直接投資**（経営支配を伴う所有，以下では**FDI：Foreign direct investment**）に分類し，国外において資産の所有と支配の双方を目的にする企業が多国籍企業であるとしている。とはいえ，FDIを通じて支配権を確保できる出資比率に関する安定的基準は存在せず，アメリカでは少なくても10％，英国では20％，ドイツでは25％といわれる。日本においては1990年以前には25％であったが，現在では10％といわれている。

また，多国籍企業は，しばしば「合弁事業」や，独立した企業間で技術，権利や資源を移転する契約を含む「**ライセンシング**」，専門的なサービス，ノウハウなどを提供する「**フランチャイズ**」を通じて特定の期間に特定の場所に支配を及ぼす場合もある。

したがって，多国籍企業が提起する問題は，単なる国家間の資本の流れではなく，**各種資源のパッケージの移転**がもたらす「**本国経済**」と「**受入国経済**」全体に対する影響関係やインパクトとして考える必

要がある。それゆえ，多国籍企業の活動を部門および産業別の分布，技術的内容，および現地経済との結びつきの特質などにより，定性的観点から捉える必要があると考える（支配権の有無，資源パッケージの移転を基準とする）。

3 国際ビジネスの理論的フレームワーク

　国際ビジネスの主役である多国籍企業のさまざまな定義を整理してみたが，極論をすれば，この定義は研究者の数だけあるともいわれる。**ジェフリー・ジョーンズ**は国際ビジネスの理論について「すべての人間が同意するような**国際ビジネスの普遍的な理論**は，いまだに存在しておらず，所有，立地，および内部化要素の相対的重要性についての意見の不一致が続いている」と指摘している。

　また，**ドラッカー**は多国籍企業について明確な定義はせず，次のように指摘している。「多国籍企業とは，第 2 次世界大戦後ナショナリストによってまっぷたつに裂かれた世界を統合する役割を担ったすぐれた社会革新的制度であり，経済と主権の間の分裂原因であるとともに結果であり，しかもシンボルでもある」。

　そして，多国籍企業のテスト期間は，いまなお続いており，神話には，こと欠かないとしている。そして「多国籍企業は第 2 次世界大戦後に目覚しい活躍をしているが，すでに19世紀において大きな科学的・技術的発明のほとんどが多国籍企業の出現につながっており，その意味で**多国籍化の現象**はまったく新しいものではない。また，多国籍企業のリーダーシップはアメリカの手中にあると考えられているが，1950年代から1960年代半ばまではそうであったが，1970年代になるとアメリカ以外の多国籍企業の成長が速く，**汎ヨーロッパ企業**が主導権を握りつつある」と述べている。

さらに，ドラッカーは「多国籍企業は製造業だけであると考えることはまったく誤りであり，最も成長の速かった多国籍企業は**金融業**であり，大きな商業銀行は取引先に先駆けて多国籍化している。そして，研究者によっては多国籍企業は**保護主義**への反応であり，企業が外国に工場を建てるのは輸出できなくなったからであるという主張もあるが，多国籍企業の発展は世界貿易が急速に伸びた時期と一致しており，ヨーロッパ諸国が保護主義をやめて，共同市場に参加した時期でもあった」と指摘している。

　かくて，ドラッカーは，多国籍企業発展の真の要因を国家，文化，イデオロギーなどの境界によって制限されることのない「**真の世界市場の出現**」に求めている。

　多国籍企業や国際ビジネスに関する研究はさまざまな視点や理論的フレームワークに基づいてなされ，1970年代から多くの文献が出版されている。そして，今後も経営学や経済学だけでなく，さらには政治学や社会学などにおいても重要な研究テーマになるであろう。

　そこで，以下では1973年の**ロボック＝シモンズ**（Stefan H. Robock and Kenneth Simmonds）の著作と，1995年のジェフリー・ジョーンズの著作において紹介されている国際ビジネスに関するさまざまな理論の概略を検討して国際ビジネスの理論的フレームワークに関し理解を深めていくことにしよう。

ロボック＝シモンズの所論

　過去数世紀における国境を越えるビジネス活動は，企業間の輸出入がほとんどであり，通常の場合，他国の行動に制限を加えるほどのことはあまりなかった。そのような状況のもとにおいては，国際ビジネスを「国際貿易」とほとんど同じであると解してもよかった。そのため，国際貿易の理論を国際ビジネスの将来を予測するための理論的なフレーム

ワークとみなすと長い間信じられてきた。

しかし，多国籍企業の出現がもたらした多国間取引の形態の変化や世界経済の構造変化により，貿易理論では国際ビジネスを説明するためにはあまりにも限界があることが判明してきた。そして，私的直接投資に関する理論的・経験的研究が国際企業の役割を理解するために加えられるようになったと，ロボック＝シモンズは指摘している。

実際，今日において国際企業の行動を無視することはできなくなっている。そこで，国際経済のマクロ理論はいまや企業活動に関するミクロ理論と統合され，**経済学の経営学統合**あるいは**経営学の経済学統合**という視点の重要性されてきている。以下においては，そのような視点を念頭に置きながらロボック＝シモンズによる理論の類型化を紹介していく。

① 国際貿易理論

この理論は長い歴史によって洗練されてきたものである。国際ビジネスにおける「政府の役割」などに関する理論的究明を重ねるなどの努力を惜しまなかったため，一定の限界はあるが国際企業のマネジャーはこの理論に精通していなければならないと考えられてきた。

しかし，国際ビジネスの底流にある力強い各種の圧力に焦点を当てると，さまざまな限界が見えてきた。そもそも，古典的な貿易理論では，労働，自然資源，資本財のような生産要素は国際的には移転せず，リカードの**比較優位の法則**により，比較的生産効率のよい製品を輸出して，悪い製品を輸入し，利益を確保するという。

また，今日の世界経済を貿易理論では説明できない重要な他の理由として，かれらは「**マーケティング時代の展開**」をあげている。比較生産優位説においては，国際市場で取引される製品は標準的な小麦，綿布，ワインなどであったが，現在では市場や消費者の欲求の変化に合わせた「新しいソフト価値の付加による製品やサービスの差別化」のための戦略が，不可欠となり，自国市場のみならず，世界市場を明確に意識した

各種資源の調達や生産立地などの戦略が展開されることになるのである。

② 直接投資理論

　国際的な資本のフローに対する一般理論は，資本の限界生産性の低いところから高いところへ，潤沢な国から希少な国へ移転するといわれている。しかし，最近急増する直接投資の流れは，一般理論では充分に説明できなくなり，さまざまな限界が生じてきた。

　ロボック＝シモンズは，そのような限界について，以下のような説明をしている。たとえば，直接投資には双方投資という現象がかなり多く見られ，ヨーロッパとアメリカの間では莫大な投資を相互に行っている。

　さらに，国際的な資本移動を伴わず，投資先国において資本を調達して投資する外国直接投資という投資パターンが急増している。このような直接投資の形態を説明するために，国際経済学者は国際投資の枠組みの中に多国籍企業の役割を包含させ，**国際資本移動のマクロ理論と個別企業に関するミクロ理論の統合**を図ってきた。

③ 経営管理論的アプローチによる諸理論

　企業というものは，国の内・外にある投資機会によってもたらされる利益とその中に含まれる危険とのバランス・組合せを充分に考慮して投資意思決定を行う。その際，経営者たちがどの程度豊富な情報や代替案を確保できるかということが意思決定の適否を決定するため，多国籍企業において国際ビジネスを行うマネジャーは情報ネットワークを充分に活用できる「**経営情報リテラシー能力**」が問われることになる。

　ロボック＝シモンズは，国際経済論においてのみならず，経営管理研究の分野においても，国際化・多国籍化の問題が取りあげられるようになり，国際ビジネス形態に対する理解が深まってきたと述べている。

　さらに，「多国籍企業は近代企業の歴史とともに古くから存在していたが，その数が著しく増加したのは最近の20～30年間のことにすぎない。しかし，多国籍企業が環境に与える影響関係の重大さゆえに，この分野

の研究は，多く研究者の関心の的となり，経営管理研究の重要な研究テーマのひとつとなってきている。そして，それらの研究の中から新しい多くの優れた研究成果が発表されてきている。」と述べている。

そして，以下に示す3つの国際ビジネスに関するアプローチを取りあげている。

(a)**寡占モデル**

国際取引に関する理論の主要な発展は，**ステファン・ハイマー**（Hymer, S.）の**寡占モデル**によってなされたとし，その特徴を分析している。

寡占モデルは，従来の国際資本の移動に関するマクロ的理論から企業組織理論において展開されている企業の行動理論や行動動機理論へと，その中心を移している。そして，このモデルによれば，寡占企業は自己の所有する「**優位さ**」を役立てるために国外投資を行うのである。

現地企業と比べた場合，**寡占企業**は技術，資本調達，広告を通じて築かれた製品のイメージの差別化，管理の優越性，組織規模，などの面においてきわめて有利である。その利点は，外国というまったく異なった環境で操業することによる追加コストや危険を補っても充分なものがある。また，寡占企業は，製品を外国に輸出したり，ライセンス契約を結んだりするよりは現地で生産するほうがさまざまな面で有利であると考えるようになってきた。

寡占モデルは，経済学と経営学のふたつの異なったアプローチの方法を統合しつつある。さらに，このモデルは直接投資を行う産業の識別に役立つだけでなく，相互投資のパターンを理解するためにも役立つ。

(b)**プロダクト・ライフ・サイクルモデル**

プロダクト・ライフ・サイクル（以後，PLCと略す）**モデルは，レイモ**ンド・バーノンの著作によって知られるようになったが，多くのアメリカの多国籍企業の出現を実によく説明している。このモデルは，直接投

資を説明するために，製品開発の順序を市場の発展段階を追って説明し，輸出および，その後の直接投資の基礎として，イノベーションと寡占状態のあることを強調している。

PLCモデルにおいては，企業の多国籍活動は，その企業が開発した**製品のライフサイクル**に従って順を追った段階を持っている。

まず，第1段階ではアメリカにおいて新製品が製造され，それが輸出という形で外国に紹介される。第2段階では，製品が**成熟期**となり，製造技術が移転可能なほど安定したものとなるために，製品を開発した企業の貿易上の優位性が脅かされることになる。ところが，外国市場で需要が急速に拡大し，**スケールメリット（規模の経済）**を生かせる規模になるために，先進・準先進国において生産活動をするように刺激されることになる。そして，第3段階では，製品が**標準化される段階**となり，製造コストを圧縮できるような開発途上国に生産拠点を移転することになる。そして，そこから本国のみならず，グローバル市場に輸出するようになる。

(c)**資源国際移転モデル**

ロボック＝シモンズは，最も理解しやすい説明として**フェアウエザー**のモデルを取りあげている。このモデルは，多くの国々の間に経済的資源を移転する多国籍企業の役割に焦点を当てた主張であり，寡占モデルやPLCモデルよりも，この**資源の国際移転論**に多くの妥当性が認められると主張している。

フェアウエザーは，貿易理論の中で具現化された**資源移転**の基本理念を拡張し，資源という概念を資本，労働，自然資源だけでなく，製造技術，管理ノウハウ，組織設立能力をも含めて考えている。そして，各国間に存在する資源に対する需要供給に差があるために，それが資源の国際流通に対する基本的な経済圧力となり，多国籍企業に対する機会になっていると提唱している。さらに，それらの機会に呼応するに際して，移

転する資源のタイプ，移転先国の選択，移転の方法などは，個々の多国籍企業の能力や戦略によって異なるが，結局3つの要素（**資源の格差，政治的環境，多国籍企業自身の特性**）が，国際間の資源移転において多国籍企業が果たす役割を決定するとしている。

その際，政府の果たす役割も，重要であると彼は考えており，厳格な意味での国内企業と国際資源移転をつかさどる多国籍企業の行動や役割に関して，①多国籍企業は，世界的活動を行うため国家間における**資源格差**に敏感である，②多国籍企業は，国際間で資源移転をする際に政治的な束縛を厳しく受ける，という2点を特に注視している。

しかしながら，フェアウェザーの資源の国際移転モデルは，多国籍企業への転換については言及しておらず，製造業の生態に特化されている。そこで，国際的戦略展開のモチベーションを市場の役割に求めすぎているとロボック＝シモンズは指摘している。

以上の3つを代表的モデルとして紹介した後で，ロボック＝シモンズは**国際ビジネスの歴史的発展段階**と**多国籍企業の現実の規範的行動**とを峻別して分析しなければならないことを力説し，多国籍企業の合理的モデルを考えるに際しては環境圧力，技術的趨勢，企業の成長・発展過程に対する深い考察が不可欠であると述べている。

ジェフリー・ジョーンズの所論

多国籍企業は，この名称が与えられるはるか以前に存在していたことは確かであり，第1次世界大戦と第2次世界大戦との間の戦間期には，おもにアメリカの研究者を中心に多数の学者によりFDIの統計，企業のFDIの決定要因，被投資国に対する影響関係などが研究されていた。しかし，戦間期のヨーロッパにおいては，すでに外国企業が国内産業に与える影響やその危険性に対して一般大衆の間においてさえ，多くの議論がなされていたことをジェフリー・ジョーンズは述べている。

経済理論家たちが多国籍企業の重要性を認識し，その理論化に取り組んだのはずっと後になってからであった。その最大の要因は，ヨーロッパでは，国境の壁が低く，無数の中小・零細企業が国境を越えて経済活動を行っていたため，技術や各種の資産に関して国境を越えて移転し，支配する現象を，**新古典派経済学者**たちは特別に研究すべきとは認識しなかったことにある。

　1960年にハイマーが「国民企業の国際的活動」と題する論文において，FDIは単なる金融的な現象ではなく，パッケージ化された各種の経営資源の移転を含むとしたことが，その後に続く多くの理論的発展の基礎をなしていると考えられる。そして，後続の多くの理論的研究の中から「**所有と立地的要因論**」，「**内部化と企業の境界論**」，「**折衷パラダイム論**」という3つの理論が注目される。

(a)所有と立地的要因論

　外国企業は，地元の企業に比べて市場，経営資源，政治・法律制度，言語・文化などに対する**パーセプション・ギャップ**によるマイナスを背負って競争を展開しなければならない。そこで，FDIにおいては，それらを補ってあまりある**各種の所有優位**を確保する必要がある。

　まず第1には，膨大な研究開発投資を通じて確保された**製品差別化能力**を核とするマーケティング戦略，ブランド戦略などが，**企業の所有優位**の重要な源泉となる。

　第2の所有優位は，各種の卓越した**マネジメント技術**や**組織**にある。すぐれたマネジメント，マーケティング，アカウンティングのスキルの維持・開発やそれを可能にする組織改革は，多国籍企業にとっては不可欠であり，新技術を革新し，創造する企業の能力こそは重要な所有優位となる。

　第3の所有優位は，**資本市場**をきわめて有利な条件で利用できることである。多国籍企業は，通常は非常に高い信用評価ランクを得られるた

めに大量の資本を容易に，しかも低い利子率で確保できるのである。さらに，第4の所有優位は，多国籍企業の**規模の経済性**やそれに基づく市場支配力によるものである。

また，寡占的支配力を持つ多国籍企業の戦略においては，1社が国外市場に進出すると，防衛的戦略として同業他社が次々と同じ市場に進出する現象がしばしば起きることが，**ニッカポッカー**の研究によって確認されている。そして，「**バンドワゴン効果**」と呼ばれるようになった。その他にも，多国籍企業は，資材の加工・生産に対する支配や共通のガバナンスによる優位性すなわち，世界的市場で付加価値創造活動を調整できたり，各種の資材の調達をグローバルなベースで調達できたり，各種のリスクの分散をすることもできるのである。

次に，**立地優位**の要因も見逃すことはできない。所有優位によって，なぜ企業は外国で経済活動を行うのか，についての説明ができたとするならば，次に問題となることは，どのような要因により，どこの国に進出すべきかということであろう。

まず第1の要因は，「**関税および非関税**」障壁である。保護主義的な政策転換が輸出先国で起こった場合には，輸出戦略が非効率になってくるため，FDIを行わざるをえなくなる。第2の要因は，受け入れ国側の**外資受け入れ政策**に関係する。受入国は，**出資規制・禁止，利益の送金規制・禁止**などにより，投資意欲をそぐ場合もあれば，**優遇税制**の適用，補助金による援助，物的な社会資本や教育施設への援助投資などの**誘致策**により，多国籍企業の投資を積極的に刺激する場合もある。

第3の要因は，**受入国の市場の特質**である。市場の規模や所得水準およびそれらの成長率や発展段階が考慮すべき重要な要因となる。第4の要因は**労務コスト**である。労働の質を支える技術・教育水準も問題となるが，製造コストに占める労賃の割合が高い産業の場合には，この要因が特に重要となる。その他，天然資源や自然的要素が重要な産業におい

ては自然環境が，また金融・情報関連産業においては，情報インフラ・研究センターなどの所在が重要となる。

(b)内部化と企業の境界論

内部化と取引コストに関する研究は，ノーベル経済学賞の受賞者である**コース**（Coase, R.H. 1937）に始まり，1970年代になって**ウィリアムソン**によって「**取引コスト経済学**」として体系化された。

コースは，国際的な企業というよりも複数の工場を持つ国内企業の取引コストに着目した。そして，市場で各種資源を調達することは，情報の不確実性を伴うために，非効率であるだけでなく，適切な取引先を探し，適切価格の検証のための費用，取引契約に伴う各種の費用など，さまざまな費用がかかることになる。

そこで，企業内部で調達するほうが効率的であると指摘した。そのため，企業は**内部化する限界費用**が**内部化による限界収益**を超えるところまで取引を内部化すると述べている。

ウイリアムソンは，この理論を精緻化し，「**制約された合理性**」，「**機会主義**」，および「**資産特殊性**」の3つの要因をシステマティックに統合することにより，より有利なコストパフォーマンスを実現できることを検証した。制約された合理性とは，「われわれは不完全な情報をもとに意思決定をしなければならない」ことであり，機会主義とは「意思決定過程で情報格差が都合良く利用されることがある」ことを考慮しなければならないことを意味している。そして，資産特殊性は，「特定の使用目的に特化した有形・無形の資産への投資を他の目的に転用した場合には価値の低下が起こる」ということである。

かくして，制約された合理性，機会主義，資産特殊性の3つの要因を結合すれば，市場における契約を利用するよりも，取引を企業の内部に取り込む，すなわち「内部化する」という強い動機が働くことになる。それゆえ，外部の企業とできるだけ有利な市場価格で取引することに悪

戦苦闘するよりも，同じ意思決定下にある企業内部において国境を越えて取引できるような組織化をどのように実現するか，ということが，重要な課題となる。

内部化理論は，国際ビジネスの理解に役立つ有力な理論であるため，必要に応じて以下の章でも言及されることになる。しかし，この理論は，提唱者の間で主張の重点にバラツキがある。具体的には，市場における取引の組織化に焦点をあてすぎて，それを達成するための費用や管理・メンテナンス費用などの**コスト**，および市場と組織がネットワークを通じて相互に**再組織化される局面**などが無視される傾向があるという批判もある。それゆえ，さらなる理論の精緻化が求められている。

(c)折衷パラダイム論

このパラダイム論は，**ジョン・H．ダニング**の**折衷理論**の進化形である。ダニングは，企業が国外市場において所有優位（FDIを通じて確保できる各種の優位性）を保持し続けるべきであると確信する場合には，内部化優位の確保に動機づけられ，立地優位の探求や検証が必要になるという「折衷理論」を考案した。

そして，その展開や公式化において，経済・社会の複雑化現象に伴う多数の要素や理論を取り入れる必要性を認識し，共通の理論的ベースの共有による理論の精緻化を狙っている。この折衷パラダイム論においては，国際企業は，以下の3つの優位性の組合せによって市場参入を決定することになる。

① **所有特殊的優位**（ownership specific advantages）：他社にはない技術・ノウハウ，知識，技術開発能力，規模のメリットなど，の特殊な無形資産を保有することによる優位性。

② **立地特殊的優位**（location specific advantages）：進出先で確保できる他の地域より優位になる立地の優位性。関税・非関税障壁条件，誘致政策，原材料・資機材確保の条件，各種インフラの整備など生産条

日本のイメージと日本企業の国際化

　グローバル化時代における日本企業の国際経営戦略において日本という国に対するイメージがきわめて大きな影響を与えるという仮説の下に，筆者はヨーロッパ（旧・EEC諸国を中心に）における若者たちの中にある日本のイメージについて調査を1984年と1991年，の2度行ったことがある。①地理的環境，②文化的特性，③社会的特性，④経済的特性，⑤政治的特性，の5分野を各4問，1問各5点で100点満点にして，ペンタゴン（5角形）分析をしてみた。

　その結果は，"眼鏡をかけて，ウォークマンを耳に，首からカメラをさげて，アタッシュケースを持って早足で歩き回る"という働きバチ・エコノミックアニマルが日本のイメージであった。そして，経済関連情報については，ある程度理解されているが，地理的環境，文化的特性の理解度は，半分以下，社会的特性は3割，政治的特性については2割以下の理解度しかなかった（しかも，1984年と1991年で大きな差は認められなかった）。

　また，アメリカ人の友人のホームパーティーに招かれた折に，10歳の息子さんが会話に割り込んできて，昔アメリカが日本と戦争をして勝ったというのは本当の話なのか，と質問してきたことがある。質問の理由を聞いてみると，家にある車，オーディオ，カメラ，ゲーム機どれも日本製でアメリカ製品と比べてきわめてすぐれているから……ということであった。しかし，それらを提供している国である日本についての理解は，きわめて乏しい。このような状況の中で，ジャパン・バッシング・キャンペーンが展開され，苦い経験をしたことを忘れてはなるまい。

　企業活動のグローバル化に伴い，企業のイメージが非常に重要となり，グローバル市場における市民権の確保が必須となるが，その際に国のイメージが重要となる。世界第2の経済大国でありながら，国際的な政治や文化交流において，その存在感は決して大きいとはいえない。欧米のみならず，アジア諸国においてすら，日本の実像が理解されておらず，古い時代のイメージ

> がしばしば頭をもたげてきて激しい摩擦現象を起こすことはきわめて残念である。それゆえ，経済活動のみならず，政治的交流はもちろんのこと，文化，教育，観光などの交流を積極的に行い，相互理解と親善関係を強化し，ニューアジア時代のリーダー的な役割を担う意識改革が必要となろう。

件の他，進出先市場の成長性，所得水準，発展段階などの市場条件。
③　**内部化インセンティブ**（internalization incentives）：優良な取引先確保のためのコスト，交渉や契約実施に伴うコストなどの限界費用を超える限界収益を確保できる優位性の魅力。

すなわち，①，②，③のすべてが満たされる場合には，直接投資を行う。①と③は満たされるが，②が満たされない場合は輸出を選択する。また，①は満たされるが，②と③が満たされない場合には，契約を通じた資源移転を選択することになろう。

しかし，ここで注意しなければならないことは，この3つの優位性は，独立・不変なものではなく，相互に影響しあって変化し，自然・資源条件や政治・宗教環境の変化などの影響を受ける場合も生じる。そこで，**評価基準の注意深い継続的メンテナンス**が必要となる。

以上において，国際ビジネスがグローバルなスケールで展開されるようになってきた歴史的背景，国際ビジネス進展の理論的フレームワークやその主役である多国籍企業の生態などについて言及してきた。しかし，企業経営の研究の主題は，あくまで**ゴーイング・コンサーン**（継続企業）としての経済行動主体の環境への積極的適応というアクションである。

そのような視点に基づき，日本企業の国際化やグローバル化を論ずるときに注意しなければならないのは，近年のアジア地域の経済・経営環境の激変，**東アジアの奇跡・危機・復興**を単なるグローバル化の一部分として捉えるだけでなく，日本自身もアジアの一員であるということを自覚することである。しかも，日本とアジア諸国との激変する相互影響

関係を歴史的・政治的・気候風土的・地理的・文化的・宗教的環境などを考慮に入れて，特別な関心を持って，掘り下げて今後とも研究をし続けていくことがきわめて重要となる。

《参考文献》

Frank, A. G., *ReORIENT,* University of California Press, 1998.（山下範久訳『リオリエント：アジア時代のグローバル・エコノミー』藤原書店，2003年）

Mahbubani, K., *Can Asian think?* Times Books International, 1998.

Drucker, P. F., *The Landmark of tomorow*, Harper, 1959.

Galbraith, J. K., *The Age of Uncertainty*, Houghton Mifflin Co., 1959.

Drucker, P. F., *The age of discontinuity ; guidelines to our changing society,* Harper & Row, 1969.

入江猪太郎編『多国籍企業―12人の経済学者がえがく未来像―』ダイヤモンド社，1974年

野口祐『統合的多国籍企業論』森山書店，1983年

佐藤憲正「多国籍企業研究（その1）」『桜美林エコノミクス』第8号，1979年

Kapper, A. and Grab P. D. (eds.), *The Multinational Enterprise in Transition ; selected readings and essays*, Darwin Press, 1973.

Raymond, V., *The economic and political consequences of Multinational Enterprise*：*An Anthology,* Division of Research, 1972.

フェアウェザー，J.著（戸田忠一訳『国際経営論』ダイヤモンド社，1975年）

Robinson, R.D., *International Management*, Rinehart and Winston, 1967.（池田義一他訳『多国籍企業戦略』ダイヤモンド社，1976年）

Stopford, J.M., and Wells Jr, L. T., *Managing the Multinational Enterprise ; organization of the firm and ownership of* the subsidiaries, Basic Books, Inc., 1972.

Brook, M.Z., and Remmers, H.L., *The strategy of multinational enterprise ; organization and finance*, American Elsevier Pub. Co., 1970.

入江猪太郎編著『多国籍企業論』丸善書店，1979年

Drucker, P.F., *The age of discontinuity ; guidelines to our changing society*, Harper & Row, 1969.（林雄二郎訳『断絶の時代』ダイヤモンド社，1969年）

Robock, S.H., and Simmonds, K., *International Business and Multinational Enterprise*, R.D.Irwin, 1973.

佐藤憲正編著『情報リテラシー入門』東洋経済新報社，1998年

Hymer, S.H., *The International Operations of National Firms ; a study of direct foreign investment,* MIT Press, 1976.

Vernon, R., *Sovereignty At Bay ; the multinational spread of U.S. enterprises*, Basic Books, 1971.

Jones, G., *The Evolution of International Business－An Introduction International*, Thomson Business Press, 1995.（桑原哲也・安室憲一・川辺信雄ほか訳『国際ビジネスの進化』有斐閣，1998年）

Casson, M., *Economics of International Business*, Edward Elgar, 2000. （江夏健一・桑名義晴・大東和武司監訳『国際ビジネス・エコノミクス』文眞堂，2005年）

Knickerbocker Frederick, T., *Oligopolistic Reaction and Multinational Enterprise* Division of Research Cambridge Mass : Harvard University Press, 1973.（藤田忠訳『多国籍企業の経済理論』東洋経済新報社，1978年）

Williamson, O.E., *Markets and Hieeaechies,analysis and antitrust implications ; a study in the economics of internal organization*, Free Press, 1995.（浅沼万理・岩崎晃訳『市場と企業組織』日本評論社，1980年）

《いっそう学習（や研究）をすすめるために》

アンドレ・グンダー・フランク著，山下範久訳『リオリエント』藤原書店，2003年

　ベルリンに生まれ，アムステルダム大学の名誉教授で，現在はマイアミ大学・フロリダ大学で客員教授を務めるフランクが展開する世界システム論は「西欧偏重主義」を廃して，より大きな歴史的パースペクティブから世界システムを理解しようと努める良書である。

ジェフリー・ジョーンズ著，桑原哲也・安室憲一・川辺信雄ほか訳『国際ビジネスの進化』有斐閣，1998年

　レディング学派の中堅で，現在ハーバード大学に移った著者の幅広いネットワークを駆使した進化論的アプローチは高く評価できる。

マーク・カソン著，江夏健一・桑名義晴・大東和武司監訳『国際ビジネス・エコノミクス―新しい研究課題とその方向性―』文眞堂，2005年

　グローバリゼーションが急速に進展する中で変ぼうを遂げる多国籍企業の新しいモデルを探求する良書である。

《レビュー・アンド・トライ・クエスチョンズ》

① ヨーロッパの奇跡について説明しなさい。
② 多国籍企業の定義をいくつか挙げ，どの見解が最も適切と思うか，その理由も述べなさい。
③ 国際ビジネスに関する3つのアプローチ（寡占モデル，プロダクト・ライフサイクル・モデル，資源国際移転モデル）について述べなさい。
④ ロボック＝シモンズの所論について概説しなさい。
⑤ ジェフリー・ジョーンズの国際ビジネスの理論的フレームワークについて述べなさい。

第 2 章

ニューアジアでのグローバル小売競争の進展

―― 本章のねらい ――

　先進国のグローバル流通外資，とくにグローバル小売企業の主戦場と化した資本自由化以後のアジアを，過去のものとは定性的に違うという意味で，「ニューアジア」と呼ぶ。そして，それが提供する市場を「ニューアジア市場」と呼ぶことにする。

　本章を学習すると，以下のことが理解できるようになる。

① ニューアジア市場の特性と市場の拡大
② グローバル小売企業の海外進出要因とニューアジア市場との関連性
③ それらとドメスティックな小売企業との違い
④ アジアに進出した日本企業の悩みでもある「問屋システム」の未成熟化

1 グローバル小売企業のニューアジアへの進出と市場特性

ニューアジア市場への躍進

　2000年前後から，先進国の大規模小売企業のアジアへの展開が激しさを増してきた。現に，わが国でも**コストコ**（アメリカ）が99年4月に福岡県のトリアス久山に開店後，2000年12月には**カルフール**（フランス）とコストコが千葉県幕張地区で開店し，小売業界に「黒船来襲か」とセンセーションを巻き起こした。

　その後も，**メトロ**（ドイツ）が02年千葉市に，世界最大規模の**ウォルマート**（アメリカ）が，西友に資本参加（事実上の買収）している。さらには，03年に**テスコ**（イギリス）がシートゥネットワーク（スーパー「つるかめランド」経営：本社　東京都港区虎ノ門）を買収して，日本上陸を果たしている。

　それまでの外資小売企業の日本進出はフランスの高級ブランド専門店（**シャネル，ルイヴィトン，エルメス**など）やカテゴリーキラー（**トイザらス**など）などが中心であった。これに対して，今回のそれは，大規模多商品型の小売企業が中心になっている。しかし，より広い視点でみれば，これらの欧米の大規模小売企業は，グローバル戦略の一環としてアジア市場の奪取を目指しており，日本市場はそのアジア戦略の終着駅あるいは総決算の場として位置づけられている。

　さて，図表2—1は，現在，先進国の小売企業の主戦場と化しているアジア諸国でのグローバル小売企業（百貨店は除く）の店舗数を示している。また，（　　）内は，2000年12月からの店舗数の増減である。いかに今世紀に入ってからの開店数が急増しているか，また企業によっては撤退に追い込まれ，いかに熾烈な競争が展開されているかがみて取れ

るのである。

　このように，かつては輸出のための生産基地の位置づけしか与えられなかったアジアの後発諸国も，消費市場へと変わり，グローバル流通外資はこれら**ニューアジア市場**に向かうことになった。一口にアジアといっても，国によって差異や多様性があり，いちがいにニューアジア市場全

図表2－1　グローバル・リテーラーのアジアでの展開
各社店舗数と近年の開店数：2004年8月調査，（ ）内は2000年12月からの増減・空白は不明

	イオン	カルフール	ウォルマート	テスコ	マクロ	メトロ	カシノ	アホールド	コストコ	オーシャン	合計
中　国	16（4）	39（12）	30（19）		6（2）	17（9）	13（3）			39（38）	160（87）
台　湾	1（1）	28（4）		5（4）		8			3（0）	16（5）	61（14）
シンガポール		2（1）						97年撤退			2（1）
マレーシア	11（3）	7（1）		5（5）	8（1）	10（ ）		0（-39）			41（ ）
タ　イ	8（-2）	18（7）		52（31）	21（2）	19（ ）	37（14）	0（-41）		0（-1）	155（ ）
インドネシア		10（3）			12（2）	10（ ）		0（-17）			32（ ）
フィリピン					9（2）						9（2）
ベトナム						2（2）					2（2）
韓　国		25（5）	15（9）	21（14）		98年撤退			5（2）		66（30）
日　本	―	8（7）	西友㈱34%	シートゥ		2（2）			5（4）		15（13）
合　計	36（6）	137（40）	45（28）	83（54）	56（9）	68（ ）	50（17）	*0(-97)	13（6）	55（42）	543（ ）

＊アホールドはアジア（シンガポール，マレーシア，インドネシア，タイ）事業から完全撤退
出所）各社WebSiteおよび筆者調査による

図表2－2　アジア市場の現況

	日本	香港	中国	台湾	マレーシア	タイ	韓国	ベトナム
人口（百万人）	126	6.7	1,248	22	22	61	46	78
面積（千km²）	378	1	9,600	36	330	513	99	332
一人当りGDP（百US＄）	301	239	10	125	38	20	100	5
経済成長率：2002年(%)	0.1	2.3	8.0	3.6	4.1	5.3	6.3	7.0
2003年（%）	2.6	2.2	8.1	2.9	4.7	5.8	2.5	7.0
2004年（%）	1.4	3.2	8.0	3.7	5.2	6.0	5.7	7.1
物価上昇率：2002年(%)	▲0.9	▲3.0	▲0.8	▲0.2	1.8	0.6	2.8	3.9
2003年（%）	▲0.2	▲2.1	0.6	▲0.1	1.7	1.7	3.3	3.3
2004年（%）	▲0.6	0.8	0.5	0.7	2.4	1.8	3.3	4.1
自動車保有率：2001年(%)	58.8	7.2	0.9	23.8	23.8	10.0	23.8	0.3
2002年（%）	58.8	6.9	1.1	26.3	26.3	10.6	27.8	0.5
伸び率（%）	0	▲4.2	22.2	10.5	10.5	6.0	16.8	66.7

出所）野村総研資料ほか

体について論じるには限界がある。しかし，ここでは，小売企業の経営や店舗展開との関係でみていきたい（図表2－2参照）。

ニューアジア市場の特性

　小売市場を検討する際に，まず重要なのは，人口特性と所得レベルである。これまでの小売業では，人口の多さからアジア市場を論じることが多かった。しかし，小売業のアジア進出では，人口規模が大きければ有望な市場かといえば，必ずしもそうではない。

　たとえば，シンガポールの人口は約300万人，香港は約670万人であるが，人口が少なくてもアジアでは，日本に続いて1人当たり所得の高い国（あるいは地域）であり，現地資本も巻き込んだ日・米・欧の小売企業の熾烈な競争が展開されている。

　これに対して，中国やインドネシアは，人口がそれぞれ約13億人，2億人であり，有望市場ではあるが，直ちに進出が可能になるとは限らない。そして，**外資規制**の問題もある。

　ただ，外資企業にとっては，これら人口規模の巨大な国に進出できた場合は，数パーセントの顧客を獲得するだけでも，相当の市場が見込めることになる。中国での富裕層を人口の2％としても，2,600万人の優良顧客が存在することになる。また，進出国での規制が強くても，いったん進出できれば，かえって競争相手の進出や脅威から自社を守れるという恩恵に浴する場合すらありうる。

　さらに，小売業から一国の人口構成をみるとき，ヤング層に注目する必要がある。とくにニューアジア市場では，この市場の果たす役割が大きいといえる。かれらは，所得の割に**可処分所得**が大きく，流行にも敏感であり，**商品情報**も豊富に持ち合わせている。そして，とくに，新製品やファッション製品に対する需要の牽引役になっている。平均所得の低い市場ほど，外資小売企業にとって，ヤング層が重要な鍵を握ってい

る。

　つぎに，アジアにおいても，先進国同様に核家族化が進行し，家族よりも個人が消費の単位になるという**消費スタイル**に移行しつつある。それにより，郊外での住宅需要は増大し，家電などの耐久消費財の需要も増大している。たとえば，香港やシンガポールでは，郊外における核家族にとっては，厳格な政府の都市計画に基づいた大規模な高層住宅での生活になる。郊外の**ショッピングセンター**は，高層住宅の最寄り駅やバスセンターと隣接している。したがって，郊外でも自家用車での買い物は一般的ではない。

　他方，タイやマレーシアでは，郊外開発は民間主導で，一戸建てや棟割り型の低層住宅が主流である。住宅は分散的で，地下鉄などの公共交通機関はあまり発達していないので，郊外には自動車保有者を対象としたショッピングセンターが多数建設されている。したがって，小売業の郊外市場は，国によって異なった対応が迫られることになる。

　それでは，こうしたニューアジア市場の需要特性は，どのようなものであろうか。**川端基夫**は，アジアで日系企業が体験した「**困惑**」として以下のものをあげている[1]。

① 　企業による商品券も含めた取引先への贈答品など，法人需要が少ない。
② 　日本の中元や歳暮のような習慣はないので，欧米同様，贈答需要がない。
③ 　常夏の国では単価の低い夏物衣料しか売れない（四季の区別のなさとそれに伴う需要のなさ）。
④ 　アジア市場ではホワイトカラーの需要が不足している。
⑤ 　アジアでの食品小売業では**露天**（stall）や生鮮食料品を扱う**市場**（wet market）の存在が大きい（伝統的市場への信頼）。
⑥ 　アジアでの**華人社会**では共働きの所帯が多いため，外食行動が多い。

⑦　マレーシアに代表されるような多民族国家では，国内でも消費者の選好が民族間で異なる。

2　ニューアジア市場の拡大

中間層市場の台頭

　ところで，日系小売企業が，なぜニューアジア市場に進出したのか，と聞かれて，よくあげられる理由に，「**現地市場の拡大**」がある。アジアは，ほんの一握りの富裕階層と圧倒的多数の貧困階層からなっていたが，経済的発展により中間層が台頭してきたというのである。現地市場の拡大は，この「中間層」によりもたらされたというのが，現時点でのおおかたの認識である。

　「**雁行形態発展論**」にも象徴されるように[2]，アジアにおける中間層の台頭はNIEsに始まり，ASEANに拡大し，1990年代以降は中国はじめ，その他社会主義諸国にも波及していった。それは，日本をはじめ，韓国や台湾の経済的奇跡から始まり，「**世界の大工場**」中国に至るプロセスである。市場経済への中国の参画は，「今世紀最後の大市場」などと小売業のみならず，あらゆる産業を同国に向けて駆り立てている。中国進出でも，やはり**中間層市場**の拡大が狙い目になっている。

　こうした中間層市場の拡大が論じられるのには，いくつかの根拠がある[3]。まず，アジアでは世帯内での収入獲得者が多いという主張である。たとえば，タイでは，85％の世帯に2人以上の，44％の世帯に3人以上の収入獲得者がいるという調査もある。また，中国，台湾，香港などでは，昼間の仕事とは別に夜にもうひとつの仕事を持つ労働者も多いという。

　さらに，学問的には，**平均所得の上昇**が予想以上に大きな市場拡大に

つながるという説もある。つまり，かつてのA時点の平均所得より現B時点のそれが増加した場合，これを縦軸に人口，横軸に1人当たり所得をとって，山形のカーブを描けば，購入が可能となる限界所得により形成される市場範囲はB時点の方が格段に大きくなるという考えである。その際，B時点での山形カーブは，A時点のそれよりも山が低くてより丸みを帯びた形になる（図表2―3参照）。

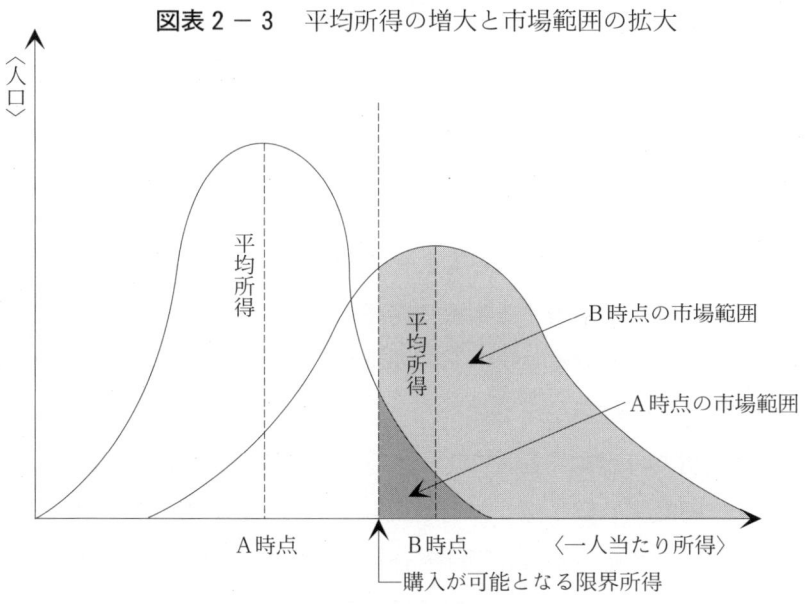

図表2－3　平均所得の増大と市場範囲の拡大

出所）川端基夫，2000年の図（p.170）を改作

　所得からみた中間層の台頭は，**所得格差の縮小**からも説明されている。これは，所得格差を0～1の間の数値で示す「**ジニ係数**」の算出により行われる。ジニ係数が0.3以下は所得の平等性が高いが，0.5以上では不平等な国となる。アジア諸国を対象としたいくつかの調査では，総じてジニ係数は経時的に小さくなっており，所得格差は縮小しつつある。しかし，タイだけは，なぜか例外のようである。

　さらに，アジアの所得格差については，都市部と農村部といった地域間格差，多民族国家マレーシアなどでは民族間格差が指摘されている。

ここでも，重要なのは，外資小売企業にとって市場つまりターゲットはどのような層なのか，ということである。川端基夫によるタイの実態調査では，日系小売業の場合，顧客対象は百貨店の場合が世帯所得4〜6万バーツ，スーパーの場合で2万バーツ以上であったという。これでいくと，首都バンコックでも，日系企業の顧客ターゲットとなるのは，百貨店で上位世帯所得10％，スーパーで上位20％，ディスカウント系で50％程度とみている。そして，農村部には，日系企業のターゲットは，ほとんど存在しないことになる。要するに，これまで考えられていた以上に底の浅い市場であり，巨大市場に進出したといっても**ごく限られた市場（ニッチ）**を狙わざるを得ない状況にある。

　アジア市場の拡大を示す指標として，家電製品や自動車といった耐久消費財の普及や販売台数があげられてきた。それらは，アジア市場での中間層市場の拡大を示唆する指標と考えられている。しかし，たとえば，中国においてさえ，カラーテレビ，洗濯機，冷蔵庫などは，最低所得層でも非常に高い保有率を示しているという調査もある[4]。

　また，タイでの自動車需要の急増については（図表2—2参照），ノンバンクが無担保で貸し出した自動車ローンに依存した部分が大きく，それらは97年の通貨危機後は返済不能に陥り，自動車が没収されるという事態も多発した。さらに，**自動車販売台数**をみれば，アジアでは圧倒的に乗用車よりも**商用車**の比率が高いのである。前述の川端は耐久消費財の需要や保有率は，市場の拡大を象徴するものであっても，中間層市場を捉える指標にはならないという。

消費者の価値観の重要性

　また，川端は，市場拡大を考える場合は，所得だけでなく，消費者の価値観やライフスタイルとの関係が重要であると指摘する。たとえば，アジアの生鮮食品流通で伝統的市場が依然として重要な位置を占めてい

るのは，高所得者層の選好も多いからである。所得の増大は，低価格品から中価格品へ，そして高級品へといったプロセスで，市場を拡大させるわけではない。

消費においては，**低価格品**と**高級品**の2極分化傾向がみられる。アジアでは，生鮮食料品については伝統的市場，加工食品や日用衣料についてはディスカウントストアが利用されることが多い。つまり，所得の上昇がストレートに近代的食品スーパーマーケットの拡大につながりがたい傾向がある。また，百貨店やGMS（General Marchandise Store：総合スーパー）が扱う商品でも比較的所得の伸びに鈍感な商品もあり，それらはライフスタイルの質的変化を待たねばならない。

3　グローバル小売企業のプッシュ要因とプル要因

なぜこんなに多くのグローバル小売企業（とくに欧州系企業）の店舗が短期間にアジア市場に進出したのであろうか。小売企業の国際化（海外進出）に関する動機は，製造企業との共通点もあろうが，小売企業に固有な動機もあると考えられる。

主たるプッシュ要因とプル要因

ここでは小売業国際化の動機を**プッシュ要因**（国内要因）と**プル要因**（海外要因）に分けて考察する。まず，先進国小売企業にほぼ共通するプッシュ要因として以下がある。

① 人口の伸びの鈍化と，それに伴う経済成長の鈍化と停滞
② 国内での大規模小売企業間の熾烈な競争
③ 市場の寡占化や**出店規制の強化**（フランスのロワイエ法やラファラン法，ドイツの閉店法，日本の大店法など）
④ 株主からの海外進出による持続的成長の期待

⑤　ITの急激な進展による企業の多国籍的展開
⑥　グローバルなメーカーとの協調関係

　また，日本以外のアジア諸国からのほぼ共通するプル要因としては以下が考えられる。
①　人口の急激な増加と高度な経済成長
②　小売企業が未成熟で，後発参入が容易
③　アジアでの通貨危機による市場機会の創出
④　外資規制の緩和（資本自由化の進展）
⑤　インフラ整備の進展
⑥　低い**オペレーションコスト**

　しかし，日本市場からのプル要因は，これらとは非常に異なっており，具体的には，以下の要因がある。
①　地価・家賃や建設コストの大幅下落
②　大規模小売店舗法（大店法）の廃止
③　バブル崩壊で小売企業の買収が容易
④　不採算・倒産企業よりの人材確保が容易
⑤　依然としてアジア最大の消費市場（資本主義市場で，GNP世界第2位の市場）

　これらの要因が「外資への吸引力」になっている。
　また，オックスフォード大学テンプルトン・カレッジの調査報告書および矢作（2001）でもほぼ同様に，1990年代のアジアにおける小売業国際化の要因を，図表2－4のように，プッシュ要因とプル要因に分け，それぞれを**市場環境，法的規制，経営戦略**，その他の4つの要素から説明している[5]。

　法的環境についていえば，ヨーロッパでは都市計画や環境政策の観点から大型店に対する出店規制が強化された。フランスでは，売場面積1,000㎡以上の店舗に対して，ロワイエ法が1973年に，同300㎡以上に対

図表2－4　アジアにおける小売業国際化の要因

	プッシュ要因	プル要因
市場環境	・人口伸び率の鈍化 ・経済成長の鈍化と停滞 ・小売市場の成熟化 ・競争の激化	・人口の増加 ・経済成長の拡大と持続 ・小売市場の成長力 ・競争の未発達 ・経営規模の経済性 ・インフラ整備の進展
法的規制	・出店規制の強化 ・高税率	・関税・資本の自由化 ・出店・営業規制の緩和 ・外国人就業者の規制緩和 ・優遇税制
経営戦略	・国際化の重要性認識 ・他社追随 ・余剰資金の活用	・地理的多角化による経営リスクの分散 ・魅力的な不動産投資の機会（地価下落）
その他	・株主からの持続的成長への圧力	・投資に有利な為替レート

出所）OXIRM, 1997. およびロス・デービス・矢作敏行，2001年，p.24.

してラファラン法が1996年に制定されている。

　これらの法制定は**ハイパーマーケット**やスーパーの急激な発展のもたらす諸問題への対応として，都市計画と商業の整合性，あらゆる業態の存立，中小小売業の保護を目的とするものであった。1970年代初めに，年間60店を越えていたハイパーマーケット業界の出店は，1998年には，わずか5店に落ち込んでいる。

　これに対し，アジアにおける法的規制は急速に緩和への方向に向かっている。日本，香港，シンガポール，台湾は1980年代までに，資本の自由化を終えている。1990年代になると，韓国，タイ，さらにマレーシアや中国も外資に対する原則自由化を実現させている。日本では，**大規模小売店舗法**が2000年に廃止された[6]。

　つまり，法的規制の側面では，出店を抑制する小売企業の母国側のプッシュ要因と規制緩和されたアジア諸国側でのプル要因とがからみあって，小売企業の海外進出が促進されたことがうかがえる。

　さらに，経営戦略も小売企業に海外進出の大きな動機を与えている。イギリス小売業の国際化を研究している**ウィリアムス**（Williams, D.E.,

1992）は，国内の経済的停滞，小売市場の競争激化，市場の成熟化といった国内要因（プッシュ要因）よりも，海外市場のプル要因を海外市場進出の成長機会と捉える経営理念や，自社の経営ノウハウやマーケティング技法といった競争優位を進出先国で実践しようとする戦略性の高まりのほうを重視している[7]。

日系企業の進出動機

つぎに，日系小売企業の海外進出動機について，欧米の小売企業にはない特徴があるのだろうか。

日系小売企業の進出要因についての先行研究では，①国内でのネガティブな要因（国内市場の成熟や競争の激化，「大店法」等による出店規制の強化，出店コストの高騰など），②海外での規制緩和要因，③海外市場要因（日本人の海外旅行ブーム，「飛び地」的に存在する日本人・日系人市場，アジアの経済成長とそれに伴う中間階層の拡大，円高に伴う投資コストの相対的低下）といった要因があげられている。そして，③の海外市場要因の一部を除いては，欧米の小売企業を中心とした進出要因と大差がないことになる。

ここで，「飛び地」（ethnic enclaves）とは，海外での日本人駐在員とその家族，日系人，日本人観光客などからなる市場の総称である。アジアへの百貨店進出では，欧米への進出とは違ってターゲットは「現地富裕層」（華僑・華人や欧米人）と日本人駐在員，およびその家族であった。日本人観光客も対象とするようになったのは，1972年のシンガポール伊勢丹や1975年の香港松坂屋からである。

他方，日系スーパーマーケットについては，圧倒的にアジアへの進出が他地域より多く，対象は日本人観光客ではなく，現地人一般が主たる顧客である。そして，場合によっては，日本人駐在員とその家族が含まれていた[8]。

> **グローバル小売企業は世界に存在するのか**
>
> なにをもってグローバル小売企業というか必ずしも定説があるわけではない。国際経営論で著名なラグマン教授（A. Rugman）は「本当の意味でのグローバル小売企業は現在のところ存在しない」と言っている。彼の言うグローバル企業は世界のトップ500社にランクされており，日・米・欧3地域からなるトライアド（TRIAD）市場で売上高がうまく3分割されていることを条件としている。この条件に合っているのは，世界トップ500社の内の約10％が小売企業であるものの該当する企業はないというのである。あえて言えば1社ある，それはLVMH（ルイ・ヴィトン・モア・ヘネシー）である。

4　ドメスティック産業としての小売企業

ドメスティックな性格をもつ小売業

これまで小売業の海外進出が製造業に比べて少なかったのは，地理的，文化的制約条件を強く受けるドメスティック（国内）産業としての性格が強かったからであろう。

国際競争の観点からみれば，**M．ポーター**（1986，1990）のいう**マルティドメスティック**（multidomestic）産業である[9]。それは各国（あるいは少数の国からなるグループ）ごとに独立した競争が行われているような産業である。そして，一国でのその企業の評判，顧客層，物的資産などは，他の国でのその企業の成功とはほとんどか，あるいはまったく関係がないのである。

企業の競争優位は，各国ごとに決まることになる。多国籍あるいはグローバルな産業でも，本質的には国内産業の集合であるから，マルティドメスティックと呼称するのである。このような産業の代表が，小売業

や卸売業であり，その他，多くの食品，生命保険，消費者金融といった産業がある。しかも，この産業では，外国の企業が競争優位を持つことが困難だとみなされてきた。

これに対して，別の極にいるのが，**グローバル産業**である。この産業に属する企業は一国での競争上の地位が他国でのそれに影響を与え，グローバルなネットワークから生まれる競争優位に依存している。これに属する典型的な産業は民間航空機，テレビ，半導体，複写機，自動車，腕時計など多くの製造業である。

小売企業の国際化

さて，前述のマルティドメスティックと類似の概念に**バートレット＝ゴシャール**（Bartlett, C.A. & Ghoshal, S.）のいう**マルティナショナル企業**がある[10]。これらの企業は，進出先国ごとの違いに焦点を当てた経営を行う。各国別の顧客の指向や好み，産業上の特徴，政府規制の違いなどに機敏に対応し，製品やサービスを差別化する。企業組織の観点からは，本社から各国子会社に大幅な自由裁量権が与えられている**権限分散型の連合体**になっている。これは，ヨーロッパのグローバル企業に多

図表2－5　5つの変数による小売業国際化の分類

	狭義のインターナショナル	グローバル	トランスナショナル	マルティナショナル
地理的広がり	1つの大陸内	2つ以上の大陸	1つもしくは複数の大陸	1つもしくは複数の大陸
文化的広がり	1つの文化地域	2つ以上の文化地域	2つ以上の文化地域	2つ以上の文化地域
文化的基盤	民族的同一性	混合	広域的	多層的
マーケティング的観点	本国での業態を踏襲または国際的提携	最小限の現地適応，単一市場とみる	中程度の現地適応，市場の多様性を認識	最大限の現地適応，多様化市場に適応した業態
経営スタイル	地域本部	中央集権的	統合ネットワーク	地域別独立性

出　所）ロス・デービス＆矢作敏行編，外川洋子訳，2001年，p.73.
原資料）Helfferich, et al., 1997.

いタイプである。

　かれらは，国際的な企業の分類として，マルティナショナル企業のほかに，**インターナショナル企業，グローバル企業，トランスナショナル企業**をあげている。この分類を図表2—5のように小売業に当てはめて検討したのが，**ヘルフリッチ他**（Helfferich, et al.,1997）である[11]。この研究では5つの変数（地理的広がり，文化的広がり，文化的基盤，マーケティング的視点，経営スタイル）との関係で小売業の国際化を分析している。

　ここで狭義のインターナショナル小売企業は，国際化の初期段階を指している。グローバル小売企業とは，標準化を基本に迅速に国際化を進める企業で，具体的には**イケア**や**ルイ・ヴィトン**，**ベネトン**などの専門店チェーンが当てはまる。そして，トランスナショナル小売企業は，標準化と現地適応化をうまく駆使することのできる企業である。**マークス＆スペンサー**の1990年代における直営店舗，フランチャイズ方式での展開，現地企業との合弁企業などの使い分けは，その典型である。

　マルティナショナル段階の企業では，経営スタイルは，地域別に独立性が強く，マーケティング的には現地適応が最大限に図られ，多様化した市場ごとに適合するフォーマット（業態）が導入されている。**テスコ，デレーズ，アホールド**などが典型例である。彼らはマルティナショナル小売企業を専門的経営能力が一番高いと位置づけている。

「母国市場の産物」

　さて，小売企業は，国内の土着的あるいは地域的特性を有し，「**母国市場の産物**」であるがために，海外進出先においてさまざまな困難に直面する。それでは，そうした土着的・地域的特性，つまり「母国市場の産物」とは，具体的にどのようなものであろうか。

　それは，その国（市場）特有の，歴史，気候，国土の広さ，市場の集

中・分散度，消費者特性，交通インフラの整備度，政府規制，都市開発や都市計画，地価や店舗家賃とその変動，物的流通の基盤，製造業や卸売業の発展の度合い，宗教，さらには先に検討した人口規模や市場の拡大，所得の伸びといった多くの要素からなっている。川端は，各国市場ではこれらの要素が重なり合って相互に関連し，参入小売企業に対して，いわば動態的な「**フィルター構造**」をつくりだしているという。

彼は，この概念により，各国特有の要素を羅列したり，個々に取り出して議論するのではなく，ひとつの動態的な「構造」として捉えることの必要性を強調している。また，そこでは，マーチャンダイジングにかかわる「市場環境」だけでなく，店舗とその立地に関係する要素を強く意識している。

進出先市場で成功するかどうかは，母国市場と進出先市場のこうした構造上の「**差異と共通性**」に負う部分が多い。両者の動態的構造のどの特性が共通し，どの特性が異なるかを検討し，多くの要素で構造的な共通性を確認できれば，母国市場での特性を生かしながら，標的市場に参

ウォルマート上陸は「黒船来襲」か

小売業界No.1のウォルマートは2002年度に小売業界のみならず，全業種を通じて売上高世界一に躍り出た。現在の資本金，売上高の面からみれば日本の大規模小売企業は足元にも及ばない。西友に資本参加して着々と日本市場への足場を固めつつあるウォルマートの上陸は，日本小売企業側にとって「黒船来襲」の事態となるであろうか。かつてイトーヨーカ堂との商品提携で好ましい成果が得られなかったといった楽観論もあるが，日本側でこの事態に一番危機感を持って慎重な対応策を講じているのはイオンである。イオンは，自社でもウォルマートが行っているEDLP（エブリデー・ロープライス）の実現に向けてメーカーとの直取引，自社流通センターの設営，ITシステムの本格的な取り組みなどを実施している。

入することが可能になる。しかし，そうでなければ，みずからのシステムを変更して参入する必要がある[12]。

5 中間流通（問屋）システムが成熟していない市場への対応

アジアにおける未成熟状態

小売業のアジア進出を考える場合，難しい問題として**中間流通システム**（問屋システム）の未成熟がある。ここでは特に日系小売業を中心に考えてみると，日本国内と同じような中間流通システムがアジア諸国では未成熟または存在しないという問題がある。もっとも，世界的にみれば，アジアだけでなく，問屋に大きく依存した**日本の流通システム**そのものが特異なものともいえる。しかし，この問題は，日系小売業にとって仕入れ（商品調達）に関わる最重要問題であり，これまでアジアで成功するためのネックでもあった。

なぜ，アジアで中間流通システムが未成熟かといえば，小売商はそれぞれのメーカーから直接に購入するか，メーカーの**販売代理商**を通じて取り引きするか，のいずれかである場合が，圧倒的に多いからである。販売代理商は，メーカーと小売商の間の単なる仲介役であって，物流は一切行わない。取引が成立すれば，商品はメーカーから直接小売商に搬送されるのである。したがって，小売商は商品のメーカーごとに発注を行わなければならず，その仕入れ取引は，非常に煩雑になる。

台湾，シンガポール，香港，中国などでの日系小売企業の商品調達（仕入れ）に関する調査では，加工食品の仕入れでも日用雑貨品の場合でも，日本国内ならば，少数の問屋で主要な商品を取り揃えることができるものが，現地では，非常に多くのメーカーやその販売代理商と取り引きしている実態が明らかにされている[13]。こうした取引の煩雑さと，

それに要するコストの荷重から，撤退を余儀なくされる日系企業もあったという。

このようなシステムの未整備から生じる他の問題として，小売商が，メーカーから小口の仕入れや**多頻度配送**を受けられないことがある。いきおい小売商は，欠品による販売機会のロスを防ぐため，大きなロットの仕入れを行ってしまう。その結果，小売側は，大きな過剰在庫に悩むことになる。過剰在庫は，資金繰りを困難にする。資金繰りの悪化は，金利の高いアジアでは，経営を逼迫させるという悪循環に陥る。

未成熟への対応

このような中間流通システムの未成熟を目の当たりにして，日本の問屋は，どのような対応をしているのであろうか。日本の問屋が，アジアでの新規市場開拓を目指して自発的に進出した明治屋の事例は，むしろ例外であって，ほとんどは，先に進出した日系小売企業が国内での取引先である問屋に進出を要請している。

しかし，問屋側にしてみれば，少数の店舗しか有しない特定企業のためにだけ進出することには，リスクが伴う。これまでのところ，海外進出した日系問屋の業績は，概してよくなく，すでに撤退している企業も少なくない。

ただ，新しい動向もある。オーストラリアの食品問屋**デェビッド・ディストリビューション**（David Distribution）社が，シンガポールやタイに進出し，物流センターを設置して地元の大手食品スーパー（NTUCフェアプライス）や**コンビニエンス・ストアー**（セブン-イレブン）などに商品を供給している。同社の場合，メーカーから物流センターの利用料を徴収して運営しているので，メジャーなメーカーの製品が限定されたり，独自色の強い品揃えが困難になるといった問題が指摘されている。だが，中間流通業者の革新としても注目される。

こうした中間流通システムの未整備や欠落を克服するために，かつては**ヤオハン**による国際流通センター（IMM）がシンガポールや上海で設立された。やはり，日系大規模小売企業にとって，この問題を克服する道は，現状では自前で物流センターを設置・運営する方法であろう。
　比較的新しい例として，**ジャスコ**（サイアム・ジャスコ）がタイのバンコックで三菱グループの支援を受けて設立した自社専用の物流会社（リテールサポート・タイ）がある。物流センターの設置・運営により，ジャスコでは，店舗在庫が減少し，欠品率も低下し，伝票の処理数や店舗ごとの荷さばき人員も削減されたという[14]。
　中間流通システムの未成熟に対応する別の方法として，欧米企業にみられる**キャッシュ・アンド・キャリー**のホールセール・クラブやハイパーマーケットという業態の開発がある。これらの業態でも，メーカーに対する拮抗力を得るには，ある程度の出店数を必要とする。しかし，中間流通システムの未成熟な国々では，威力を発揮する有力な業態である。そして，メーカーとの直接の大ロットによる取引や多頻度でない配送にも違和感はない。むしろ中間流通システムが中抜きされた市場に適合した業態である。
　アジアだけでなく，問屋が未成熟あるいは存在しない国々で多大の成果を上げている。たとえば，世界最大の**ホールセール・クラブ**であるドイツのメトロは，アジアでは中国に20店舗近く出店し，いずれも繁盛している。また，アメリカのコストコは韓国に5店，台湾に3店，メキシコには20店近くと，これまた繁盛している。
　ハイパーマーケットで最大規模のカルフールは，アジアでは日本進出前に台湾，マレーシア，中国，タイ，韓国，インドネシアに出店し，台湾では小売業界1位，韓国では2位を占めている。中南米でもブラジルやアルゼンチンを中心に，店舗数や売り上げを伸ばしている。1980年以降，25カ国に参入しているが，撤退したのは，アメリカと香港だけであ

る[15]。

とくに，ホールセール・クラブについては，途上国では小口の仕入れを必要とする飲食店や多くの零細小売業者が存在し，それらは格好の顧客ターゲットになっている。また，小売店や飲食店の業者を対象とするだけでなく，個人会員には小売も行っており，両方の顧客を取り込むことができる。**商圏**も純粋な小売企業よりも広く，地方都市への出店も盛んである。日系企業も，このような業態を早急に開発する必要がある。

《注》

1) 川端基夫『アジア市場幻想論』新評論，1999年，pp.194-227
2) 赤松　要「わが国産業発展の雁行形態」『一橋論叢』1956年11月号
3) 川端基夫，前掲書，1999年，pp.230-265
   川端基夫（a）『小売業の海外進出と戦略』新評論，2000年，pp.164-196
4) 三菱総合研究所『中国情報ハンドブック』蒼蒼社，1998年
5) Oxford Institute of Retail Management, *Shopping for New Markets-Retailers' Expansion across Europe's Borders,* Templeton College, Oxford, 1997.（ロス・デービス・矢作敏行編／外川洋子監訳『アジア発グローバル小売競争』日本経済新聞社，2001年，p.24）
6) ただし，これに代わって「大規模小売店舗立地法」（大店立地法）が制定された。これは売り場面積1,000㎡以上を対象とし店舗周辺の環境配慮を重視したもので，騒音，振動対策，駐車場などの基準の遵守を出店企業に義務づけており，行政や周辺住民の同意を必要とする。
7) Williams, D.E., Motives for Retailer Internationalization : Their Impact, Structure and Implications, *Journal of Marketing Management,* Vol.8, No.3, 1992.
8) 川端基夫（b）「小売国際化におけるEthnic Enclaves（飛び地市場）の役割」龍谷大学『経営学論集』Vol.40, No.2, 2000年および川端基夫（a），2000年，pp.130-162
9) Porter, M.E., Changing Patters of International Competition,

California Management Review, Vol.28, No.2, 1986.
Porter, M.E., *The Competitive Advantage of Nations,* The Free Press, 1990. (土岐　坤・中辻萬治・小野寺武夫・戸成富美子訳『国の競争優位』(上) ダイヤモンド社, p.79)
10) Bartlett A.B. & Ghoshal, S., *Managing Across Borders: The Transnational Solution,* HBS Press, 1989. (吉原英樹監訳『地球市場時代の企業戦略』日本経済新聞社, 1990年)
11) Helfferich, E., Hinfelaar, M., & Kasper, H., Towards a Clear Terminology on International Retailing, *International Review of Retail, Distribution and Consumer Research,* 7 (3), 1997.
12) 川端基夫 (a), 前掲書, 2000年, p.58
13) 川端基夫 (a), 前掲書, 2000年, pp.198-203
14) 川端基夫 (a), 前掲書, 2000年, pp.212-214
15) 西山和宏『ウォルマートの真実』ダイヤモンド社, 2002年, p.157.
カルフールは, 2005年3月に日本からの撤退を発表した。

《いっそう学習（や研究）をすすめるために》

矢作敏行編『中国・アジアの小売業革新』日本経済新聞社, 2003年
　　東アジアの小売業革新について東アジア全体のなかでもとくに中国での最近の変化について詳しく解説している。中国小売企業の近代化と外資参入, カルフールとイトーヨーカ堂の事例比較, 中国チェーンストアの発展, 中国コンビニエンスストアの成長などである。

向山雅夫『ピュア・グローバルへの着地』千倉書房, 1996年
　　これまでの小売企業の国際化に関する理論をレビューした後, 本来ドメスティック産業である小売業がグローバル化を達成するためのパス（道程）について検討している。グローバル小売企業の理論構築に貢献している。

《レビュー・アンド・トライ・クエスチョンズ》
① 本来，ドメスティック産業である小売業が，海外（特にアジア）に進出するのは，どのような理由からであろうか。
② アジアのみならず，外国では一般に問屋が未成熟であるといわれており，日本で問屋機能が進んでいるのは，むしろ例外といわれるのは，いかなる理由からであろうか。
③ アメリカ小売企業よりもヨーロッパ小売企業のほうが海外進出に熱心なのは，いかなる理由からか。
④ これまで欧米小売企業のうち日本で成功したのは，高級ブランド専門店以外では「トイザらス」くらいであるといわれているが，成功が少なかったのはどのような理由からであろうか。
⑤ ウォルマートのような巨大外資小売企業の上陸に日本の大規模小売企業は，どのような対応策を持てばよいのであろうか。

第3章

ニューアジア時代における製造業のビジネスモデル

本章のねらい

　海外進出とは先進国の大企業が行うものとか,「グローバルレベルでの魅力ある市場とは,欧米日市場である」といった常識がいまや大きく崩れつつある。情報通信技術などの発達により,海外進出するコストが以前よりも低コストになったことから,設立からすぐに海外に飛び出すようなベンチャー企業も増加している。本章を学習すると,以下のことが理解できるようになる。

① 既存の海外進出およびグローバル戦略理論と,その現実の企業行動に対する説明力

② アジア市場の成長とアジア企業の台頭

③ 日本企業の新たなグローバル戦略のタイプと評価

1　海外進出に対する経営学的アプローチ

段階的な海外進出プロセス

　企業の国際化を解明しようとした分析アプローチには，ふたつの流れがある。ひとつは，企業が海外展開するプロセスに焦点をあて，なぜ企業が段階的に海外進出を進めていくか，を説明しようとするアプローチである。もうひとつは，企業が**グローバルな競争優位性**をいかに構築するか，を解明しようとすることである。ここでは，前者の段階的に海外進出プロセスを解明しようとした既存研究からみてみよう。

　企業の国際化研究のパイオニアである**カルソン**（Carlson, 1966）は，海外進出を行おうとする企業は，海外市場において事業をどのように行うのかについての知識に欠けている，というシンプルな事実からスタートしている。彼は，海外意思決定プロセスに焦点をあてて仮説を公式化した。つまり，企業はリスキーな問題を，トライ・アンド・エラーによって，そして，海外市場については段階的な情報の獲得によって対処する傾向があるとしている。

　換言するならば，企業は，このような**インクリメンタルな意思決定プロセス**を通じて，海外進出にともなって生じるリスキーな問題を取り扱っている。そこで，海外投資のある局面で獲得した情報は，つぎの段階で使用される。このカルソン・モデルが，国際化段階モデルの主要パラダイムになる**ウプサラ（Uppsala）モデル**の基盤をなすことになる。

ウプサラモデルの内容

　ウプサラモデルは，企業の行動理論と成長理論をベースにして，企業の国際化を説明しようとするスウェーデンのウプサラ大学において開発

されたものであり，具体的には知識開発と市場コミットメントの相互作用から進化するプロセスとして国際化を特徴づけた。

1975年の**ヨハンソン**など（Johanson, et al）の研究では，スウェーデン企業の4社の国際化プロセスの調査から，つぎのような4つの国際化の段階プロセスを明らかにしている。それらは①規制のない輸出活動，②独立した代理店を通じた輸出，③販売子会社の設立，④生産／製造子会社の設立である。このモデルでは，企業は国内市場で発展，成長し，そして，国際化は一連のインクリメンタルな意思決定の結果であると捉えている。

このような段階プロセスとして国際化を捉えるウプサラモデルの基本的な前提は，まず，海外市場についての知識不足は，国際化プロセスの主要な障害にはなるが，そのような知識は段階的に獲得することができるということである。つまり，海外投資に関する意思決定と実行は，市場の不安定性のために，**インクリメンタル**に行われるということである。インクリメンタルに行うということは，行動を通じて市場の不安定性を学習し，リスクを投資が可能な許容範囲までに低減させるという「**学習プロセス**」として認識されている。

もうひとつの前提は，知識はかなりの程度個人に依存しており，それゆえ，他の個人やコンテクストに移転することが困難であるということである。そのため，特定市場に本来ある問題や機会は，主に，市場で活動している人間によって発見される。

このような前提をベースに構築されるウプサラモデルでは，企業の**海外直接投資**は，同時に複数国で行われるのではなく，近隣諸国からスタートすることになる。というのも，経験が事業機会を生みだし，そして，国際化プロセスにおける推進力として機能することになるからである。換言するならば，ウプサラモデルは，組織が学習し，そして，その学習のインパクトがいかに組織行動に影響するかを取り扱っているのである。

たしかに，このモデルは，1980年代以前の企業の投資行動をうまく説明している。たとえば，松下電器などは，最初にリスクの小さい電池から輸出，生産を開始したことや，日本企業の多くが第2次世界大戦後，海外市場のノウハウがないために，商社を代理店として輸出を開始したことなどは，海外で市場知識を学び，**リスク分散**することを狙ったものである。

段階的に海外進出を図るという現象は，もちろん日本企業だけにみられるものではない。スウェーデン企業をはじめとしたヨーロッパの企業や，アメリカの企業でも，段階を踏んで国際化が行われている。たとえば，スウェーデンの会社は，最初にノルウェーとデンマークに，ついでヨーロッパ北部に進出した。アメリカの会社は，最初にカナダに，それからイギリスに進出している。

このような近隣諸国への進出パターンは，本国，すなわち既存の地域と新しい地域との「**心理的距離**」，「**文化の隔たり**」を最小限に抑えるためのものであった。文化の隔たりとは，言語や宗教，政治・経済・法律システム，開発の程度，教育などの要素が異なる国ほど大きくなる。この隔たりが大きくなればなるほど，簡単に優位性を移転できる可能性が少なくなり，子会社を確立するために必要な学習が，いっそう大きくなることになる。

2 海外進出の段階的アプローチの限界

低下した説明力

広く人気を得たアイデアの例にもれず，段階モデルは，やがて批判の対象になってくる。なぜならば，1980年代以降の急速な技術革新の進歩や市場のグローバル化によって，段階モデルの説明力は急速に失われて

いくことになるからである。

　たとえば、**ヘドランド**など（Hedlund, et al, 1985）は、日本におけるスウェーデン企業の海外進出パターンは、ウプサラモデルとは一致しないことを発見している。かれらはその理由として、産業と市場がグローバル化したため、もはや市場に関する知識の不足が、必ずしも企業の国際展開のペースを制限する要因ではない、と述べている。

　ノードストローム（Nordstrom, 1990）は、世界はますます同質化しているため、心理的距離は短くなっているとしている。実証研究からイギリス、ドイツ、アメリカは、スカンジナビアの隣国と同様に、スウェーデン企業が最初に販売子会社を設立する共通のターゲットになっているとしている。

　ペダセーンなど（Pedersen, et al, 1998）は、企業の海外市場の拡大を、**市場知識、資源、市場規模、グローバル競争**の4つの視点から実証分析を試みた。そして、競争に関する要因は統計的に検証されなかったが、市場知識と同様に、資源と市場規模の要因は、企業の海外市場への資源コミットメントのペースを説明するのに貢献しているとしている。しかし、市場知識の蓄積の影響力は、決して大きくなく、企業が個々の海外市場に資源をコミットするペースのマイナーな部分しか説明することができなかった。

　ウプサラモデルが、このような批判を受けるのも、あまりにも決定論的であるからである。つまり、このモデルは、企業が海外市場に参入する多様な方法を分析することを考えていない。というのも、このモデルでは、市場に関する知識は企業自身の活動経験を通じてしか獲得できないことを前提にしているからである。この要因が、国際化プロセスがゆっくりと進むという理由でもある。つまり、ウプサラモデルは経験学習を専門的に扱っているのである。

組織学習の意味

しかし，**組織学習**にも，さまざまなタイプと側面がある。しかも，組織の内部だけで学習が行われるわけではない。外部企業が持っている知識をなんらかのかたちで学習することで，自社の経験でしか学習できないものを補うことが可能になる。たとえば，市場知識をすでに持っている現地企業を買収したりすることで，海外の事業展開のスピードを上げることができる。

もちろん，他の企業との事業関係を通じても学習を高めることができる。たとえば，長期的ビジネス関係は，ネットワークにおける異なった企業からの知識の吸収を促進する。このことは，みずからの行動を通じてしか経験学習を行えないとするモデルの主張に疑問を提起することになる。なぜなら，**市場特殊的知識**などは，他の組織との相互作用を通じて獲得することができるからである。この状況において，国際化はスロープロセスではなくなるのである。

現実面においても，設立からすぐに海外展開を加速化する「**ボーン・グローバル・カンパニー**」（生まれながらのグローバル企業。以下，**BGC**）が，多様な分野や国で出現しはじめている。このようなBGCの戦略行動や競争優位性を，ウプサラモデルでは十分に説明することはできない。

たしかに，企業間の競争優位性を解明するような学習概念が登場してくる。しかし，それは，あくまでも企業間の海外展開のスピードを解明しようとしたものであり，学習のスピードがどのように競争優位性にリンクしているのか，ということは明らかになってはいない。

ポーターの主張

グローバル企業の競争優位性を解明するには，より多国籍企業の戦略

行動に分析のフォーカスを当てなくてはならないのである。多国籍企業の戦略行動をより理論的に解明したのが，**ポーター**（Poretr, 1985）である。彼は，**調整**と**配置**というふたつの概念軸をベースに，多角化した多国籍企業の行動を解明しようとした。彼は，まず企業の活動を「**主活動**」と「**支援活動**」の2つに分類した（図表3—1）。

販売などの市場に近い活動（川下活動）は，買い手との関係が深いから，グローバル企業は，活動しているそれぞれの国で遂行しなくてはならない。反対に，購買，製造などの市場から遠い活動（川上活動）と技術開発などの支援活動は，ほとんどの産業において買い手の場所とは無関係に行うことが可能である。つまり，川下流活動は，国別に特異な競争優位を生みだすのに対して，川上活動と支援活動は，買い手の場所とは無関係に，競争を展開する各国すべての業績から生みだされる。

ポーターは，これらの活動をいかに配置，調整するかによって，競争優位性が創りだされるとしている。川上活動の経済性は，地理的に集約するような活動の配置へと向かう一方，これら活動の調整の必要性は大きくなる。具体的にいうならば，製造活動では1ヵ所または2ヵ所以上か，どの国でやるのか，などが問題になる。しかし，調整の問題は，各研究開発センターの任務，人事交流の程度，世界における新製品の発売順などであり，一般的に調整の選択肢の数は，配置の選択肢の数より多くなる。それに対して，川下活動は，より地理的に分散しているために，調整の必要性は低くなる。

さらに，ポーターは配置と調整というふたつの側面を拡大することで，グローバル産業における4つの戦略を提起している。それらは，①幅広い製品ラインをすべてまたは大部分の重要市場にいる買い手に売ることにより，グローバルな配置と調整から生じるコストまたは差別化優位を探求するグローバル・コストリーダーシップまたは**グローバル差別化戦略**，②世界中の特定セグメントへ製品を売る**グローバル細分化戦略**，③

図表 3 − 1　ポーターの価値連鎖

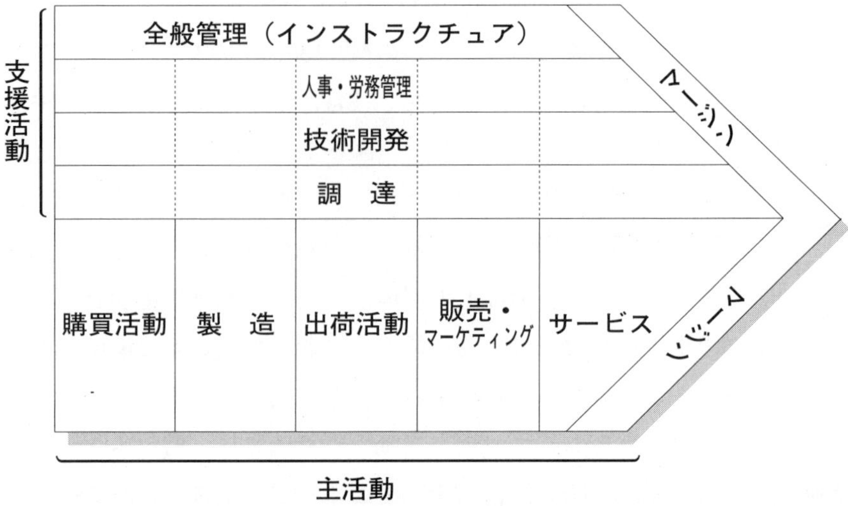

支援活動	全般管理（インストラクチュア）				
	人事・労務管理				
	技術開発				
	調　達				
	購買活動	製　造	出荷活動	販売・マーケティング	サービス

主活動

出所）Porter, M. 著, 土岐坤訳『競争優位の戦略』ダイヤモンド社, 1985年, p.49より

市場が国の政府によって防御されている国を探す**市場防御戦略**，④産業全体はグローバルでも，その国の独自性が強い産業セグメントを狙う**相手国優先戦略**である。

　本質的にポーターの分析焦点は，企業の競争優位性と産業特性間の適合にフォーカスを当てたものである。つまり，産業の特性に適合させて，価値連鎖活動の配置と調整を行うのである。しかし，グローバルな事業戦略に分析のフォーカスを当てている学派は，意外にもグローバル戦略に関連するマネジメント・プロセスにあまり注意を向けていないのである。

3 グローバル企業のマネジメントと組織

マネジメントへの関心

なぜマネジメントの問題が，国際経営の分野ではあまり分析の対象にならなかったのか。その理由は，競争企業間での資源や技術の格差があまりにも大きかったため，ほとんどマネジメントの質に関係なく，競争優位性を維持することができたからである。実際のところ，1970年代まで，グローバルな規模でIBM（アイ・ビー・エム）と台頭に戦えるコンピューターメーカーは，皆無であった。

しかし，競争企業間での資源格差が縮小し，しかも，グローバルな資源配置が近似してくると，資源の配置，調整という概念だけでは十分に企業の競争優位性を説明することはできなくなる。つまり，既存の資源を戦略的にマネジメントするノウハウが，資源や製品ラインを地理的市場に配置するよりも重要になる。

ドズら（Doz, et al, 1988）は，**マネジメントの質**がグローバルな競争優位性を獲得する鍵になるとして，情報処理ケイパビリティ，マネジメントシステムの差別化，各ユニットの相互依存管理，戦略的変化の管理，イノベーション・マネジメント，中核となるコアスキルの確立，戦略実行プロセスの高度化，という7つの点を強調している。

ゴーシャルの見解

また，**ゴーシャル**（Ghoshal, 1987）によれば，既存研究は多国籍企業システム内のコンポーネントや最終製品の流れの合理化の重要性を強調するあまり，人，技術，情報などの資源フローの重要性を軽視してきたとしている。つまり，大規模な世界的な組織をマネジメントする複雑性

が，集中化か分散化，グローバル化かマルチドメスティック化の2極を創りだすことであいまいにされてきたというのである。

ゴーシャルは，既存の研究からあらゆる組織の目標は，3つに分類できるとしている。第1の目標は既存活動の**効率性の達成**，第2の目標はこれらの活動を実行する際にともなう**リスクのマネジメント**，第3の目標は将来の変化に適合したり，イノベーションを創発するための**内部学習能力**の開発である。

ゴーシャルによると，これらの目標を達成する手段として企業は3つの方法を持っているという。それらは，①多くの国で活動することによる市場の差異の活用，②戦略的立地に異なった活動を集中することによって獲得する規模の経済性，③多様な活動からもたらされるシナジーあるいは範囲の経済性の活用である。

彼の組織的フレームワークの特徴は，既存の研究を通じて明らかになっているグローバル企業の競争優位性の手段である規模の経済性などに，組織目標を連動させて議論させたことである。しかし，組織的フレームワークと述べているが，必ずしもグローバル組織の課題を議論しているわけではない。たとえば，効率性と学習の間には，組織学習論からも明らかであるが，トレードオフが存在する。

ゴーシャルは，提示した目標の間に存在するトレードオフの問題を解決する組織的方法を述べてはいないが，後に，**バートレット**（Bartlett, C.A., 1998）との共著で，現在でも国際経営の主要なパラダイムとなっている「**トランスナショナル・カンパニー**」という概念を提唱し，このトレードオフの解決方法を述べている。

かれらによれば，唯一最善のグローバル戦略はないとし，グローバル戦略には3つのタイプがあるとしている。それらは，欧州企業の適応性に優れた**マルティナショナル戦略**，米企業の知識の移転に優れた**インターナショナル戦略**，そして日本企業の効率性に優れた**グローバル戦略モデ**

ルである。

　これまでは，グローバル競争で競争優位性を構築するには，この3つのモデルの持つひとつの優位性に特化することで，競争優位性を構築することが可能であった。しかしながら，今日では，この3つのグローバル戦略の持つ優位性，つまり，**適応性，効率性，知識移転**を同時極大化しなくてはならない。しかし，この3つの優位性の間には，一方を達成すれば，他方が達成できないというトレードオフが存在する。このトレードオフを解決する組織的方法として，かれらが提唱しているのが，「**統合ネットワークモデル**」である。

　このトレードオフを解決するトランスナショナル・カンパニーの組織特性として，組織単位間における資源と権限の相互依存，異なる組織単位を統合する強力な機構，確固とした企業理念と世界的展望を持つマネジメント，の3つを指摘している。

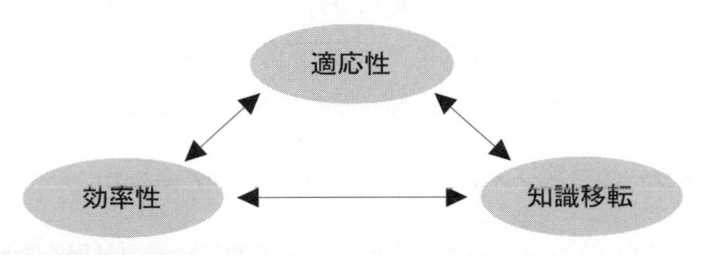

図表3－2　トランスナショナル・カンパニー

- 組織能力の構成──分散，相互依存，専門化
- 海外事業が果たす役割──海外の組織単位ごとに役割をわけて世界的経営を統合する
- 知識の普及開発──共同で知識を開発し，世界中で分かち合う

4　アジア市場の成長

アジア企業の台頭

　前節までは，グローバル戦略の理論をレビューしてきた。しかし，これまでのグローバル企業の戦略行動は，欧米日市場における企業行動から理論化が試みられてきた。事実，前述した，グローバル経営の主要パラダイムであるトランスナショナル・カンパニーは，欧米日企業の戦略行動を通じて導きだされたものである。

　しかし，グローバル競争で台頭が著しいのは，**韓国の三星，中国のハイアール**などのアジア企業である。アジアの急成長企業は，後発で参入しながらも，比較的短期間で，その分野でのトッププレイヤーになっている。後発で参入する場合，当然，後発ゆえの課題も数多いであろう。かつて三星電子が，日本の家電製品分野に参入するために，膨大な広告費を投入したのも，後発ゆえにブランド力がなかったからである。このような課題があるとはいえ，後発ゆえのメリットもある。

エイサーのマネジメント

　例えば先発のグローバルメーカーである欧米日企業の戦略を概観し，自社のコンピタンスを強化するような経営手法を取捨選択することが可能になるからである。パソコンメーカーの**エイサー**は，工場などの現場のマネジメントは，社員との調和を重視する日本型の経営を，子会社のマネジメントに対しては，大幅な権限を委譲することで自立的に活動させるという欧州型の経営を，社員のキャリアマネジメントに対しては，米国の実力主義型の人事評価のシステムを取り入れている。つまり，**欧米日企業のマネジメントの強みを，自社のコンピタンスに照らし合わせ**

ながら，うまく取り込むことで，急成長を遂げてきたのである。

　アジア企業は，確実に，グローバル市場でのプレゼンスを高めてきている。しかし，われわれはアジア企業の活動だけではなく，その**市場の成長性**に着目する必要がある。かつては労働賃金の低さを狙って，多くの企業が中国に参入したが，いまや中国市場の成長性をいかに押さえるかが，グローバル競争の行方を左右するともいわれている。

　ある意味で，アジア市場という場で，欧米日企業がその戦略の善し悪しを競いあっている。以前であれば，ある程度の期間までは，現地企業の競争力は，さほど脅威にならなかったが，今日のような技術革新の激しい時代には，短期間で現地企業が欧米日企業の戦略に対抗できるだけの力をつけてくる。つまり，アジアという成長市場を取り込むためには，進出当初から先進国企業だけではなく，現地企業との競争も考慮して戦略を策定，実行しなくてはならないのである。

　それでは，アジアという未曾有の急成長市場で，日本企業はいかなる戦略を展開することで，競争優位性を構築しようとしているのか。次節では，アジア市場でも，とくに成長著しい中国市場を中心としたいくつかの事例をみることで，日本企業の新しい**成長戦略パターン（4タイプ）**を探ってみよう。

5　日本企業における新たな戦略の潮流

戦略タイプⅠ（設立から海外資源を活用する）

　日本企業がアジアに進出するのは，一般的には安い労働コストを活用することによって競争優位性を獲得し，維持しようとするからである。それは低賃金を武器に，海外に輸出戦略を展開する中進国への対応戦略といってもよいものである。かつて，日本企業が円高の対応策で，アジ

アの国々に大挙して進出した事例などがある。

　しかし，海外に生産拠点を移転するのは，単に**中進国**への対応だけではない。たとえば，分煙機という革新的な製品を開発して，この市場ではトップポジションを獲得している**トルネックス**は，かなり長期的視野にたって海外での生産戦略に取り組んでいた。

　同社は，もともとエアーカーテン市場でトップポジションを獲得していたが，そのエアーカーテンで培った技術力を武器に，分煙機市場に参入した企業である。いまでこそ，禁煙ブームで市場に逆風が吹いているが，当時は喫煙があたり前であったため，いかに喫煙者と非喫煙者の環境を共存させるか，ということが課題となっていた。

　当時，社長の故松井茂夫は，エアーカーテンとは比較にならないほどの**潜在的市場規模**を持つ分煙機市場の参入に際しては，競争に対する事前の戦略を確立する必要性を痛感していた。そのため，事業を立ち上げて，すぐに中国に生産工場を建設することを決定する。しかし，当時，中国市場への進出は，組織内では反対の意見が強かった。中国進出に至る意思決定の経緯を現社長の松井周生は，次のように述べている。

　「エアカーテンの事業でしたら，2億から3億のビジネスだったわけです。当社はこの市場で全国シェアの70〜80％を押さえていたわけで，特注品のエアカーテンという小さな市場で事業を行っていた。

　しかし，分煙機というのは，より大きな市場を対象にしなければならないわけです。先代の社長は中国の投資に対して，どんぶりの比喩を利用して次のように説明しました。

　『われわれはいままでエアカーテンという小さなどんぶりで勝負してきた。しかし，分煙機のどんぶりは，より大きなどんぶりで勝負しなくてはならない。そうすると，大手が必ず進出してくる。そのために今，大きな賭けとして中国に投資するんだ[1]』と。実際に今，中国の工場がなかったら，背筋が寒くなる思いです。」

松井は，分煙機という新しい市場を開拓し，独占的に市場を制覇していたときから，競争を明確に意識した戦略を展開していたのである。つまり，大手企業が市場に参入してきたら，どのような戦略手法で市場を守るかを考えていた。だからこそ，この市場の大きさに着目して，豊富な経営資源をバックに大手企業が本格的に参入してきている現在でも，依然としてこの分野でのトップシェアを維持しているのである。

　トルネックスなどは，かなり長期的な視野を持って海外戦略を展開している事例であるが，多くの企業は，さほど長期的視野で海外戦略に取り組んではいない。海外に生産拠点を移転すれば，明らかに労働コストが安くなるからである。それゆえ，長期的視野を持たない，単なるコスト削減という狙いでアジアに海外進出を行うケースが多い。しかし，**長期的ビジョン**を持たないコスト削減の海外進出は，進出した国の経済水準が上がれば，さらに，安い労働賃金の国に生産拠点を移転しなくてはならなくなる。

　さらに，一時的にコスト削減に成功し，競争力を維持しても，逆にそのことが将来的には，競争優位性を失わせることにもつながる。たとえば，一時期，海外生産を武器に低コストを実現し，脚光を浴びていた**アイワ**は，その後，デジタル化の波に乗り遅れ，競争優位性を失うことになった。

　低コスト化を短期的に狙った海外進出は，諸刃の剣になる可能性があるということである。明らかに目に見える戦略効果は，その逆効果も視野に入れながら進めなくてはならないということであろう。

戦略タイプⅡ（国内回帰でコスト競争力を強化する）

　海外に生産拠点を移転する戦略ではなく，あらためて国内に生産拠点を回帰させるという戦略を選択する企業もある。安易に競合他社と横並び的に海外に生産拠点を移転するのではなく，自社の強さをあらためて

問い直す戦略といってもよい。

たとえば，欧州では高品質で有名なパソコンモニターメーカーの**ナナオ**は，日本国内での生産にこだわりを持っている。同社のモニターは，コスト的にも他社製品と比較すると高価格である。顧客も高価格を補ってあまりある製品の品質の高さに対して価値を見いだしていた。しかし，いくらナナオの**品質**がよくても，他社製品と比較して4～5割以上も高ければ，市場では受け入れられない。

ナナオは，高度な品質によって市場で受け入れられていたため，贅沢な部品をふんだんに使いながら製品を製造していた。そのため，**採算価格**などを2の次に考える傾向があった。当時の状況を丹羽伸一（企画部係長）は，つぎのように述べている。「ヨーロッパだから，ナナオの品質だからということで，顧客に品質を押しつけ気味になっていたと思います[2]」。

同社は，激しい価格競争に対抗する方法として，東南アジアに生産拠点の移転を模索していた。しかし，ナナオには，当時，副社長の実盛祥隆（現社長）を除いて，ほとんど海外で工場を立ち上げたり，オペレーションするノウハウを持っている人間がいなかった。安易にコスト要因だけで生産拠点を移転することは，短期的には期待する成果をもたらしてくれても，前述したように，安い労働コストを求めて海外拠点を頻繁に変えなくてはならなくなる。また，海外オペレーションのノウハウが充分ではない段階で，海外に生産拠点を移転することはコスト増にもつながってしまうし，強みであるブランドイメージも損ねるおそれがあった。

充分な経験とノウハウがなければ，**海外生産拠点**の移転には，さまざまな問題がでてくる。しかし，品質重視を基本に戦略を展開してきたナナオには，海外への生産拠点の移転以外に，コスト削減の方法を見いだせなかったのである。

村田製作所で海外オペレーションの経験が長かった実盛は，この生産拠点の移転に強固に反対する。その理由を実盛は，つぎのようにいう。「当時，15インチのモニターは，コスト競争力がないので，シンガポールで海外生産することが決定していました。しかし，成熟製品は海外で生産すれば良いが，この製品はまだ進化する。海外に出したら進化は止まるし，海外のオペレーションはそれほど儲かるものではない。また，われわれのブランドは高品質，ハイエンドである。それなのに，本当にシンガポールでいいのか。ブランドを破壊してしまうといいました。それで，海外に逃げるのは駄目だということになったわけです[3]」。

実盛の指摘を受けて，ナナオでは日本での設計によるコストダウンを試みる。それまでモニターの製造には，回路基板を3～4枚入れ，部品もふんだんに使っていたが，現在は回路基板は1枚であり，部品も半数以下に削減している。

つまり，ナナオでは，設計段階で「この部品なしでどこまでできるのか」というところまで踏み込んだコストダウンを行ったのである。このような努力は，40%のコストダウンという成果につながった。**高品質と低価格というトレードオフ**を設計段階で実現した時，ナナオは本格的にグローバル市場でメジャー企業として認知されていくのである。

ナナオの事例は，グローバル化は，あらためて自社の強さの原点を見直す機会を与えてくれるということを示唆している。事実，国内でニッチ市場とはいえ，トップシェアを長期間維持していると，どうしても組織にゆるみが生じてくる。しかし，海外に進出し，世界のトップ企業と競争することで，あらためて自社の強みと弱みを客観的に認識することを可能にしてくれる。

戦略タイプⅢ（逆張り型で競争優位性を創造する）

戦略タイプⅢは，戦略タイプⅡと同様に，日本企業の**横並び戦略**とは

一線を画するものである。戦略タイプⅠでみたように，海外に生産拠点を移転する場合，付加価値の高い製品は国内で，汎用製品は海外でというのが，戦略の常識とされている。しかし，この常識とはまったく異なる戦略で成長してきたのが，静岡市に本拠を構える**岸本工業**である。

岸本工業の主力事業は，量産部品用の金型の設計・製造と，その金型を使う金属プレス部品の製造である。製品は，大手家電メーカーに納入するという典型的な下請けメーカーであった。

しかし，現社長の岸本学は，「下請け事業では企業に展望がないと[4]」判断し，海外生産にその成長の活路を見いだそうとした。岸本が海外進出拠点として選択したのが，**中国市場**であった。中国を選択したのは，学生時代から友人を訪ねて頻繁に行っていたということと，入社後まもなくして，現在の事業とは異なるビジネスで中国メーカーと取引経験を持っていたからであった。そのため，中国のビジネス環境をかなり早い段階で熟知していた。

中国のビジネス環境を熟知しているとはいえ，一中小企業が海外に展開する場合，差別化の高い戦略を持たなければ，すぐに競合他社に飲み込まれてしまうことになる。ましてや，競争環境が厳しい中国市場では，他社と同じような戦略を展開していては，競争優位性を構築することはできない。そこで，岸本がとった戦略は，**通常の海外移転戦略**とはまったく異なるものであった。

普通なら，中国の人件費の安さを活かせる量産品のプレス部品を真っ先に海外に移すはずである。だが，彼は，軌道に乗るまで時間がかかり，しかも，プレスより付加価値が高く量産も利かない金型の設計・製造部門の現地法人を上海に設立することを決定するのである。

他の企業の戦略とまったく異なる逆張りともいうべき戦略を展開したのには，岸本が，多くの日本の中小企業が**コストの優位性**を確保するために中国進出したにもかかわらず，その優位性を確保できずに失敗して

きた事例を数多く見てきたからである。

　量産部門のプレス部品を海外移管すれば，たしかに売上げは見込めるが，時間が経過するにつれて間違いなく現地企業との**コスト競争**に陥る。コスト面での不利を克服するために海外に進出したにもかかわらず，結局は，現地企業と**量産勝負**の激しい価格競争に巻き込まれることになる。量産用とはいえ，現地企業が手をだしにくい，金型で中国市場を開拓することを狙ったのである。

　量産品の日本国内での生産についても，それなりの勝算はあった。金属プレス部品は素材の品質が製品の出来を左右する。しかし，当時，中国や東南アジアでは，その素材を供給できる高炉メーカーが十分に発達してはいなかった。そのため，岸本は，日本国内で生産をしても，当面は，コスト，品質で優位性を維持できるという判断があったのである。

　しかし，勝算を現実のものとするためには，それなりの事業の仕組みが必要となる。岸本は，まず，定年退職組と，**中国からの研修生**らを中心メンバーとし，1994年にテクノキシモトを設立している。この会社では，機械も台湾製を使い，超低コストのプレス加工を実現した。同時に，本社も，製造工程の省人化，自動化を徹底的に進め，納期とコストの両面で中国製などに対抗する体制を整えていった。

　現在，中国の工場は，**ISO**を取得するなど，ある面では本社工場の技術レベルを超えつつある。そのため，本社と中国の工場との間で人的交流も活発に行われている。「**量産は国内，高付加価値は中国**」という発想は，岸本が，中国の持つ市場の魅力だけではなく，高い技術力を有する人材の宝庫でもあるということを，知っての戦略であった。

　事実，岸本は，金型の展示会などで，日本製品となんら遜色のない製品を中国メーカーがつくりだすのを見てきたからである。逆張り戦略といわれる岸本の戦略は，実は奇をてらったものではなく，中国市場の成長性を違った視点から見ることで生みだされたものなのである。横並び

型の戦略では新しい戦略が生みだされないということを，岸本の事例は示唆している。

　戦略タイプⅢは，ある意味で，戦略タイプⅠとⅡを融合した戦略ともいえるが，戦略タイプⅣは，現地企業の能力を活用する戦略である。しかし，現地企業の能力を活用するといっても，既存の先進国企業が技術を，現地国企業が販路を提供するという戦略ではない。今日のような技術革新の激しい時代では，中進国の企業といえども，比較的短期間に技術力を高め，先進国のそれとなんら変わりのない製品を開発，製造することが可能である。

　事実，**ハイアール**のつくる家電製品のレベルなどは，日本の家電メーカーの製品となんら遜色のない品質を確保しているといわれている。実際，戦略タイプⅢで述べた，岸本工業の金型の設計移転の成功事例も，中国の技術レベルが高まってきたからこそ，可能な戦略であったともいえる。

　今日の先進国と中進国企業の関係は，既存の**提携戦略論**では分析できない関係になっているといえる。つまり，提携関係を通じて，中進国企業に技術を与えるという発想ではなく，提携関係から先進国企業も学び，能力を高めるという戦略姿勢が求められているのである。中進国企業との間に，この新しい提携関係を実現し，組織能力を高めてきたのが，ホンダである。

戦略タイプⅣ（現地企業の能力を取り込む）

　提携の要諦は，いかにその提携を通じて相手企業に知識を学習させないかということである。とくに，**チャレンジャー企業**と提携するときには，知識の漏洩に気をつけなくてはならない。しかし，中国市場などでは，まだ特許権に対する認識が薄い。そのため，多くの日本企業が現地メーカーの模倣に苦しんでいた。実際，中国メーカーは各分野において，

技術力を高めきている。

　理論的には，このような**模倣企業**との提携は，完全にタブーであった。みすみす自社の技術的な強みをよけい開示することになるからである。しかし，模倣するというのは，それだけ高い技術力を有しているということでもある。そのような相手に，単に法律的な対処では限界がある。逆に，この競合企業の模倣能力を活かす戦略も考えられる。つまり，現地企業の模倣能力を利用することで，逆に競争優位性を高めようというわけである。バイク事業で，この相手企業の模倣能力を活用する戦略をとったのがホンダである。

　10年前に10％しかなかった中国メーカーの世界シェアが，いまや全世界の半分にあたる1,100万台を生産するバイクの超大国になっている。しかも，そのうちの大半が，ホンダ，ヤマハ，スズキなどの日本メーカーの**コピーバイク**が中心の市場である。しかし，コピーバイクとはいえ，中国の市場規模が規模だけに，その数を取り込めるかどうかは，日本のバイクメーカーにとって競争戦略上，重要な課題となってくる。というのも，日本のバイク市場は，1982年の320万台をピークに年々縮小しているからである。

　中国メーカーの安さの源泉は，人件費と，過当ともいえるメーカーどおしの競争である。中国には政府登録されている正規のメーカーは，140社あるが，**地下工場**まで含めると300社から400社ともいわれている。

　コピーバイクとはいえ，中国メーカーなりに，なにかしらの改造が加えられているものが多い。この改造を可能にしているのが，**中国の部品産業**である。事実，中国の部品は，ほぼすべて国産であり，輸入に頼らねばならないものはないという。たとえば，エンジンのピストン，キャブレター，クッションといった基幹部品を年間数百万個単位の規模で生産する部品会社がいくつもある。中国メーカーは，基本となる部品を彼らに若干改造させて新車開発を行ったり，または，改造を加えず部品市

場で部品を購入し，あたかも自転車やパソコンを組み立てるように容易にオートバイを生産することができる。

コピーバイクとはいえ，世界的にも中国の市場規模が無視できないくらい大きなシェアを占めるようになっている現状では，ホンダもこれまでの戦略を見なおさざるを得なくなってきていた。実際に，中国市場では，コピーバイクは確実に市場で受け入れられてきているし，消費者から支持されてきている。そもそも中国の模倣バイクが，これほどまでに急激に拡大したのは，高級路線をとった外資メーカーが当初，ほとんど無視していた市場を現地企業が開拓しただけである。

ホンダの製品は品質が高く，**ブランド力**があるとはいえ，現地のコピーバイクとの間にある1.5倍以上の価格差を埋めることはできない。中国のコピーバイクは，本物とほとんど遜色がないほど高いレベルに達しているからである。たとえば，中国の部品メーカーの高さをホンダの前社長の**吉野浩行**はつぎのように述べている。

「ものすごい精密なものです。違うところといえば，材料の成分が多少違うという感じです。ある部品メーカーへ行くと，純正そっくりの部品をたくさん生産していて，それをコピーメーカーに出している[5)]」。安かろう，悪かろうと揶揄されてきた中国製品は，日本製品を模倣するなかで技術を学び，本家と匹敵するレベルに品質を上げてきたのである。

もちろん，ホンダも現地メーカーに対抗するために，地味ではあるがコスト削減運動を展開してきた。しかし，ホンダの品質と遜色がなく，しかも，価格を半値近くで製造する中国メーカーの力に対抗するには，普通のコスト削減努力では対応することができなくなってきていた。そこで，ホンダが考えたのが，模倣メーカーのコピー能力を自社に取り込もうとする戦略である。

ホンダは，日本製バイクの模倣で伸びた海南大洲摩托車と新会社を設立したのである。このパートナーの模倣車を，性能や安全面で「**ホンダ**

基準」をクリアできない部品だけ本物に変え,正規品に仕上げることができれば,現地メーカーと対抗できるだけのコストダウンに成功することが可能になる。

このような戦略的意図と同時に,ホンダは純粋にパートナーのコストダウンの方法を学習するという狙いも持っていた。つまり,模倣メーカーであっても,学ぶべきものは学ぶという姿勢である。事実,パートナーの**コストダウンの仕組み**は,ホンダとはかなり異なっていた。とりわけ,部品レベルのコストダウンの方法が,ホンダのそれを凌いでいた。

海南大洲摩托車は,販売と調達に関しては中国全土に張り巡らした情報網を持っていた。モデルごとの販売台数は毎日本社で集計されて,部品も「このメーカーなら,いまいくら」といった価格情報が収集できる仕組みになっていた。さらに,部品を購入する際には数量や納期を提示して入札で決定する。安くつくることにかけては,妥協を許さない管理システムであった。このようなシステムは,特定の協力メーカーと連携して部品を調達する日本のメーカーのやり方と対極の姿である。

ホンダの戦略は,まさに敵の懐に飛び込み,その競争相手の能力をテコに競争優位性を再構築するという戦略なのである。

6 戦略モデルが示すインプリケーション

4つの戦略モデルを概観してきたが,それぞれのモデルから示唆される戦略的なインプリケーションをつぎに検討してみよう。

第1のモデルからの示唆は,段階的に海外進出のレベルを上げていくという従来のモデルではなく,設立からすぐに海外に飛び出し,海外の資源を活用することで国内の競争優位性を確保するということである。つまり,設立からすぐに,海外の市場や資源を視野に入れて戦略を策定し,実行することで競争優位性を構築するということである。

これまでグローバル化といえば，大企業が行うものと考えられていたが，今日のように情報技術が発達してくると，**中堅・ベンチャー企業**でも設立からすぐに海外に飛び出すことが可能になるということである。実は，トルネックスの場合も，コスト削減だけを狙って海外に工場を立ち上げたのではなく，最終的には，分煙機によって海外市場を開拓しようという狙いがあった。トルネックスだけではなく，最近のベンチャー企業は，設立からすぐに海外に飛び出す企業も増加している。

　設立当初からグローバルレベルで市場や資源を活用する戦略を展開するBGC（生まれながらのグローバル企業，Born Global Company）が増えてくると，これまでとは異なるグローバル戦略が生み出される可能性があるということである。

　第2のモデルからの示唆は，他の企業のモデルに簡単に追従しないということである。つまり，それは日本企業の特徴である**横並び型戦略**からの脱却である。だれの目にも見える効果というのは，結局は大きな成果を得ることができない。たとえば，新しい事業を行う場合でも，安易な機会に飛びつくよりも，改めて自社の強みの原点に回帰するということも必要であるということである。競合他社が同じ方向を目指すときにこそ，違った戦略を展開することで，新たな**成長機会**が生まれるということを，ナナオの事例は示唆している。

　第3のモデルも，第2のモデルときわめて近似している。「**高付加価値製品は日本で，量産品は海外で**」という戦略の常識のまったく逆を行うということである。しかし，岸本工業の事例では，決して奇をてらった戦略ではなかった。社長の岸本が，中国の技術力の向上を，いち早く察知しての戦略であった。これまでのように，先進国がかなりの期間，現地企業に対して競争優位性を維持しているという発想を転換しなくてはならなくなってきているということであろう。

　岸本工業の事例は，現地での技術水準が高まってきていることを認識

して，一般的にいわれている分業体制の逆を行ったわけであるが，現地企業の能力を取り込んでしまう戦略を展開したのが，ホンダである。つまり，第4のモデルからの示唆というのは，**現地企業の能力**をうまく取り込む戦略である。

中進国との提携では，現地企業が販売チャネルを提供し，先進国企業が技術を提供する。そして，模倣製品に対しては**特許侵害**に対する法的処置で対応するというのが戦略の常識であった。しかし，提携を通じて現地企業も，いつのまにか競争力を高めていくことになる。そのため，当初の提携の相互補完関係も，短期間に均衡関係になってしまう傾向がある。

とはいえ，リーダー企業であれば，現地企業の能力を認め，そしてそれを自社に取り込むというのは，かなりの抵抗感があることは間違いない。とりわけ，ホンダにとって二輪車事業は，創業者の**本田宗一郎**が起こした聖地とも呼ばれている事業であると同時に，世界ナンバーワンの座を30年間守り続けてきた事業でもある。

しかし，先進国企業の模倣製品などが現地で受け入れられているということは，間違いなくそこに市場が存在しているからである。ホンダの事例からの示唆は，「**パートナーから学べるのは先進国企業だけ**」という発想を転換した時に，新たな戦略手法を見いだすことが可能だということである。

7 おわりに

4つの新しい戦略からいえることは，結局は既存の**グローバル戦略パラダイム**からの脱却である。①海外進出は段階的に行うものである。②製品のコスト削減のためには海外に製造拠点を移転する。③高付加価値製品の製造は日本で，量産品は海外で製造する。④提携関係を通じて学

世界市場としての中国

　日本企業の中国進出に関する記事を新聞やビジネス雑誌で見ない日はない。当初，中国進出の目的は，「安価な労働力」と「マーケットインの今後の成長性」の2つが常に上位を占めてきた。国際協力銀行のアンケート調査によると，最近では，後者の回答率が急激に上昇しているという。

　事実，最近のビジネス界では，「中国市場で勝つことがグローバル競争を制する鍵になる」とまでいわれている。この言葉を裏づけるように，欧米日企業が中国市場でのシェアを高めるために激しい競争を展開している。激化する中国市場での競争を制するためには，いかに差別化の高い戦略を策定，実行できるかである。たとえば，TOTOは水回り製品として顧客から指名買いされることを狙い，ブランドイメージ向上に取り組んだ。広告は商品機能説明よりも企業イメージを重視したものにし，また，高級オフィスビルやホテルで積極的な営業展開を実施してきた。このような戦略が功を奏して，同社の製品はステータスシンボルとして中国では認知されるようになっている。

　今後，日本企業が差別化の高い戦略を持続的に策定し実行していくためには，中国子会社の機能は，製造だけでなく研究開発からマーケティングまでと幅広い役割を担うことが期待されている。

習できるのは，先進国企業のパートナーである。これら既存のグローバル戦略パラダイムから脱却した時，新しいグローバル戦略への道が開けてくるということである。

　しかし，これらのグローバル戦略のパラダイムを打破することはきわめて困難である。なぜなら，われわれは，強固なパラダイムを保持しているからである。なにかを強く信じていると，目や耳から入ってくるのは，それに合致する情報だけになってしまう。そのため，既存の「戦略が本当に妥当かどうか」，「本当に役に立っている」かどうか

を定期的に考えることが必要である。つまり，これまで無意識に受け入れていた前提を意識して疑問の対象にすることが必要であるということである。

4社の事例は，まさに，既存のグローバル戦略に疑問を抱き，その疑問に自社の強みをベースに解決策を見いだした結果であるということである。アジア市場での競争は，まさに，日本企業にも新しいグローバル戦略を創造する機会を与えてくれるパラダイム転換の場ともいえるのである。

《注》

1）「インタビュー調査」 1998年4月28日
2）「インタビュー調査」 1999年6月4日
3）「インタビュー調査」 1999年7月7日
4）「インタビュー調査」 2003年6月20日
5）『週刊東洋経済』 2001年12月15日

《参考文献》

Andersson, U., Forsgren, M., and Pedersen, T., "Subsidiary Performance in Multinational Corporation: the Importance of Technology Embeddedness," *International Business Review*, Vol. 10, 2001, pp. 3-23.

Carlson, S., *International Business Research*, Uppsala. Acta Universitatis Upsaliensis, 1966.

Chng, P. L. and Pangarkar, N., "Research of Global Strategy," *International Journal of Management Reviews*, Vol. 2, 2000, pp. 91-110.

Doz, Y. and Prahalad, C. K., Chapter 13 "Quality of Management: An Emerging Source of Global Competitive Advantage," in Hood, N. and Vahlne, J. E. (eds.) *Strategies in Global Competition*, Croom Helem, 1988.

Fahy, J., "A Resource-based Analysis of Sustainable Competitive Advantage in a Global Environment," *International Business Review*, Vol. 11, 2002, pp. 57-78.

Forsgren, M., "The Concept of Learning in the Uppsala Internationalization Process Model: a Critical Review," *International Business Review*, Vol. 11, 2002, pp. 257-277.

Ghoshal, S., "Global Strategy: An Organising Framework," *Strategic Management Journal*, Vol. 8, 1987, pp. 425-440.

Hadjikhani, A., "A Note on the Criticisms against the Internationalization Process Model," *Management International Review*, Vol. 37, Special Issue, 1997, pp. 43-66.

Hedlund, G. and Kverneland, A., "Are Strategies for Foreign Market Entry Changing? The Case of Swedish Investment in Japan," *International Studies of Management & Organization*, Vol. 15, 1985, pp.41-59.

Johanson, J. and Vahlne, J. E., "The Internationalization Process of the Firms-a Model of Knowledge Development and Increasing Foreign Market Commitment," *Journal of International Business Studies*, Spring/Summer, Vol. 8, 1977, pp. 23-32.

Johanson, J. and Vahlne, J. E. "The Mechanism of Internationalism," *International Marketing Review,* Vol. 7, 1990, pp. 11-24.

Johanson, J. and Widersheim, P. F., "The Internationalization of the Firms-Four Swedish Case," *Journal of Management Studies*, Vol. 12, 1975, pp. 305-322.

Nordstrom, K. A., *The Internationalization Process of the Firms in a New Perspective*, Institute of International Business, Stockholm., 1990.

Pedersen, T. and Petersen, B., "Explaining Gradually Increasing Resource Commitment to a Foreign Market,"*International Business Review*, Vol. 7, 1998, pp. 483-501.

Turnbull, P. W., "A Challenge to the Stage Theory of the Internationalization Process," in Reid, S. and Rosson, P. (eds.) *Managing Export Entry and Expansion*, Praeger, 1987.

Bartlett, C. A. and Ghoshal, S., *Managing Across Borders: The Transnational Solution*, Harvard Business School Press., 1989.（吉原英樹監訳『地球市場時代の企業戦略』日本経済新聞社，1990年）

Buckley, P. J. and Brook, M. Z., *International Business Studies*, Basil Blackwell, 1992.（江夏健一訳『国際ビジネス研究　総論』文眞堂，1993年）

Porter, M., *Competitive Advantage: Creating and Sustaining Superior Performance*, The Free Press, 1985.（土岐坤・中辻萬治・小野寺武夫訳『競争優位の戦略―いかに好業績を持続させるか―』（ダイヤモンド社，1985年）

江夏健一編著『グローバル競争戦略』誠文堂新光社，1988年

ポーター，M.「グローバル産業における競争―その理論的フレームワーク」『ビジネス・レビュー』 Vol. 35, No. 4，1988年

内野雅之「国際マーケティング研究における競争戦略概念」『東京国際大学論集』37号，1988年

「特集：ホンダ中国を攻める」『週刊東洋経済』2001年12月15日

「敗因は中国企業の過小評価」『毎日エコノミスト』2001年9月11日

「世界の工場　世紀の市場　沸騰する中国」『週刊ダイヤモンド』2001年11月3日

高井透『企業の勝ち残る技術』ダイヤモンド社，2001年

『奇想天外のマーケティング』日本経済新聞社，1995年

「経済教室」『日本経済新聞』2004年2月11日

「岸本工業―海外生産逆張りに勝機」『日経産業新聞』2002年7月22日

《いっそう学習（や研究）をすすめるために》

Bartlett, C. A. and Ghoshal, S., *Managing Across Borders : The Transnational Solution*, Harvard Business School Press, 1989.（吉原英樹監訳『地球市場時代の企業戦略』日本経済新聞社，1990年）

　欧米日の多国籍企業の競争的な強みがみごとに描きだされている。そして，今日でも，依然として多国籍企業の主要パラダイムとなっているトランスナショナル組織が，欧米日の多国籍企業の競争的強みをそれぞれ取り込んでいることが，事例を交えながら議論されている国際経営の名著である。

Ghoshal, S. and Westney, D. E. (eds.), *Organization Theory and the Multinational Corporation*, Houndmills : St. Martin's Press, 1993. (江夏健一監訳『組織理論と多国籍企業』文眞堂，1998年)

　　最新の組織理論が拠り所としている中核的な所説である制度化理論，ネットワーク論，コンティジェンシー理論，取引論などが多国籍企業という複雑な経済組織を解明するのに有用であるのかというきわめて重要な疑問に解答を提示しようとした意欲的な著書である。

《レビュー・アンド・トライ・クエスチョンズ》
① なぜ企業は，段階的に海外進出のレベルを上げていくのでしょうか。
② ボーン・グローバル・カンパニーが出現する理由を考えてみてください。
③ アジア市場における，日本企業の新しい戦略行動パターンの共通の特徴は何でしょうか。

第4章

変貌する東アジアと日系企業の進出

本章のねらい

本章では，東アジアの経済成長と日系多国籍企業の展開を検討する。本章を学習すると，以下のことが理解できるようになる。

① 第2次世界大戦後の東南アジアの成長と日系企業の海外進出

② この①の現象を「合意的国際分業論」と「内部化理論」から考察

③ 今日の東アジア市場の変容と，それに対応する新しい戦略

④ 日本経済の空洞化と日本企業の方途について考える

1 日系企業のアジア進出の変遷

近年,日本の輸出のアジア向けシェアは,40％を超えており,貿易や対外直接投資において,日本とアジア市場は緊密な関係になっている。アジア諸国[1]と日本は,歴史的に複雑な関係を持っているが,第2次世界大戦後の経済を考えるときには,重要なパートナーになっている。

また,世界の大企業500社の主要市場について調査すると,日米欧の企業は,アジア,北米,EUという,それぞれの企業の本社がある地域の市場での売上比率が高くなっており,世界の各市場で均一した売上やシェアを持っている企業はほとんどない。したがって,日本企業は,今後のグローバル戦略を考えるにあたって,「**ホーム市場**」としてのアジア市場を念頭に置いた戦略が重要となる[2]。

対アジア貿易・対外直接投資の展開

第2次世界大戦後しばらくは,日本,アジアの経済規模は,著しく低く,貿易額は小さかった。1950年の『**通商白書**』には,東南アジアとの貿易は,繊維品や生産財を輸出し,食糧と工業原料を輸入する,と記述してある。東南アジア諸国の工業化とともに,機械部品を輸出していた。そして,1950年代になり,アメリカと旧ソ連の冷戦状態から日本経済を自立させる政策がとられる。さらに,**朝鮮戦争**による特需で日本経済が活性化し,鉄鋼,電器産業,工作機械,工業用ミシンなどの機械産業などが復興した。これにともない,日本の機械メーカや電器メーカは,東南アジアに対して輸出量を増やしていく。

1960年代になると,日本の主要輸出先は,東南アジアからアメリカにシフトするようになるが,東南アジア諸国の経済が成長すると,電気製品など工業製品の日本からの輸入量は,増加する。しかし,これにより,

国際収支が悪化したので，それを是正するために**輸入代替工業化政策**をとり，工業製品に対して高関税や輸入制限を行うようになってきた。

そこで，日本の輸出メーカは，東南アジアを中心に**技術援助**や**現地工場**を設立し，対応することになった。たとえば，松下電器は，1961年にタイ，1962年台湾に現地工場を設立し，乾電池，ラジオを生産し，その後，マレーシアやフィリピンにも進出している[3]。この時期の海外進出は，それまでの貿易に代わり，現地の市場を確保するのが目的であり，グローバル戦略といえるものではなかった。

1970年以降，東南アジア諸国での国産比率が引き上げられたのにともない，電器，機械，自動車，および素材を提供する化学産業などの進出が増加した。さらに，1970年代後半になると，日米間の貿易摩擦や円高により，現地志向であった海外生産は，北米市場向け迂回生産，日本市場向けの逆輸入なども目的とすることとなる。かくして，東南アジアでの生産規模は，拡大し，技術移転が行われるようになった。

この時期の日本企業のアジア進出については，**伝統的国際分業論**に立脚する理論と，**内部化理論**と呼ばれる多国籍企業理論の立場では，その評価が分かれている。以下では，それぞれの理論を踏まえながら，これまでの日本とアジアの分業関係を評価したい。

国際分業・対外直接投資理論からの評価

①合意的国際分業理論

企業が輸出を行ったり，海外生産を行う理由については，それにより，多くの利益を生むことがあげられる。貿易を行うことによって，利益が創造されることを最初に理論化したのは，19世紀初頭の経済学者**リカード**（Rcardo, D.）である。彼は，国際貿易が行われる理由として，比較優位の原則を発見し，貿易と国際分業の必要性を指摘した。

A国とB国という2国で，X財，Y財という2つの生産物があり，か

りにA国で2つの生産物が安く生産されているとする。このような価格の違いを「**絶対優位**」と呼び，この2つの生産物はA国で生産した方が利益が大きいと一般的に考えられた。

しかし，リカードは，それぞれの国で，一方の財と交換するのに必要な別の財の交換比率をいう相対価格で生産物を捉えるべきことを指摘し，たとえ2つの商品とも絶対優位であっても，相対価格で見ると比較優位財は2国で異なり，それぞれの比較優位財に特化したほうが貿易利益が生じるとした。この原則は「**比較生産費説**」といわれ，現在の国際分業や自由貿易に対する考え方は，リカードの比較優位の原則を出発点としている[4]。

第2次世界大戦後の日本と東南アジア経済関係については，貿易と技術移転，対外直接投資などの面から，理論が構築されてきた[5]。とくに**小島清**の「**合意的国際分業論**」は，日本と東南アジアの貿易，と日系企業の対アジア直接投資の関係については，「順貿易志向型対外直接投資」として評価した。

ここでいう**順貿易志向型対外直接投資**とは，直接投資を両産業に導入したならば生じるであろう潜在的比較生産費を目度として，**ホスト国（投資受入国）**の比較優位産業（＝投資国の比較劣位産業）を選び，投資国の比較劣位産業からホスト国の比較優位産業へ直接投資すれば，直接投資がホスト国産業の生産性改善効果をもつので，比較生産費の差は，拡大され，より利益の大きい貿易が創造される対外直接投資であると指摘した[6]。つまり，先進国である日本からアジアに直接投資を行うことで，ホスト国である東南アジア諸国の生産性は改善されることになる。

他方，日本において対外直接投資を行うのは，労働集約性の高い比較劣位になってきた産業であり，劣位産業に投資していた資本や労働力を優位産業に投資することができる。その結果，東南アジアと日本の間に，国際分業構造が構築され，貿易が拡大し，貿易利益が創造され，経済厚

生が拡大するという。

このようにして，合理的国際分業論では，日本と東南アジアの関係を肯定的に評価する一方，先進国間で行われていた水平分業については，貿易利益を破壊する「**逆貿易志向型対外直接投資**」とした。そして，特化により，規模の経済性を相互に実現させ，互いに比較優位を強めあう方向に相互直接投資を行うべきであるとしている。

②内部化理論

合意的国際分業理論が貿易理論（市場理論）によって，対外直接投資を分析したのに対し，**バックレー**（Buckley, P.J.）と**カソン**（Casson, M.）をはじめとする**レディング学派**といわれる人びとは，輸出と対外直接投資，ライセンシング（提携）を，市場と企業の関係性から分析するという理論を開発した。

いかなる企業も，ライバル企業とは異なる技術，知識，情報，ノウハウなどの**企業特殊的優位性**（Firm-Specific Advantages FSA）を持っている。そして，その企業は，製品やサービスに，そのFSAを入れ込む。外国市場へ製品供給する場合，**貿易**はそのFSAを内在した製品の輸出であり，**対外直接投資**はFSAを移転し，現地で生産する。

また，**ライセンシング**は，FSAを現地のパートナー企業に提供（提携または販売）することである。輸出すれば，FSAが模倣されるというリスクが少なくなり，ベストな方法である。しかし，貿易摩擦や為替など市場環境の変化で輸出を行うことが困難な場合がある。その場合，現地で供給する必要がある。通常，FSAは，無形資産なので，価格をつけることはむずかしく，また，パートナーの選定や交渉にも費用がかかる。

さらに，パートナーによる模倣や流出が懸念されるので，FSAの消散リスクが高い。したがって，FSAのような無形資産を市場を通じて，海外に移転することには困難が多く，すべての取引を市場を通じて行う

ことはできない。これを「**市場の不完全性**」と呼ぶ。

そこで、企業は、みずから外国に進出し、本国とホスト国との間に存在する国際市場の内部化を図り、そこで生じる取引コストを節約し、効率的に生産、流通を図る。また、現地での新たな情報や知識も吸収することができる。このようなメリットを**内部化利益**という。しかし、その一方で、外国で事業活動を行うためには、新たな管理コストがかかる（**内部化費用**）。

内部化利益と内部化費用の大きさによって、対外直接投資か、ライセンシングを行うかが決定される。従来は、対外直接投資は、輸出先やライセンシングの後に行われると考えられていたが、内部化理論では、図表4－1に示すように、外国市場の参入方法を選択する。

内部化理論は、1970年代から世界的に増大する対外直接投資を理論的に説明することについて、一定の有効性があった。しかし、合意的国際分業論の「順貿易型対外直接投資」がもたらす利益と内部化理論の内部

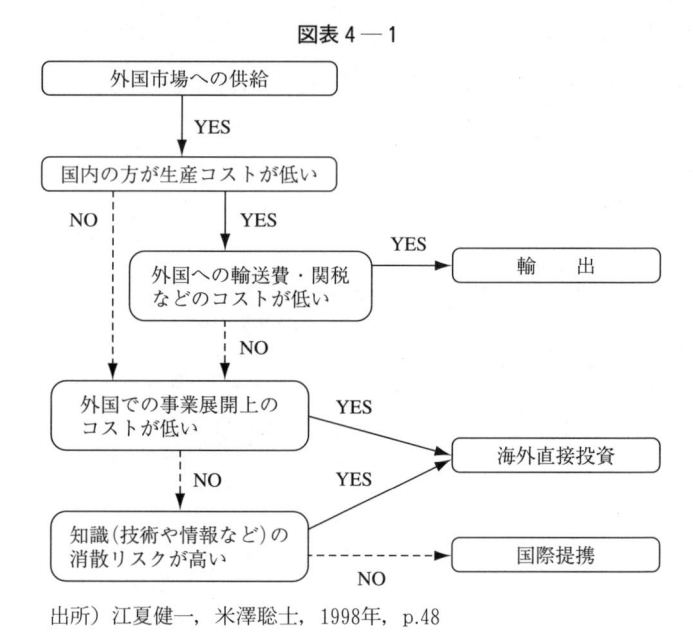

図表4－1

```
         外国市場への供給
              │
             YES
              ↓
       国内の方が生産コストが低い
         │        │
        NO       YES
         ┆        ↓
         ┆  外国への輸送費・関税 ──YES──→ 輸　　出
         ┆  などのコストが低い
         ┆        │
         ┆       NO
         ↓        ┆
    外国での事業展開上の ──YES──┐
    コストが低い              │
         │                    ↓
        NO          YES   海外直接投資
         ↓           ┌──────↑
    知識(技術や情報など)の ──┘
    消散リスクが高い ─────NO─────→ 国際提携
```

出所）江夏健一、米澤聡士、1998年、p.48

化利益とは，あいいれないものがある。

　合意的国際分業論では，先進国と発展途上国間の分業が，資本もしくは技術集約財と労働集約性財に特化することで，**経済厚生**が生じるが，先進国と発展途上国との間の技術的格差は克服しないことになる。これに対して内部化理論では，同一産業で相互投資をすることとなり，比較優位性を消滅させ，貿易理論でいう貿易利益を縮少させることになる。

　そこで，両者間で論争が行われている。これらの理論は，今日でもさらに基本理論として発展がなされている。

2　変貌するアジア市場

東アジアの奇跡

　1980年代半ば以降，アジア市場は，多様な発展形態をみせ始める。1970年代後半から，発展途上国のなかから，メキシコ，ブラジル，韓国，ルーマニアなど中南米，東アジア，東欧の一部の国が，経済発展し，**新興工業国（NICs）** と呼ばれるようになった。これらの国は，国内のインフラストラクチャー（インフラ）を整備し，工業の振興に成功した事例である。

　しかし，これらの国の大半は，1980年代前半の世界同時不況と呼ばれる経済環境のなかで，過度な投資政策やインフレが起こり，成長がとまってしまったのである。だが，韓国，台湾，香港，シンガポールの4地域は，さらに経済成長を続けて，**新興工業経済群（NIEs）** として，準先進国となっていった。これらの国は，外資導入を積極的に行い，早くから輸出志向型の工業化に努めている。

　さらに，1990年代にはいると，NIEsに続いて，**ASEAN 4（東南アジア諸国連合）** と呼ばれるタイ，マレーシア，フィリピン，インドネシア

も経済成長を果たすようになる。これらの国も，NIEs同様に輸出志向型の工業化につとめ，積極的に外資導入を図っている。

また，日系企業は，1985年の**プラザ合意**以降の円高によって，輸出競争力が低下し，輸出産業は積極的に海外進出を模索する。当初は，北米や欧州に進出していたが，それが一巡すると，コスト競争力を求めて，また，円高により円の購買力がついたので，東アジア諸国への投資を急増させている。

このようなことから，NIEsやASEAN4では，先進国からは資本と技術が導入され，さらに日本からは原材料，部品，生産財が輸入されている。これに対し北米，日本には製品を輸出するという構造ができる。それにともない，東アジア諸国は，生産技術力を高め，**ローカルコンテンツ（現地調達率）**をあげることに成功した。また同時に，1人当たりのGDPが向上し，消費市場としての魅力も持つようになった。たとえば，日系自動車メーカは，アジア市場向けに廉価なセダン型乗用車を開発し，現地工場で当該市場向けの自動車を増産する[7]。

また，製品，部品の**グローバル・スタンダード**を実現したパーソナルコンピュータ（PC）産業は，製品競争力を求めて，東南アジア諸国に生産拠点を設立した。1996年にデル・コンピュータは，アジア太平洋地域のための生産，サポート拠点として，アジア・パシフィック・カスタマー・センター（APCC）をマレーシアに設立した。デルのビジネスモデルに代表されるように，IT化の進展は，開発，生産，販売，物流，サービスをネットワーク化させることができ，東南アジアは一大コンピュータ産業の生産地域となった[8]。

世界銀行は，他の地域の発展途上国の経済開発が進んでいないのに対して，これらの東アジアの急成長を「**東アジアの奇跡**」と呼び，評価したのである[9]。

ターニングポイントとしてのアジア通貨危機

「東アジアの奇跡」と呼ばれる東アジア諸国の急成長は，1997年に転機を迎える。この年10月にタイ・バーツが急落し，近隣諸国に波及し，**アジア通貨危機**が発生する。

この原因については，複合的な要因が考えられる。第1に，1990年代前半の東アジア諸国の経済成長や，それにともなう金利上昇による内外金利差は，アメリカや日本からの短期，長期の投資を拡大させた。それらの投資により，輸出志向型工業化が進み，対米黒字が続いた。他方，生産財，原材料や部品の輸入で対日貿易赤字であり，各国の貿易収支も赤字であった[10]。さらに，中国の台頭は，ASEAN4の輸出に影響を及ぼすこととなった。

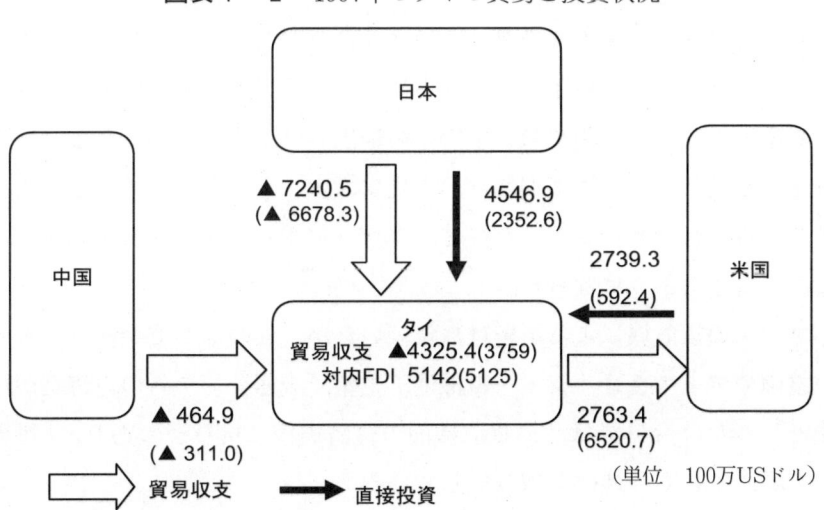

図表4-2 1997年のタイの貿易と投資状況

```
                        日本
                         │
            ▲7240.5    4546.9
            (▲6678.3)  (2352.6)
                         ↓          2739.3
   中国 ──▶                          (592.4)
         ▲464.9      タイ         ←──── 米国
         (▲311.0)   貿易収支 ▲4325.4(3759)
                    対内FDI 5142(5125)
                                    2763.4 ──▶
                                    (6520.7)
```

  ▷ 貿易収支　　▶ 直接投資
　　　　　　　　　　　　（単位　100万USドル）

注）カッコの数値は2003年の統計
データ出典：国連貿易統計，日本貿易振興機構（〜年）

また，急激な資本流入で，国内にミニ・バブル経済が起こる一方，日本のバブル崩壊や不良債権の増加により追加投資が収縮してしまい，既

存の貸し付けに対する貸しはがしも起きた。そのうえ，**華人ネットワーク**などといわれる地縁，血縁による結びつきの強い社会システムは，経済成長にともなう資本調達には効率的に機能していたが，企業経営の**ディスクロージャー**（会計情報の開示）を妨げる一因ともなった。

これらの要因から，タイやインドネシアでは，ドルの過剰となり，「ドル売り円買い」圧力が発生する。ドル・ペッグ（ドル連動）であったタイ・バーツは，**変動相場制**を導入せざるえなくなり，約40％暴落した。これにともない，インドネシア・ルピー，マレーシア・リンギットなども急落し，香港の株式市場も暴落した。さらに，インドネシアでは政変も起きた。

このような事態により，アジアの現地工場は大幅な減産を強いられることになった。現地の工場では，一時帰休などのリストラや閉鎖をする工場があいついだが，一部の工場では，余剰人員を日本の工場などに派遣し，研修させ，スキルを身につけさせたりした。

また，通貨下落は輸出価格の低下になるので，アジア市場の代わりとなる市場として，欧州や豪州市場への輸出も試みられた。これまで増産続きで混乱していた生産現場は，大幅な減産により生産ラインを整備でき，さらに人材教育を行ったので，グローバルレベルの品質を確保することができるようになった。

アジア通貨危機による影響は数年続いたが，このなかで金融システムの整備やディスクロージャーの推進，生産，流通システムの再構築が可能となった。今日では，通貨危機前の経済規模に戻りつつあり，「**世界の工場**」としての地位を取り戻している。

リージョナリズムの進展とアジア

昨今，グローバル化の進展が強調されている。しかし，その内実は，WTOのようなグローバリズムではなく，EU（European Union）や

NAFTA（北米自由貿易協定）などの地域経済統合に代表されるリージョナリズム（地域主義）の進展が著しい。東南アジア地域は，1968年にASEANが設立され，早くから地域連携が見られた。ASEANは，設立当初，ベトナム戦争の最中であり，政治的色彩が強かった。しかし，その後，域内における経済成長，社会・文化的発展を促進する機関となり，現在10ヵ国が加盟している。

　1992年，ASEANは，域内経済協力に関する枠組みを締結し，2003年1月，**AFTA（アセアン自由貿易地域）**を発効した。AFTAは，域内の関税障壁，非関税障壁を引き下げることにより，貿易の自由化を図り，域内経済の活性化の促進を目的にしている。先行するASEAN 6ヵ国（ブルネイ，インドネシア，マレーシア，フィリピン，シンガポール，タイ）は**CEPT（共通有効特恵関税）**という域内関税制度を用いて，大部分の品目の域内関税を 0 ％～ 5 ％に引き下げた。その他の加盟国についても，段階的に域内関税を引き下げ，2018年までに全産品についての**域内関税撤廃**を決定している。

　AFTAの発効にともない，外資系企業は，東南アジア地域における生産拠点のあり方を変容させてきた。たとえば，ネスレは東南アジア7ヵ国にある約30工場を，タイはコーヒー用クリーム，マレーシアは健康飲料，フィリピンはシリアル食品などに生産を特化した。これにより，AFTA域内から原材料を効率よく購入し，一方で品目ごとに生産拠点を統合してコストを引き下げている[11]。

　また，**ホンダ**は，これまでタイ，フィリピン，インドネシア，マレーシアの各国で自動車の生産，販売まで自己完結させてきたが，タイで乗用車「シティ」を組み立て，フィリピンに輸出することにした。自動車産業では，それぞれの立地特性を生かした部品生産を行い，相互補完をしている。「AFTAなどの経済統合の動きを考慮し，相互補完体制を構築しコストダウンに生かす戦略に変える」とホンダの幹部はいう[12]。

平成8年版の『通商白書』では，**地域経済統合の効果**として，以下の5つの点をあげている。
　①**貿易創造効果**：貿易障壁削減など域内貿易の活性化による経済厚生の向上。
　②**貿易転換効果**：貿易障壁撤廃により，域外の効率的（低コスト）生産国からの輸入が域内からの輸入に転換される効果（域内資源の効率的利用が阻害される）。
　③**交易条件の変化**：共通関税の設定により，地域統合加盟国の購買力が強化され，域外からの輸入価格を押し下げる効果。
　④**市場拡大効果**：地域統合による市場拡大効果が規模の経済性を実現する。
　⑤**競争促進効果**：市場統合により既存の寡占的な国内市場に競争がもたらされ，これまでの寡占企業による価格支配力を低下させる。

東アジア地域の経済統合がすすむことで，貿易創造や市場拡大の面で効果があがっていると考えられよう。

つぎに，日本と東南アジア諸国の経済連携については，2003年にシンガポールとの間で自由貿易協定を締結した。さらに，韓国，マレーシア，タイ，フィリピンなどとも協定がすすめられており，ASEANとの地域間協定も模索されている。しかし，FTA締結には，10年以内に「実質上のすべての貿易」について，関税その他の制限的通商規制を廃止しなければならない，という**WTO**の規定がある[13]。

日本は，農業問題などがボトルネックとなっており，多国間のFTA締結には，なお時間を要するであろう。また，日本はFTAのような通商問題だけではなく，包括的な経済協定として**EPR（経済連携協定）**を模索している。このようなリージョナリズムによるメリットは，大きく，

それに即した戦略が必要となる。

急成長する中国と東南アジアとの関係

　NIEs諸国や東南アジア諸国にとって，中国の急激な経済成長と輸出拡大の影響力は，はかりしれない。前述のように，「東アジアの奇跡」は，外資導入と輸出志向型工業化の成果といえる。また，**鄧小平による改革開放政策**以来の中国は，経済特区や，沿海港湾都市（経済技術開発区）の制定などの政策をとってきた。

　この外資優遇政策や輸出工場の免税措置などを利用するために，そして国内の経済成長にともなう人件費の上昇に対応するために，台湾，香港，韓国企業は，中国へ生産拠点を移してきた。とくに，**台湾企業**は，1990年代になり，IT産業が隆盛すると，経済特区の深圳（シンセン），それに続く広東省をはじめ華南地域にあいついで進出した。最近では，上海周辺の華東地域にまで拡大している。

　華南経済圏といわれる中国南部では，部品を含めたIT産業が集積した。また，華南の成功に続き，今日では中国沿岸部や北京でも外資系企業の進出が著しい。

　このような中国の経済成長や中国への外資進出は，東アジア諸国に大きな影響を与えた。とくに，中国は，1994年に人民元を切り下げたため，輸出競争力が強化されることになり，東南アジア諸国の輸出競争力を相対的に減少させることになった。このことは，東南アジア諸国の部品，製品輸出に影響を与え，上述のアジア通貨危機の遠因となっている。

　このような中国の急成長は，東アジア諸国を脅威にさらすことになったのであろうか。NIEsに進出した日系企業にヒアリング調査すると，中国に生産を移転したとか，移転を計画しているという声をよく聞く。現地拠点は，ローカル市場向けの生産に限定したり，R＆Dや設計機能に特化させている。このことは，従来の日本の本社と現地工場という単

線的関係から，**日本―NIEs―中国**という面的な構造への変化となっている。

他方，東南アジア諸国については，中国とのコスト競争が激しい。コスト削減を求めて進出した外資系企業は，安い人件費や潜在的な市場を求めて，中国に工場を建設し，需要拡大に対応したり，生産の移転を行っている。

このように，東アジア諸国にとって，中国は脅威になる要素をかかえている。しかし，現状では，これらの国にとって，中国は大きな市場になっている。日本やNIEsは，中国の工場新設により，生産設備や原材料，基幹部品を輸出し，東南アジア諸国にとっても，部品の輸出先となっている。

これまでの東南アジア諸国と同じように，中国の主要輸出先も，米国や日本である。中国と棲み分けを行うことで，より域内貿易を活性化することができる。ASEANは，日本に対してよりも中国とのFTA締結に積極的であるといわれる。そこで，アジアの広域経済圏の行方について注視する必要がある。

中国の急成長をうけて，日本企業に「**中国シフト**」という傾向がある。しかし，今後の中国についてはリスクも大きく，中国一辺倒とはいかない。当面のところは，中国と東アジアとの多面的な展開を維持していくことになろう。経済統合が進むにつれて，より立地特性を精査し，ネットワーク型の国際分業を構築していく必要があろう。

③ アジアで活動する日系企業のマネジメント

アジア市場の変化とグローバル競争の変容に呼応して，日系企業は新しいマネジメントや戦略を模索しなければならない。

組織構造の変容―地域統括会社／地域本社

　グローバル化が進展するにつれて，世界市場は均質化していくという考え方が以前は有力であった。**レビット**（Levitt, T）は，「企業は，地域別，国別の表面的な差異を無視して，世界をあたかもひとつの市場であるかのようにみなして事業展開する仕方を学ばなければならない」と指摘した[14]。この考え方は，**グローバル・スタンダード**といわれるように規模の経済性に裏打ちされる製品戦略をとる場合には有用であった。

　しかし，マネジメントについて考えると，経済的，社会的，文化的な立地特性が異なり，大企業といえども，出自地域にウエイトをおく状況になっている。さらに，近年のリージョナリズムの高揚により，グローバルとローカルを止揚した**グローカル**と呼ばれる発想が求められてきている。そこで，世界中に生産拠点を持つ企業は，近年，**地域統括会社**や**地域本社制度**を導入するようになった。

　たとえば，海外進出をしている日系企業の多くは，海外拠点を本社の製品別もしくは地域別事業部や海外事業部などの下部組織として位置づけ，管理してきた。しかし，地域経済統合の進展，生産ネットワークの拠点としてのウエイトが高くなり，また，現地地域市場へのアクセスが重要視されてくると，本社主導の海外事業部門の管理から地域ごとの統括会社を設立し，販売・マーケティング，生産，ロジスティックスおよび現地での人事，教育などの権限を委譲し，現地地域での事業活動をより俊敏で柔軟に行い，対応することが求められるようになってきた。

　他方，東アジア諸国では，地域統括会社誘致のための法人税の減税などの優遇措置を導入している。東アジアでは，頭初，歴史的，地理的，インフラ的な理由からシンガポールや香港に設立する企業が多かったが，最近では，タイや上海などに移転している企業もある。また，欧米系企業のなかには，日本に持っていた地域統括機能を，東南アジア諸国に移

す動きもでてきている。

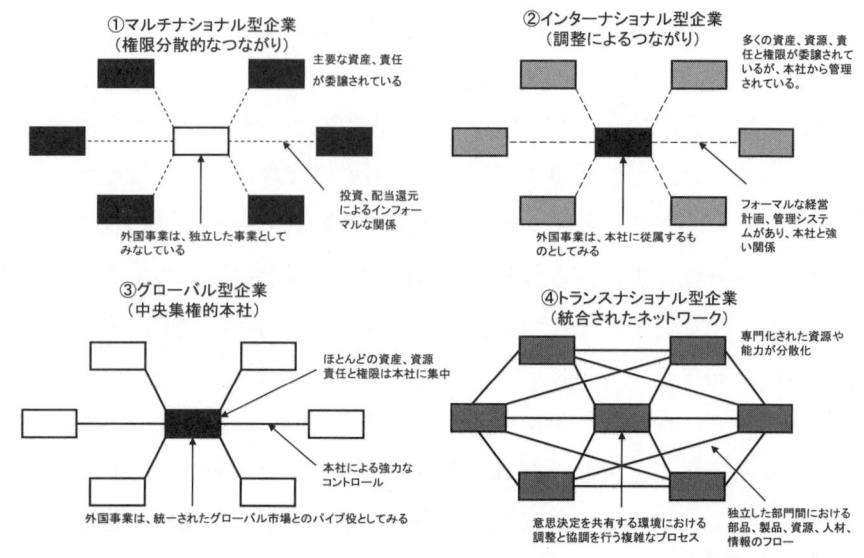

図表4-3　バートレットとゴシャールのグローバル組織戦略の類型

①マルチナショナル型企業
（権限分散的なつながり）
- 主要な資産、責任が委譲されている
- 投資、配当還元によるインフォーマルな関係
- 外国事業は、独立した事業としてみなしている

②インターナショナル型企業
（調整によるつながり）
- 多くの資産、資源、責任と権限が委譲されているが、本社から管理されている。
- フォーマルな経営計画、管理システムがあり、本社と強い関係
- 外国事業は、本社に従属するものとしてみる

③グローバル型企業
（中央集権的本社）
- ほとんどの資産、資源、責任と権限は本社に集中
- 本社による強力なコントロール
- 外国事業は、統一されたグローバル市場とのパイプ役としてみる

④トランスナショナル型企業
（統合されたネットワーク）
- 専門化された資源や能力が分散化
- 独立した部門における部品、製品、資源、人材、情報のフロー
- 意思決定を共有する環境における調整と協調を行う複雑なプロセス

出所）Bartlett, C. A. & Ghoshal, S., 1998, p.57. p.58. p.60. p.102. より引用，翻訳は筆者による

　バートレットとゴシャールは，グローバル組織戦略を図表4-3に示すように，4つのパターンに分類している。そして，日系企業のグローバル組織戦略を，「**経営資源や組織能力を本社に集中するグローバル組織**」として特徴づけた。この中央集権的な組織構造は，グローバル経営を行う場合，きわめて効率的であるように思われた。しかし，このような組織構造は，官僚的な性質を持ちやすく，意思決定の権限が現地の事業部門にないため，意思決定に時間がかかり，ローカルな情報や学習がフィードバックされにくい。

　近年，日系企業の大手企業は，北米，欧州，アジアをはじめ，南米，オセアニア，アフリカなど，世界を多極体制としての，地域に根ざしたマネジメントを展開してきている。アジアにおいても，本社直轄の体制から，日本とは切り離したアジア市場のネットワーク化を図るようなマ

ネジメントが求められている。

> **日本とアジアの距離は遠いのか。**
>
> 海外で生産する場合に考えられる問題点のひとつに物流があげられる。生産コストが低くても，輸送や保管，通関コストが高ければ意味がない。運賃は，輸送形態や船積み位置，定期船か否かなどで変わるが，ベトナムのホーチミンから日本まで，40フィートコンテナを10日間，10万円で送れるという。それに比較すると，日本国内の陸上輸送の運賃の方が高いので問題であるという話を聞いた。台湾や香港にいたっては数日で輸送できるという。

あたらしい分業形態―OEM，EMS

日本と東アジア諸国との分業形態は，国内生産を海外に移転し，それぞれの地域で固有の製品の生産に特化するという国際分業形態から，より複雑になってきている。家電や自動車など製品が高度化するにつれて，製品の部品や生産工程という単位で，国際分業を行うことが一般的になっており，完成品に至るまで，複数の国を経ることもある。

また，研究開発などは，世界中の拠点を結ぶことで，24時間連続して開発している企業もある。さらに，「**ファブレス**」といわれるような企業のように，設計だけを自社で行い，生産や販売などは他社に委託する方式を用いている企業もある。

グローバル競争が進展し，コスト競争がいちだんと激しくなると，**OEM**（相手先ブランドによる生産，Original Equipmeny Manufacturing）のような新たな戦略が利用されるようなってきた。OEMとは，生産と販売の機能の分業である。ある企業が開発と生産を行い，その製品を別の会社が販売することである。OMEは，人件費の安い国の現地メーカーとの間で提携する場合や，企業間で相互に行う場合（クロスOEM）もある。

また，近年，家電メーカは，成熟した製品については，**EMS**（電子

製造受託サービス，Electronics Manufacturing Services）を利用するようになっている。EMSは，製造プロセス（設計の一部，および部品調達から製造，物流まで）を複数の企業から受注し，OEM供給するメーカのことである。

　このEMSは，これにより，工場の稼働率を向上させ，規模の生産性を実現し，また販売リスクを軽減できるので，大幅にコストダウンできるようになる。また，受注企業は，製品ラインを維持するために，利益率が低い成熟化した製品も供給し続ける必要があるが，EMSを利用することで，固定費負担が大きい生産コストを下げることができる。

　OEMやEMSは，セカンドベストの戦略であるが，フルラインの製品を供給する大手企業にとっては重要な戦略になってきている。他方，生産技術力が向上しているが，自社のブランド力を持たない東アジア諸国のローカルメーカにとっても有用である。

グローバル戦略としてのサプライチェーンマネジメント（SCM）

　従来，コストをはじめとして製品競争力を獲得するために，立地特性やFSAなどを勘案して，対外直接投資や生産委託などの提携が行われてきた。しかし，今日では，単純な製品競争ではなく，**価値連鎖（バリューチェーン）** のすべての機能の競争となってきた。前述のように，日本と東アジアの分業システムは多様な形態を持つようになり，開発，設計，生産から小売，さらに販売後サービスまでをネットワークで結ぶ一元的なマネジメントを志向するようになった。

　たとえば，**JIT（ジャストインタイム）** は，原材料や部品調達といった上流工程を連携させるものであった。今日では，開発・設計，部品生産，組み立て，販売はまったく異なる立地で行われ，必ずしも系列企業とは限らなくなってきている。今日のマネジメントは，これらの要素を機能的に結びつけることが重要である。

デル・コンピュータが，インターネットで個別受注し，約10日から2週間ほどで納品でき，販売後のサービスも個別対応し，かつ低価格を実現させた事例は，有名である。デル・コンピュータの成功要因のひとつに，**サプライチェーンマネジメント**（SCM, Supply Chain Management）があげられる。小売りを通した販売では，販売と生産が同期化されていないため，販売と生産が一致しなく，在庫や品切れなどのリスクが高くなる。また，海外生産は，生産コストは安くても，販売と生産に空間的な隔たりがあり，納期や生産計画に不利な点がある。それを，克服するマネジメントとして，SCMが期待されている。

　SCMは，**開発―設計―生産（調達（（サプライヤー）―加工・組立）―物流―販売**という価値連鎖の各機能間を情報システムで一元的に管理するものである。たとえば，従来，顧客への販売情報は，価値連鎖をフィードバックしていったが，SCMを構築することで，その情報を各機能が同時に共有することができ，タイムラグがなくなる。

　したがって，受注が行われた時点で，その情報は，海外の生産拠点やサプライヤーまで届き，すぐに部品を調達，生産を行い，製品の出荷とともに，物流会社はすぐに輸送できるように，航空貨物や海運の空きスペースを確保する。そして，輸入されると，最終検査が行われ，国内の物流と連携して納品される。さらに，その販売情報は，顧客管理情報として利用される。

　当初，人件費をはじめとする生産コストの削減を求めて，アジア地域に進出した企業も多かった。しかし，企業のグローバル化が進むにつれて，新しい競争要因が創出され，ネットワーク間競争になってきている。SCMはその端緒にすぎず，さらに，新しいマネジメント手法の開発が求められている。

4　アジアと共生する日系企業の戦略—まとめにかえて

　東アジア諸国と日本経済，日本企業との関係は，緊密さを増している。しかし，その一方で，空洞化など，日本にとっての不安要素も，指摘される。製造業の海外移転は，製品の逆輸入をもたらし，技術移転や技術蓄積により**ローカルメーカ**（現地企業）は，輸出競争力を向上させている。また，国内は，マイナス成長や低成長を続け，失業率も2000年以降，高い水準になっている。

日本経済の空洞化

　中国をはじめ，アジア諸国が経済成長をし，また，あいついで日系企業が進出して，日本に製品を輸出するようになると，日本の空洞化が懸念されるようになった。**空洞化**とは，「製造業の海外現地生産など対外直接投資が進むと，海外での生産や雇用は増えるが，そのぶん国内のほうは減り，国内の生産能力が落ちていくこと」である。

　最初に，空洞化が問題なったのは，1970年代から1980年代初期にかけて，米国の電器産業などが海外進出を行った時期である。この時期から，米国の貿易収支が悪化し，これまでの米国基幹産業の競争力が低下した。その原因のひとつに，生産の海外移転に伴う空洞化があげられた[15]。

　日本においても，1990年代の円高期に海外生産比率が向上し，また1997年に対中貿易が入超になると，空洞化論がマスコミに取り上げられるようになった。とくに，**中国への生産移転**を問題視するむきも多い[16]。

　しかし，上述のように，日本のアジアへの進出は，グローバル競争下では必然のものとなっている。問題となるのは，生産代替や雇用の流動化が日本国内で行われるか，否かである。言い換えれば，アジア諸国との棲み分け，国際分業構造の再編の問題である。

これまでの日本と東アジアの貿易を構造的に捉えると，日本の対東アジア貿易黒字，東アジア諸国の対日赤字の傾向が続いている[17]。この背景には，東アジアから製品輸入は増大しているものの，東アジアの生産拡大にともない，日本からの産業機械やハイテク部品が輸出されていることがある。この日本と東アジア間の貿易収支の不均衡状態を支えているのが，東アジアの対米貿易黒字である。貿易収支の点においては，空洞化は進展しないといえる。しかし，米国への依存が大きい貿易構造では，米国景気の影響を受けやすく，今後のアジア経済の内発的な発展を考えるならば，さらなる**域内経済の連携**を図っていく必要がある。

　また，日本経済の急激な空洞化の懸念はないかもしれないが，日本の製造業の競争優位性を支えていた技術力が消失しているという危惧がある。つまり，日本の製造現場で培われた生産技術，加工技術が伝承されなくなるおそれがある。このことは，これは，日本の製造業が生産現場を海外移転しただけの問題ではなく，国内工場のオートメーション化，３Kと揶揄される日本社会の製造現場に対する認識，技術教育のあり方などが密接にかかわりあっている。技術の空洞化においては心配する声が多い[18]。

　したがって，日系企業は，国内で伝承されない生産技術などを海外で培っていくことも，重要である。そして，日本国内の生産技術のあり方について，トヨタ自動車の二橋岩雄は「**ちょっと先を行く生産技術**」を指摘する。生産技術とは，高品質なものをだれでも簡単に作れるようにすることなので，だれもが簡単に作れるものは真似されてしまい，労務費だけの競争になれば，日本では生産工程が残らなくなってしまう。

　そこで，日本では「ちょっと先を行く生産技術」が理想の状態であるという。その内容は，大規模な投資をともなう複雑な自動化ラインの開発ではなく，少し人手を介した自動化技術であったり，加工技術では「シンプル化」，「スリム化」，「低圧化」，「低水量化」，「簡易化」などが，

キーワードになる[19]。生産技術に関しても，地域特性を生かした技術開発，教育，伝承が望まれ，グローバルな見地から技術の棲み分けを行う必要がある。

空洞化論など日系企業のアジア進出にネガティブな意見もあるが，高い見地からみれば，リージョナルやグローバルな経済交流から生みだされるプロフィットは大きい。したがって，それに対応すべき，組織変革や戦略転換を図っていくことが望まれる。

最小工場からグローバル化を発信
トヨタ自動車―ベトナム工場―

ベトナム・ハノイ市郊外にToyota Motor Vietnam Co., Ltdがある。この工場は，1日の生産量が30台である。ベトナム向けに，カローラ，カムリ，ヴィオス，TUVなどの組み立てとASEAN諸国向けの現地日系部品メーカより調達し，輸出している。

生産ラインの自動化率，OA化率は低いが，そこにはトヨタ自動車の優れた生産技術の原点を散見することができる。まず，KD（ノックダウン）の部品の輸送，保管状況や生産ライン上にある車両の生産プロセスが掲示板に表示されており，「目で見る管理」が徹底されている。また，生産台数が少ないので，トヨタ生産方式といわれる「カンバン方式」や「JUST IN TIME方式」などサプライヤーと一体化した生産システムを十分構築しているわけではないが，自働化に依拠しない「人による自動車作り」が展開されている。工場内には「技能道場」と銘打ったプレス加工の技能講習を行ったり，組み立て工程の改善活動を積極的に行い，先進工場では蓄積できない技能や技術の講習，伝承および開発をしている。ベトナム工場はトヨタ自動車の多品種少量生産のグローバル・モデル工場になっている。

日系企業の対アジア新戦略

近年の経営理念に「**共生**」とか，「**WIN-WINの関係**」という言葉が用

いられるようになってきた。情報が瞬時に世界を駆けめぐるようになり，「1人勝ち」の論理は通用しなくなってきている。日系企業は，従来のような現地の立地特性を一方的に利用し，本国が利益を吸収していくことはできない。現地であげた利益を再投資し，また，発展途上国であっても，本国と同様に**コンプライアンス（法令遵守）**，環境保全，アカウンタビリティー（説明責任）などが求められている。

他方，汎用品などがアジアに生産移転され，アジアのなかにマザー工場やR＆D部門が設立されるようになると，アジアから学習するというメカニズムを構築する必要も出てくるであろう。

日系多国籍企業のひとつの方途として，前述したバートレットとゴシャールのグローバル組織戦略のトランスナショナル戦略への転換が考えられるかもしれない。不確実性が高まる時代，フレキシブルでスピードのある企業経営が求められている。

《注》

1) 本稿におけるアジアに関しての定義は原則として以下のものとする。①アジア諸国，アジア市場の場合，ASEAN（東南アジア諸国連合）に加えて，台湾，中国（香港を含む），韓国を指す。②東アジアは，①に中国を除く地域。③東南アジアは，ASEAN発足時の加盟国，適宜台湾や香港などを加えて捉える場合もある。ただし，アジア通貨危機など特別な現象を指す場合はこの例にしたがわない。
2) Rugman, A. M. & Verbeke, A., 2004. を参照
3) 松下電器産業ホームページ（http://matsushita.co.jp/company/history/ch_1961_01.html）を参照。国名は，現在の呼称を用いた。
4) 比較優位の原則は，リカード『経済学および課税の原理』第7章「外国貿易」に記述されている。
5) 1960年代の日本と東南アジア諸国の経済的関係について，有力な学説としては，名和統一「貿易三環節」や赤松要「雁行形態論」があげられる。本論では割愛した。

6) 小島清，1985年参照
7) アジアカーといわれ，1996年にホンダが「シティ」，トヨタが「ソルーナ」を発売した。これらの車は，アジアの道路事情に対応したサスペンションやヒーターを装備せず，内装も安価なものにしている。販売当初，これらの車は爆発的にヒットしたが，2000年以降売れ行きが停滞しだした。今日では，世界戦略車をアジア市場にアレンジして投入していることが多い。
8) デルコンピュータホームページ（http://wwwl.jp.dell.com/content/topics/segtopic.aspx/dellco/histry) 参照
9) 1993年9月に世界銀行は日本，アジアNIEs，インドネシア，マレーシア，タイの8ヵ国を「高い成長を遂げる東アジア経済地域」として，「東アジアの奇跡」として発表した。その成功要因として，適切なマクロ経済政策，初等・中等教育の充実，輸出促進政策などを挙げている。
10) 岸本寿生，2001年参照
11) 『日本経済新聞』2003年7月31日第1面より引用
12) 同上。コメントは土志田諭ホンダ常務アジア・大洋州本部長（役職は当時のもの）による。
13) 浦田秀次郎，2002年，pp. 68-69.参照
14) Buckle, P. J. & Brooke, M, Z. ed., 1992. 邦訳p.45より引用
15) 中島潤，2000, pp. 199-222., 伊丹敬之，伊丹研究室，2004, pp. 2-7.を参照。米国の空洞化は，その後のIT産業の隆盛や円安化による対内直接投資の増加により沈静化する。
16) 『日経ビジネス』
17) 中国に関しては，日本の輸入超過が拡大していたが，2003年に貿易赤字額が縮小し，貿易は均衡するとの見方もある。
18) 熟練から生み出されるカンやコツというものが日本で伝承されなくなっていることが指摘されている。特に，東京都の大田区や江東区など下町の工場の経営が苦境に立ち，そこから生み出される技術が瀕していることは社会問題といえる。しかし，これは単に生産の海外移転だけが問題ではなく，工場労働に対する日本の若年層がもつイメージなどが問題であり，現在の教育や社会風土の問題としてとらえるべきであろう。
19) 二橋岩雄，2003年参照

《参考文献》

Bartlett, C.A. & Ghoshals, S., *Managing Across Borders : The Transnational Solution*, Harvard Business School Press, 1998.

Buckly, P. J. & Brooke, M, Z. ed., *International Business Studies : An Overview*, Blacwell, 1992.（江夏健一訳『国際ビジネス研究：総論』文眞堂，1998年）

江夏健一，米澤聡士『ワークブック　国際ビジネス』文眞堂，1998年

伊丹敬之，伊丹研究室『空洞化はまだ起きていない』NTT出版　2004年

小島清『日本の海外直接投資』文眞堂，1995年

小島清『雁行型経済発展論（第1巻）』文眞堂，2003年

Kotabe, M & Helsen, K., *Global Marketing Managment-2nd ed.*, John Wiley & Sons, Inc., 2001.（横井義則監訳『グローバルビジネス戦略』同文舘，2002年）

丸山恵也，佐護譽，小林英夫編著『アジア経済圏と国際分業の進展』ミネルヴァ書房，1999年

森田道也『サプライチェーンの原理と経営』新世社，2004年

中島潤『日系多国籍企業—ミレニアムへの奇跡』中央経済社，2000年

二橋岩雄稿「マネジメント力と生産技術力が問われる中国への進出」『JMAマネジメントレビュー』 Vol. 9, No. 8, 2003年, pp. 9-12.

Rugman, A. M. & Verbeke, A., "A perspective on regional and global strategies of multinational enterprises," *Journal of International Business Studies*, 2004. Vol. 35 (1), pp. 3-18.

浦田秀次郎『FTAガイドブック』ジェトロ，2002年

《いっそう学習（や研究）をすすめるために》

丸山恵也，佐護譽，小林秀夫編『アジア経済圏と国際分業の進展』ミネルヴァ書房，1999年

　　東アジアにおける経済圏形成の背景とその効果や影響についての研究書である。第1部では，アジア経済圏の形成と貿易，技術移転，中小企業，労使関係，外国人労働者の問題が採り上げられている。第2部では，アジアとの国際分業が各産業に及ぶ影響を詳述している。

小島清『雁行型経済発展論』文眞堂，2003年

　　日本の国際分業の分析の祖である雁行形態論を再吟味，再評価し，さ

らにそれを受け継いだ合意的国際分業論を現代の地域経済統合の動向を取り入れて拡延した理論書である。第1部では雁行形態論，合意的分業論の理論的解説，第2部ではそれらの理論の発展と国際的伝播について追究されている。

中島潤『日系多国籍企業―ミレニアムへの奇跡』中央経済社，2000年

　　日系多国籍業に関して，歴史，理論，課題について多角的に分析された研究書である。第1部では，戦後の日系企業の海外進出からグローバル化していくプロセスを詳細に論じている。第2部では日系多国籍企業を分析するための内部化理論などの諸理論，第3部では空洞化などの問題が概説されている。

《レビュー・アンド・トライ・クエスチョンズ》

① 東アジア諸国に進出した日系企業が直面している問題を整理して，これからどのような行動をとるべきか，仮説を立ててみてください。

② 「合意的国際分業論」や「内部化理論」をより詳しく調べて，それぞれの理論の特徴や問題点を挙げてみましょう。

③ 「地域本社制度」，「OEM」および「SCM」について，本書に書かれている以外の事例を調べてみましょう。

第 5 章

中小製造業のアジアにおける現地経営

本章のねらい

　本章では，中小製造業の海外経営の実態と特徴を大企業と比較しながら明らかにする。また，中国での事業展開において中小企業が直面する課題や対応策についても検討してみることとする。なお，本章を学習することによって，以下のことが理解できるようになる。

　① 海外事業展開における中小企業と大企業の違い
　② 中小企業の中国進出の目的，現地経営の問題点
　③ 日本と中国における国際分業のあり方と日系中小企業の経営戦略

1 中小企業による海外事業展開の動向

　第2次世界大戦後，長い間，海外展開は大企業に特有のものであり，中小企業とは無縁な活動であると考えられていた。ところが，1980年代に入り，経済のグローバル化の波が中小企業にも押し寄せることとなった。以後，多くの中小企業が海外に進出し，現地国で生産・販売活動を開始した。今日では，大企業だけでなく，中小企業も国際競争のなかに組み込まれる時代になっている。

海外直接投資の動向

　中小企業の**海外直接投資**（新規証券取得：現地法人の新設または新規資本参加）は，大企業を含む企業全体の傾向とほぼ同じようなの動きを示している（図表5—1参照）。1980年代中旬までは，年間300件前後と少なく，中小企業にとって海外事業展開は身近な経営活動といえる状況にはなかった。しかしながら，1985年の**プラザ合意**によって急速に円高（1ドルが1985年には240円前後であったが，1987年には120円前後となる）が進み，それが大企業だけでなく，中小企業の海外進出をも大幅に促すこととなった。

　1988年には，中小企業の海外投資件数がピーク（1,625件）に達し，円高前（1984年の312件）の5倍以上の件数を記録した。そして，ピーク後は4年間減少を続け，574件にまで落ち込んでいる。その後は，700件前後と横這いの状態が1996年まで続くが，翌1997年に**アジア通貨危機**が発生し，同年476件，1998年には57件とプラザ合意後，もっとも少ない投資件数となった。しかしながら1999年以後は，東アジア地域の景気回復が追い風となって，海外投資活動も活発化してきている。

　海外投資全体に占める中小企業の比率（プラザ合意以降）は，1985年

に31%であったのが，海外投資件数全体の伸びと平行して上昇を続け，3年後には60%に達した。その後は，40%（1991年）にまで低下するが，1992年以降は上昇傾向に転じ1994年（57%）から3年間は海外投資の過半数を中小企業が占める状態が続いた。その後，1997年には投資件数の低下とともに比率も46%へと低下した。

こうした海外投資の増減は，円高・円安といった為替レートの変動によって大きく影響を受けてきた。だが，1990年代に入ってからは，**バブルの崩壊**とその後の長期不況，需要の低迷，価格破壊の進行によるコスト競争の激化といった国内諸要因も加わり，おおむね低調に推移してきた。また，2000年に入ってからは，中国のWTO正式加盟（2001年），国内景気の回復傾向，ASEANとのFTA交渉の進展などに伴って，海外投資活動も活発化してきている。

図表5―1　海外直接投資の時系列変化

	76年	77年	78年	79年	80年	81年	82年	83年	84年	85年	86年	87年	88年	89年	90年	91年	92年	93年	94年	95年	96年	97年	98年
中小企業(A)	250	342	306	437	326	336	247	306	312	318	599	1063	1625	1401	994	619	574	698	684	783	673	476	57
全体(B)	882	830	887	990	790	746	765	868	828	1023	1419	2126	2725	2602	2249	1556	1397	1530	1203	1498	1228	1032	508
中小企業の比率(A/B)	0.28	0.41	0.34	0.44	0.41	0.45	0.32	0.35	0.38	0.31	0.42	0.5	0.6	0.54	0.44	0.4	0.41	0.45	0.57	0.52	0.55	0.46	0.11

資料）中小企業庁編『中小企業白書』各年版により作成
出所）中山健『中小企業のネットワーク戦略』同友館，2001年，p.86

海外事業展開上の特徴

中小企業による海外事業展開の特徴を以下に列挙する。なお，ここでの海外事業展開とは，「海外直接投資」と「海外企業との**業務提携**」の両方を指している。

① 大企業の半数以上が海外進出を果たしている反面，中小企業の海外進出割合は1割未満と少ない。

　従業員300人未満の中小企業全体からみると，海外直接投資を実施している割合は8.2%であり，ほとんどの企業は海外直接投資を行っていない[1]。一方，大企業では半数を超える企業が**海外拠点**（生産・販売拠点など）を有している[2]。海外展開の実施率からみると，大企業と中小企業の間で大きな差がある。

② 中小企業のなかでも従業員規模が大きくなるに従って，海外展開の実施割合は高くなる。

　従業員規模からみた直接投資割合は，5名未満の企業では0%であるが，5～9名規模では2.8%，10～19名規模では3.4%というように従業員規模が大きくなるほど高くなり，50～99名規模では8.7%，100～299名規模では21.0%となる。従業員100名以上の企業では10社中2社が海外進出を果たしている。こうした点については，海外進出中小企業の平均従業員数が119人と大きいことからも理解できる[3]。海外進出は，中小企業のなかでも従業員規模の大きい層に偏っていることになる。

③ 中小企業の進出先は，大企業と比べてアジア地域に集中している。

　中小企業の進出先は，海外子会社の71%，関連会社の75%がアジア地域である。大企業では，海外子会社の42%，関連会社の68%がアジア地域[4]であるため，地域的にみて中小企業の**アジア指向**は強い。中小製造業に限ってみれば，進出先の82%が中国，ASEAN，

コロッケ屋さんの国際展開

　1個わずか50円のコロッケを2坪ほどの店で作って販売しているコロちゃん㈱（本社：岐阜県，従業員80名）は，2000年5月の設立以来，全国に700店舗をフランチャイズ展開してきた。コロッケといえばじゃがいもでつくった食材だが，「アフリカの子供たちにもおいしくて安いコロッケを食べさせてあげたい」との願望から海外展開を思いついたという。そして設立2年目の2002年にはシンガポールに，2004年にはイギリスとアフリカのケニアに店舗を開設した。コロッケは，いかにも日本人向けの食べ物のように思えるが，海外店ではいずれも現地の人々に大好評だという。シンガポールでは既に4店目がオープンしており，身近な食べ物でグローバルな事業展開に成功しているユニークな中小企業である。

　　　NIEsに集中している。なかでも中国への進出割合が突出して高く，半数近く（45.4％）に達している[5]。
④　アジア地域での中小製造業の事業拠点数（現地法人数）は，大半（8割）が1社のみである。
　　アジア地域の場合，親企業1社当たり平均海外子会社，関連会社保有数は，大企業では複数拠点（製造業4.5社，卸売業7.6社，小売業2.6社）であるが，中小企業はきわめて限定的（製造業1.4社，卸売業2.0社，小売業2.6社）である[6]。
　　また，海外進出している中小企業における現地法人の保有数は約8割が「1社」のみであり，2社が16.5％，3社以上はわずか2.8％である[7]。要するに，大半の中小企業は海外拠点を1社保有しているにすぎず，大企業のように多国籍に渡って事業展開を実施しているわけではない。
⑤　中小企業が中国とASEANに進出する主な目的は，**生産拠点の設立**であるが，欧米とNIEsへ進出する主な目的は，**販売拠点の設立**

である。

　中国やASEANにおける現地法人設立の理由は，これまでほとんどの中小企業にとって生産拠点を設置することにあった。しかしながら近年，そうした目的を有する割合が低下傾向にある。それとともに，販売機能を設立目的にする割合がASEANで減少し，中国では反対に増加してきている。

　一方，欧米では生産機能を目的とした現地法人の設立件数は減り続けており，販売拠点としての機能に重点を置く企業が70％以上を占めている。また，NIEsでの法人設立理由としては，現地生産を目的とする割合が大きく低下するとともに，販売市場としての魅力が増してきており，欧米の傾向に近づいている。

⑥　業務提携の割合は，企業規模が大きくなるほど高くなる。中小企業においては，とくに**初期投資**が少なくてすむのがメリットとなっている。

　海外に工場を設置しようとする場合，中小企業にとっては多額のコストが大きな負担となる。そこで，初期投資が少なくてすむ方法として，**業務提携**（ここでは，海外企業への生産委託，生産施設賃借，共同生産など）があげられる。業務提携の実施率（2000年，2001年）を本社従業員数別にみてみると，100人未満2.8％，100〜300人3.8％，301〜1,000人7.9％，1,001人以上15.7％と，中小企業より大企業において実施されている割合は高い[8]。

　中小企業においては，資金的に余裕のない企業や海外生産ではリスクが高い企業において，とくに利用されている。ただし，業務提携は提携相手の現地企業に技術やノウハウを盗まれる危険性が高い点がデメリットとなっている[9]。

2 中国における日系中小企業の経営

中国進出の目的

　中小製造業が中国に製造拠点を設立する最大の目的は，豊富で安価な労働力を活用して，生産コストの低減を図ることである（図表5－2参照）。また，これまで日本で製造していた**中級品**，**低級品**の製造を移管し，現地の部品・原材料，人材を利用して低コストで生産し，それを日本へ**逆輸入**する企業が多かった。しかしながら，1990年代後半以降，そうした取り組みは減少している。

　一方，中国では高い経済成長によって国民の平均所得水準が上昇し，市場としての魅力が年々高まってきた結果，中国市場での販売開拓を進出目的とする割合が1990年以前の39.1％から1990年代前半の44.1％へ，そして1990年代後半の71.8％へと急増している。

図表5－2　中小製造業の中国進出目的（進出時期別：上位5項目）

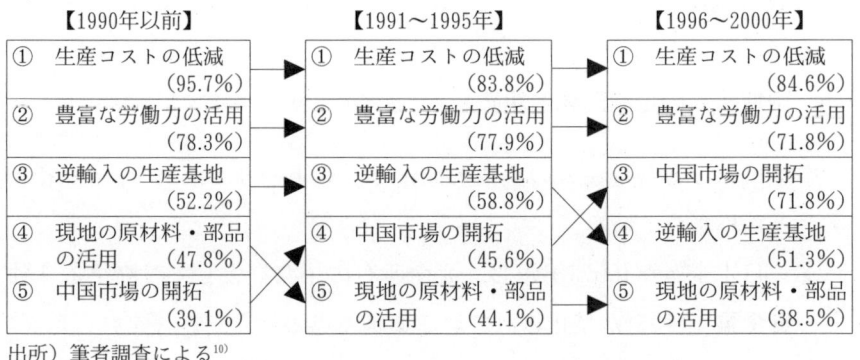

【1990年以前】	【1991～1995年】	【1996～2000年】
① 生産コストの低減 (95.7％)	① 生産コストの低減 (83.8％)	① 生産コストの低減 (84.6％)
② 豊富な労働力の活用 (78.3％)	② 豊富な労働力の活用 (77.9％)	② 豊富な労働力の活用 (71.8％)
③ 逆輸入の生産基地 (52.2％)	③ 逆輸入の生産基地 (58.8％)	③ 中国市場の開拓 (71.8％)
④ 現地の原材料・部品の活用 (47.8％)	④ 中国市場の開拓 (45.6％)	④ 逆輸入の生産基地 (51.3％)
⑤ 中国市場の開拓 (39.1％)	⑤ 現地の原材料・部品の活用 (44.1％)	⑤ 現地の原材料・部品の活用 (38.5％)

出所）筆者調査による[10]

仕入・販売活動

　部品・原材料に関しては，1990年代以降，日本や中国以外の外資系企

業からも資材を仕入れるようになってきた。一方，販売先に関しては，生産品を日本（企業）に輸出する企業が減少し，これにかわって中国国内の日系企業や現地企業へ販売したり，日中以外の第三国へ輸出をする企業が増えてきている。要するに，中国進出の中小企業において，**仕入・販売先企業の多様化**が進行しているといえる（図表5－3参照）。

図表5－3 中国進出中小企業の部品・原材料調達先と生産品販売先の比率
(1990以前→1991～1995→1996～2000)

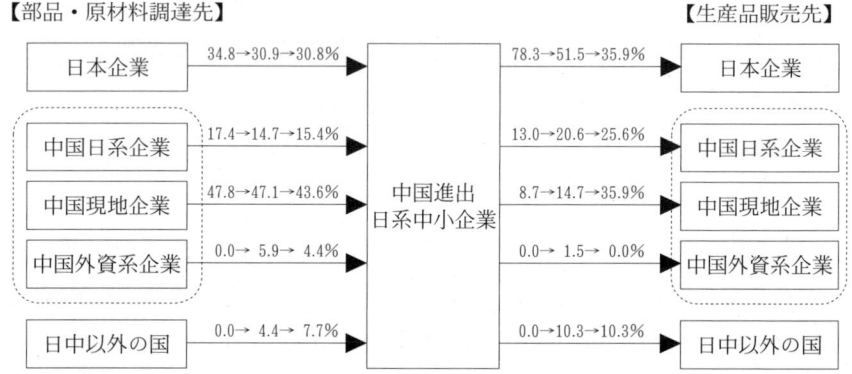

【部品・原材料調達先】

調達先	比率
日本企業	34.8→30.9→30.8%
中国日系企業	17.4→14.7→15.4%
中国現地企業	47.8→47.1→43.6%
中国外資系企業	0.0→5.9→4.4%
日中以外の国	0.0→4.4→7.7%

→ 中国進出日系中小企業 →

【生産品販売先】

販売先	比率
日本企業	78.3→51.5→35.9%
中国日系企業	13.0→20.6→25.6%
中国現地企業	8.7→14.7→35.9%
中国外資系企業	0.0→1.5→0.0%
日中以外の国	0.0→10.3→10.3%

注）各数値はパーセンテージを示し，左から1990年以前，1991～1995年，1996～2000年の各時期に中国に進出した中小企業の調達先別の仕入比率と生産品の販売比率を示したものである（N＝131）。
出所）筆者調査による

現地法人の企業形態と組織

中国における現地法人の企業形態には，以下の3つがあり，「三資企業」と総称されている。

① 日本企業が100％出資し，完全所有の子会社として設立する「**独資企業**」（独資が禁止されている業種もある）

② 日本企業と中国側パートナー企業が共同で出資し設立する「**合弁企業**」（日本側の資本が25％以上必要）

③ 日本企業と中国側が特定事業を目的とした合作契約によって設立する中国特有の「**合作企業**」（流通・飲食業に比較的多い合弁企業

の一形態）

2001年時点での構成割合は，約半数（48％）が独資企業で，合弁企業の割合は約3割である。なお，合作企業は1割未満と少ない[11]。

合弁企業の組織は，図表5－4が典型例である。同組織には，日本の企業にはない「**董事会**（トンシー）」が存在する。董事会とは，現地法人の最高意思決定機関であり，日本の株式会社でいえば株主総会と取締役会の機能・権限を合わせたものと理解される。また，**董事長**は法定代表としての身分を有する。**董事**は日本企業と中国企業の両方から出資比率に応じて任免され，董事長，副董事長は両者の協議あるいは董事会により選ばれる。董事会は毎年1回以上開催され，経営上の重要事項（定款の変更，資本

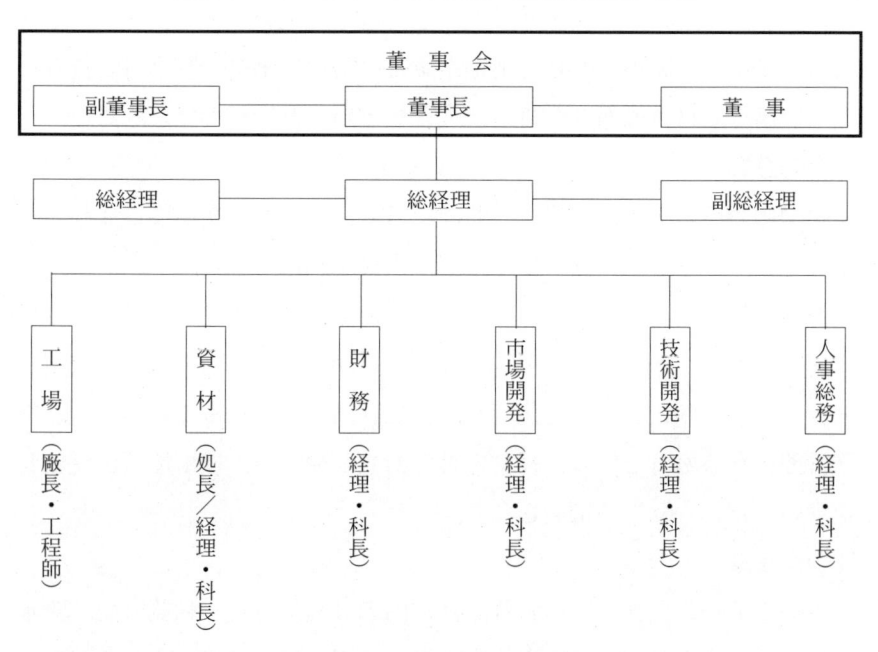

図表5－4　日中・合弁企業の組織機構図（例）

```
┌─────────────────────────────────────────┐
│                董　事　会                │
│  ┌────────┐   ┌────────┐   ┌────────┐   │
│  │ 副董事長 │───│ 董事長  │───│ 董　事 │   │
│  └────────┘   └────────┘   └────────┘   │
└─────────────────────────────────────────┘
                     │
      ┌──────────────┼──────────────┐
   ┌──────┐      ┌──────┐      ┌──────┐
   │総経理 │──────│総経理 │──────│副総経理│
   └──────┘      └──────┘      └──────┘
                     │
   ┌──────┬──────┬──────┬──────┬──────┐
  工場   資材   財務  市場開発 技術開発 人事総務
 （廠長・（処長/（経理・（経理・（経理・（経理・
  工程師）経理・ 科長）  科長）  科長）  科長）
         科長）
```

注）董事は出資比率に基づき，日中双方から任命・派遣される。定員は3人以上で上限は定められていない。なお，5人，7人，9人など奇数が一般的である。
出所）信金中央金庫総合研究所アジア業務相談室『中国投資ガイドブック』信金中央金庫，2002年，p.78

第5章　中小製造業のアジアにおける現地経営

の増減，総経理・副総経理の任免，事業計画・販売計画，諸規則・制度の承認等）を決定する[12]。そして，**総経理**は日常業務の最高責任者としての役割を担っており，日常の経営管理において対外的に合弁企業を代表する。なお，副総経理は総経理の補佐役である[13]。

三資企業のメリットとデメリット

企業形態別にみると，次のようなメリットとデメリットがある[14]。

①**独資企業**

100％の経営権を有するため，マネジメント上のコントロールが日本企業側で自由に行える。そのため，合弁企業のようなパートナーとのトラブルが生じない。また，利益が独占できるとともに，技術情報の流出を防ぐことができる。デメリットとしては，現地のパートナーがいないため，役所との関係づくりや現地企業との交渉が困難，設立時の資金負担や雇用，人材育成面での負担が大きいといった点があげられる。

②**合弁企業**

中国側のパートナー企業との共同出資であるため，初期投資額が少なくてすむ。パートナー側の生産設備，人材が利用できる，パートナーの人脈や経験を利用して容易に許認可が取得できる，販売ルート先が容易に開拓できる，といったメリットがある。しかし，デメリットとしてパートナー側の余剰人員や老朽化した設備を利用させられることがある，労務管理や利益処分といった経営方針で対立しやすい，技術情報が流出しやすい，といった点が指摘される。

③**合作企業**

中国側契約式合弁ともいわれ，経営内容（経営方式，利益分配，資本回収，責任分担など）が出資比率でなく，契約により決められるため，柔軟性に富んだ方式である。また，役所などとの調整がスムーズに行えるメリットもある。しかし，契約期間が一般に短い，法的保証（とくに

法人化しない場合の出資者への責任，外国側の優先回収条件など）があいまいである，現地市場での販売において合弁企業よりも制約が多い，中国側が従業員を提供すると労務・人事管理面で不安が生じる，などのデメリットがある。

日本企業にとっての海外進出形態は，独資と合弁がほとんどであるが，総合的にみて，どちらの形態がよいのであろうか。この点に関しては，政府系研究機関が調べた中小企業の**撤退比率**によると，独資11.1％，合弁（出資比率50％以下）19.9％，合弁（出資比率50％超）13.2％となっている[15]。合併の場合は，現地パートナーの資質や経営方針に大きく左右される傾向が強いため，結局，独資よりも撤退比率は高くなる。現地政府の出資規制がなければ，独資で進出するほうが有利といえる。

人的資源管理

中国における日系中小企業は，人的資源管理の面でどのような諸方策を実施しているのであろうか。以下，筆者調査の結果にもとづきみてみよう（図表5－5参照）。

現地企業において実施率がもっとも高いのは，「**現地社員への権限委譲**」であり，4分の3を超える中小企業が実施している。とくに大企業と比べて，中小企業の場合は日本から派遣できる社員数に限りがあるため，大企業と比べて，現地人が比較的短期間で現地法人の社長や取締役になる割合が高い。これは，日本からの派遣社員を減らそうとするために，現地での権限委譲を早くから実施して，「人の現地化」を急ぐためである。

また，「**業績給・能力給**」制度を取り入れている企業が7割を超えている。ワーカークラスの場合は3～5年間の有期契約で雇用される場合がほとんどである。そのため多くの現地人ワーカーは，賃金が少しでも高い企業への就職・転職を志向し，日本的な年功序列賃金よりも仕事の

成果を直接反映させた業績給・能力給を好む傾向がある[16]。こうした従業員の業績や能力に応じて給与額を決定する制度は，日系中小企業にとって大変有効である。

つぎに，過半数の企業が実施している制度として，「**OJT**」（on the job training：企業内教育訓練），「**提案・改善制度**」がある。日系企業は他の国の企業と比べ，不良品の発生割合を最小限にすること，すなわち品質の維持・向上をきわめて重視する。そのため，実際に仕事をしながら作業の仕方や注意点を細かく教えるOJTが，多くの日系企業で取り入れられている。また，提案・改善制度は作業効率の向上と不良率の改善に寄与するだけでなく，作業者の参加意識向上とモラール向上にも役立っている。

「**福利厚生の充実**」を図っている企業は半数に満たないものの，約4割の日系中小企業が導入している。その他，4割弱の企業で長期雇用制

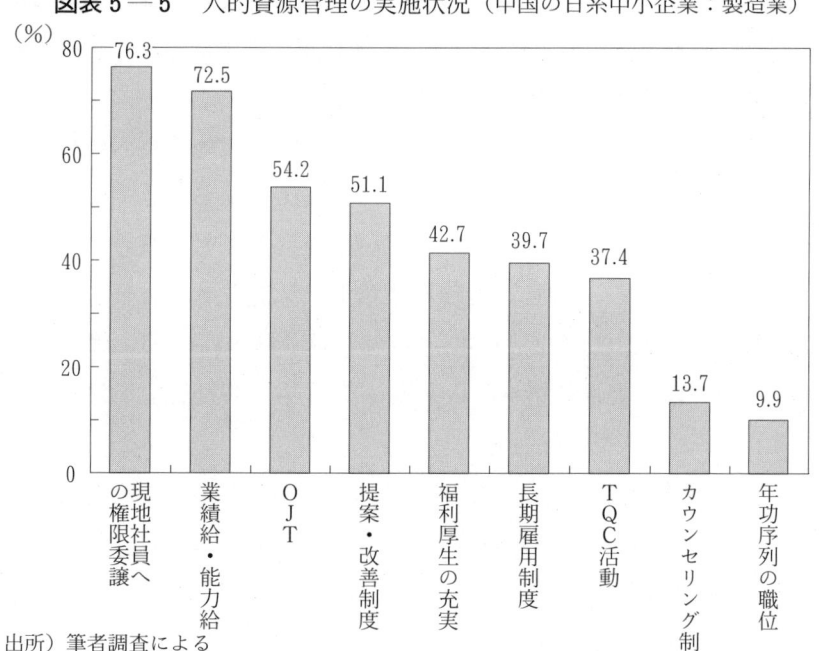

図表5－5　人的資源管理の実施状況（中国の日系中小企業：製造業）

項目	割合(%)
現地社員への権限委譲	76.3
業績給・能力給	72.5
OJT	54.2
提案・改善制度	51.1
福利厚生の充実	42.7
長期雇用制度	39.7
TQC活動	37.4
カウンセリング制	13.7
年功序列の職位	9.9

出所）筆者調査による

度やTQC活動が取り入れられている。

なお，日本的経営の特徴のひとつである「**年功序列の職位**」を採用する企業は1割未満ときわめて少ない。これは，業績給・能力給とは正反対のシステムであるだけに，現地人労働者には受け入れ難い仕組みであるといえよう。

3 現地経営の課題と対応策

現地経営のむずかしさ

日本の中小企業の90％が，中国を今後の**有望な投資先**（事業展開先）として考えている。それだけ高い期待が集中していながら，多くの企業が問題点を指摘する。中堅・中小企業の経営者は，投資有望5ヵ国（中国，タイ，ベトナム，インドネシア，インド）において，①全般に大企業より中小企業のほうが課題を多く抱えている，②国別でみると中国への投資にもっとも多くの課題がある，と指摘している[17]。

また，「アジア進出企業のうち，どのくらいが撤退したか（撤退予定も含む）」を意味する**撤退比率**（図表5-6参照）をみると，大企業で

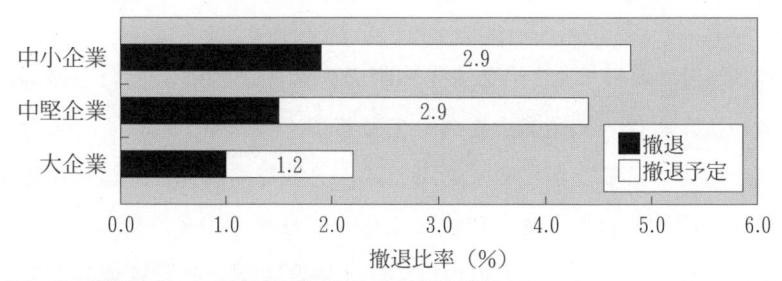

図表5-6 親会社規模別撤退状況（アジア・製造業）

	撤退	撤退予定
中小企業		2.9
中堅企業		2.9
大企業	1.2	

撤退比率（％）

注) 1. 撤退比率＝97年度撤退数／97年度対象企業数
　　2. 企業規模は，大企業＝資本金10億円超，中堅企業＝資本金1億円超10億円以下，中小企業＝資本金1億円以下
出所) 経済産業省『第28回　我が国企業の海外事業活動』2000年，p.89

は2.2％，中堅企業では4.4％，中小企業では4.8％と，企業規模が小さくなるにしたがって同比率が上昇している。進出企業全体からみると，撤退ずみ企業の割合は2％未満，今後の撤退予定も含めても5％未満と少ないものの，企業規模によってその割合に差がある。ここに，大企業と比べた中小企業の現地経営のむずかしさが表れている。

現地経営の問題点

①撤退理由からみた問題点

　中小企業は，大企業と比べて**経営資源**（人，資金，現地経営ノウハウ，情報など）に制約があるため，現地での諸問題につねに適切な対処ができるわけではない。国内では生じないような種々の問題・課題を乗り越えていかなければ現地事業はうまくいかず，撤退に陥ることもある。ここでは，実際に撤退を経験した中小企業の撤退理由を通して，現地経営の問題点を考えてみたい。

　図表5-7では，アメリカ，NIEs，ASEAN，中国における撤退理由の上位5項目が示されている。これによると，アメリカ，NIEs諸国では上位に「**販売確保の困難性**」があげられている。営業拠点を主として置いている企業が多いため，販売先の確保・開拓が重要な業務となっており，それがうまくいかなければ撤退せざるをえなくなることを示している。

　ASEANにおいても，「**受注先・販売先確保が困難**」という撤退理由が多い。これは，製造拠点を置いている多くの日系工場にとっては，受注先を確保することが重要であるため，必要な受注先と受注量が開拓できないと現地経営もうまくいかなくなってしまうことを意味している。

　また，製造拠点としての中国では，「**生産管理・品質管理の問題**」がもっとも多く，それについで，日本と大きく異なる会計制度，販売代金の回収難が日常化していること等から，「**財務管理が困難**」も上位にあ

げられている。

　一般に，撤退は現地事業の失敗と判断される場合がほとんどであるが，なかには必ずしもそうした後ろ向きの撤退ではない企業も見うけられる。生産活動上，より有利な国を目指して撤退後あるいは撤退と同時に再移転するようなケースである。こうした前向きな撤退は，「**戦略的撤退**[18]」とも呼ばれており，1990年代前半から増えている[19]。

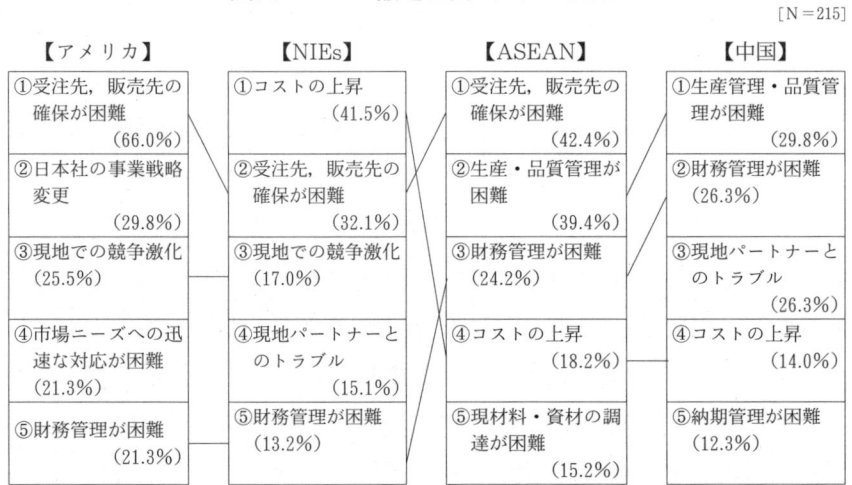

図表5－7　撤退理由（上位5項目）

[N＝215]

【アメリカ】	【NIEs】	【ASEAN】	【中国】
①受注先，販売先の確保が困難 (66.0%)	①コストの上昇 (41.5%)	①受注先，販売先の確保が困難 (42.4%)	①生産管理・品質管理が困難 (29.8%)
②日本社の事業戦略変更 (29.8%)	②受注先，販売先の確保が困難 (32.1%)	②生産・品質管理が困難 (39.4%)	②財務管理が困難 (26.3%)
③現地での競争激化 (25.5%)	③現地での競争激化 (17.0%)	③財務管理が困難 (24.2%)	③現地パートナーとのトラブル (26.3%)
④市場ニーズへの迅速な対応が困難 (21.3%)	④現地パートナーとのトラブル (15.1%)	④コストの上昇 (18.2%)	④コストの上昇 (14.0%)
⑤財務管理が困難 (21.3%)	⑤財務管理が困難 (13.2%)	⑤原材料・資材の調達が困難 (15.2%)	⑤納期管理が困難 (12.3%)

注）複数回答：3つまで
出所）中小企業基盤整備機構『海外展開中小企業実態調査報告書（要約）』2004年，p.1より作成

②中小企業における海外経営の問題点と対応策

　大企業と比べて**中小企業の経営資源**は限定的である。すなわち中小企業は，前述したように人，資金，経営ノウハウ，情報の面で制約があるため，大企業以上に海外経営において問題点が生じやすい。以下では，そうした問題点と対応策について考えてみよう。

　まず人の面では，組織の規模が小さいために，①日本から派遣すべき人材が不足する，②現地で優秀な人材が不足する，という問題が生じやすい。派遣人材の不足に関しては，現地人材（経営管理・技術専門職）

の教育・研修の実施と早期の登用によって「**人の現地化**」を推し進めることが重要である[20]。

また，優秀な現地人材を獲得するために，現地の人材斡旋機関を利用するだけでなく，大学との連携を深めながら直接人材の紹介をしてもらうといった積極的な行動が望まれる。とくに現地人材は業績給・能力給に敏感であるため，他社の動向を調査しながら従業員が納得のいく成果主義を取り入れる必要がある。

ついで資金面の問題点として，とくに中国での代金回収難が指摘されている。この問題は日系企業だけでなく，外資系企業にとっても販売時における最大の課題である[21]。製品・部品を販売する際，相手企業の支払いを猶予することを「**売掛**」と言い，その支払額を「**売掛金**」というが，支払うべき時期が来ても，売掛金の回収ができない企業が非常に多い。

なかには代金が十分回収できず，資金繰りが悪化し，現地から撤退したケースもある。「取引先企業の信用調査をする」「現金決済だけ・振込みだけにする」，「期限遵守できない企業とは今後取引をしない」「期日までの回収を現地営業社員のノルマ（業績）とする」などの方法を使用して，確実な資金回収を行うことが重要である。

現地経営ノウハウが大企業に比べて乏しい中小企業は，①高い品質や不良率が維持できない，②納期が厳守できない，といった生産管理上の問題に直面したり，③現地パートナーとの意見や利害が食い違った際にうまく調整ができなかったりすることが少なくない。前者①と②については，**OJTによる教育や提案改善制度，QCサークルの導入**などによって生産管理を徹底しなければならない。後者③については，法的対応を含めたパートナー企業との利害調整の実施や独資への移行による経営権の獲得を図ることを視野に入れる必要がある。

これら以外にも，現地企業の情報が十分得られないため，資材調達を

現地調達に切り替えていく際，日系企業側が求める品質基準を満たす企業を確保することが困難だとする企業が多くみうけられる。そうした場合，現地での技術指導を通して自社の**協力企業**を育成することも必要となる。

さらに，大企業よりも情報収集力の弱い中小企業は，進出前のF/S（Feasibility Study：実行可能性調査）を行う余裕がなく，情報収集のための専門部署をほとんど有してない。そのため事前調査が不十分であったり，進出してからのリスクへの対応ができない，技術が流出したり模造品が出回った場合の対処方法がわからない，といった問題に直面する。**JETRO**や**海外投資アドバイザー**などの公的機関を利用したり，日系の銀行や商社，取引先などを通して進出前の十分な情報収集を行うことが不可欠である。

また，下請中小企業の場合は親企業に追随して海外進出した企業が多く，親企業側の資材調達が現地化するにしたがって，受注量が減少するといった問題が生じる。対応策としては，親企業だけに頼らず，現地企業や日系・外資系企業を対象とした幅広い新規受注開拓が必要となる。今後は，**インターネット**を活用したグローバルな取引先開拓も，中小企業にとって重要な手段となろう。

4 中小企業の国際戦略

企業にとって，海外事業の目的や内容は，進出予定の地域別，国別に異なる。ここでは，これからも進出が見込まれる中国を対象として，日本本社と中国の現地法人をとりあげて，大企業と中小企業の役割を考察する。それによって，今後の中小企業がとるべき国際戦略のあり方を考えてみたい。

図表5―8は，**デジタル家電**（デジタルカメラ，薄型テレビなど）に

代表される,先端製品における中小企業と大企業の中国・日本での役割区分を図示したものである[22]。デジタル家電のような高い技術・機能を有する製品分野においては,製造面での**製品差別化**が明確に行われている。まず,中小企業は日本国内において製品設計の段階から**セットメーカー**とすり合わせを重ね,どのような部品・材料を使用するか,どのように加工するかを決めていく。

そして,付加価値が高く特殊な技術や精密な加工を必要とする基幹部品は日本国内で製造し,相対的に付加価値の低い部品の製造,組み立て,梱包などの最終工程を中国で行う。できあがった製品は,デジタル家電の需要が拡大している日本や欧米先進国へと輸出されることになる。中国国内での販売(内販)に関しては,現在は北京・上海など地域限定で

図表5―8　日本・中国における大企業・中小企業の役割区分
(概念図:デジタル機器等の先端製品の場合)

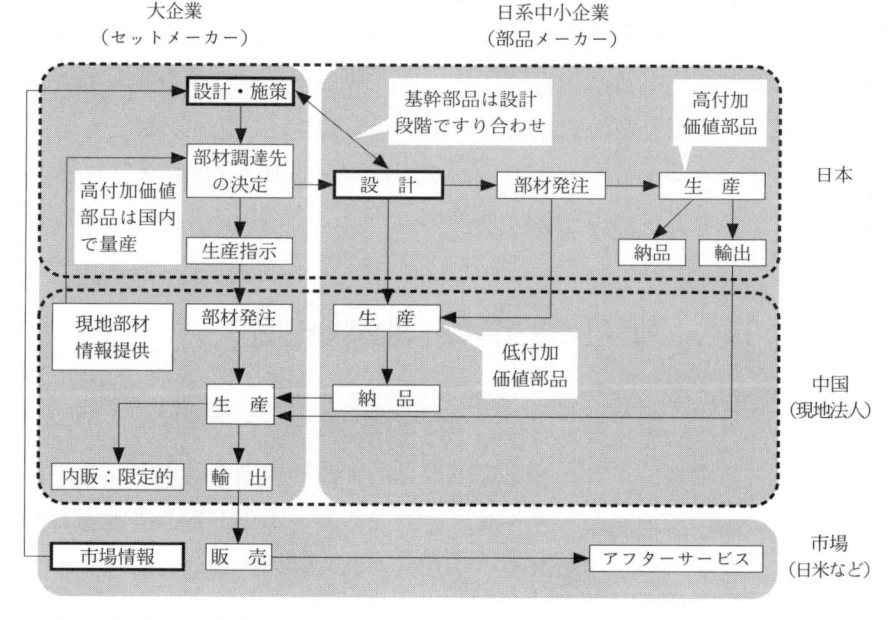

出所)日本貿易振興機構『ジェトロ貿易投資白書2004年版』2004年,p.71に加筆・修正を施し作成

販売しているが，将来は全国販売へと拡大する。

近年の特徴としては，中国で「模造品」が出回るのを防止し**知的財産**を保護するために，設計・試作は主に日本国内で行われている。それに加えて，重要な製品・部品については窓のない工場で生産したり，特定工場だけは視察を受け入れないなど，生産工程の一部をブラックボックス化することも行われている。

製品を一貫生産している中小企業であっても，国内（＝自社内）で付加価値の高い部品を製造し，付加価値の低い部品を中国やASEAN諸国で製造するという企業が今後ますます増えていくものと思われる。また，低付加価値品だけを大量生産している中小企業の場合でも，設計と試作は日本国内で行い，製造・組み立ては中国・ASEANで行う，というタイプが近年増えている。

欧米先進国を対象とする中小企業の多くにとっては，当該地域を販売市場と位置づけ，アジアで生産した低コスト製品，日本で開発・生産した高付加価値製品・部品をもとに，他国との差別化を図りながら市場開発を行っていくことが主たる戦略となろう。一方，アジア地域を対象とする中小企業にとっては，アジアを**生産基地**としてだけでなく，発展する市場としても位置づけ，低コスト・高品質な製品・部品を製造・販売することが必要となる。あわせて，**大企業との戦略提携**も生かしながら，日本国内での設計・開発機能の強化と**国別生産分業**を明確化していくことがきわめて重要な戦略となろう。

こうした事業展開を進めていくためには，中小企業経営者が日本国内の本社・工場と進出先国における生産・販売拠点との間での情報共有のあり方，人的資源の開発方法，相互補完的生産システムの構築，品目別の業務提携と現地生産の見きわめ，アジアと欧米市場での製品別販売戦略のあり方に関して，自社の位置づけをはっきりと認識し，そのうえで今後の進むべき方向性を確立することが必要となる。

海外進出と業務提携はどちらが良いか？[注]

中小企業が海外生産を行う場合，海外に工場を設立するのが良いか，あるいは海外の企業と業務提携（契約による生産委託，販売委託，共同生産など）を行って相手企業に生産してもらうのが良いか，迷うところである。

最近実施された調査によると，直接投資先（10％以上の地域）は中国（43.8％），ASEAN（23.0％），NIEs（16.2％）の順であるが，業務提携先は中国（37.1％），NIEs（24.2％），韓国（12.6％），ASEAN（12.2％），ヨーロッパ（10.3％）となっている。工場設立などの直接投資は中国，ASEAN，NIEsへ集中している反面，業務提携先は中国が第1位である点は同じであるもののその割合は低く，NIEs，韓国，ヨーロッパなど幅広い地域にまたがっているのが現状である。

中小企業が海外で工場を立ち上げる場合は，概ね40〜50人規模の従業員数で始めるケースが多いため，5000万円〜1億円の初期投資額が一般的であるが，規模の小さな企業ほどこうした投資は大きな負担となり，その上，人材募集や教育訓練を施す手間もかかる。そこで，投資額が少なくて済む，現地経営に関与しなくて済む，人材確保・教育訓練・品質管理などのリスクを負う必要がない，といった理由で業務提携が選択されることになる。

技術水準がある程度高い地域であれば，日本側が指定した図面通りに正確で不良品の少ない製品を生産し送ってくるであろうが，技術水準が低い地域の場合はこちらが指定したような製品が製造出来ない場合もあり，そうした時は海外投資が選択されて現地工場を設立し技術指導を十分行った上で生産することになる。また一方で，日本から遠い地域であれば，簡単に工場を設立したり廃止したりできないため工場進出には慎重になりがちである。下図のアンケート調査結果をみても，これから海外で事業展開をしようとする中小企業経営者の大半（78％）は，海外投資よりも業務提携に魅力を感じていることがわかる。

中小企業の興味ある進出形態（N＝952）

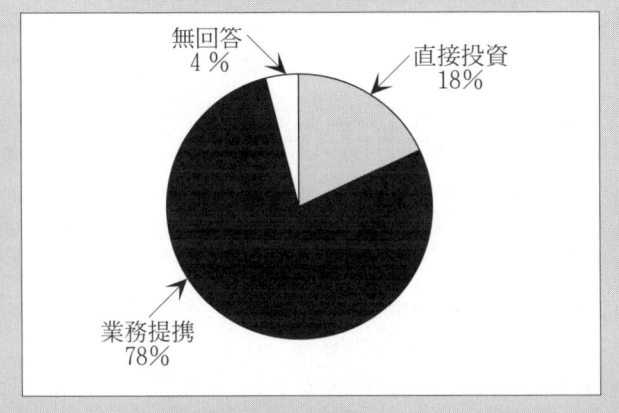

- 直接投資 18%
- 無回答 4%
- 業務提携 78%

注）中小企業庁『中小企業白書 2004年版』ぎょうせい，2004年及び中小企業基盤整備機構『平成15年度 海外展開中小企業実態調査』2004年を参照した。
出所）中小企業基盤整備機構『平成15年度 海外展開中小企業実態調査』2004年

《注》

1) 中小企業基盤整備機構は，従業員規模10人以上300人未満の全国の中小製造業2万社にアンケートを郵送し2,479社から回答を得ている。その内，海外直接投資を「実施している」との回答企業数は182社であり，無回答を除く2,215社で除すると直接投資割合は8.2%となる（中小企業基盤整備機構，2003年，p.63）。
2) 中小企業庁編，1998年，p.479
3) 中小企業基盤整備機構，1997年，p.12
4) 1998年に中小企業庁が実施した調査による（中小企業庁編，2000年，pp.393-394）
5) 中小企業基盤整備機構，2003年による。
6) 中小企業庁編，2000年，p.394
7) 中小企業基盤整備機構のアンケート調査において「現地法人を有している」と回答した中小企業431社の保有社数別構成割合である。1社保有が80.7%（348社），2社が16.5%（71社），3社が1.6%（7社）あり，最高は現地法人を4社保有している企業で1.2%（5社）存在する。

(中小企業基盤整備機構，1998年，p.16)
8) 中小企業庁編，2004年，p.140
9) 同上書，p.141
10) 中国に直接投資を行っている中小企業（従業員300人以下の製造業）751社に対して，2001年11月～12月にかけてアンケート調査を実施し，136社の回答（有効回答票）を集計した結果である。以下，「筆者調査」とあるものは全てこの調査結果による。
11) 筆者調査による。
12) 信金中央金庫総合研究所アジア業務相談室『中国投資ガイドブック2003年版』2003年，pp.78-79
13) 同上
14) 同上書，pp.47-48及び（財）日中経済協会，2002年参照
15) 中小企業庁編，2004年，p.148
16) 趙暁霞，2002年，p.168
17) 中堅・中小企業の有望投資先上位5カ国における1社当たり平均課題数（24課題中の回答数：複数回答）を大企業と比較した結果は下表の通りである。

	中国	タイ	ベトナム	インドネシア	インド
大企業	5.5課題	2.4課題	4.0課題	3.3課題	3.9課題
中堅・中小企業	5.5課題	2.8課題	4.9課題	4.9課題	3.9課題

注）1．図表中の中堅・中小企業は資本金10億円未満（87社），大企業は資本金10億円以上の企業（340社）である。
　　2．課題数は法律・税制5題，行政全般7題，労務問題3題，一般的課題9題の計24題である。なお，このなかから各社が自社の該当する課題を選ぶ（複数回答）設問である。
出所）国際協力銀行，2004年，p.50およびp.61により算出し作成。

18) 米倉穣，2001年，pp.61-76では戦略的撤退を行った中小企業のケースを詳細に分析し撤退要因を明らかにしている。
19) 中小企業基盤整備機構，2004年，p.4
20) 鷲尾の研究により，現地人管理者を早期に育成した中小企業ほど収支状況が良好で進出目的達成度も高いことが実証されている（鷲尾紀吉，2003年，p.150）
21) 黄磷「市場としての中国―リスクと対策―」（財）日中経済協会，2003年，p.92
22) 日本貿易振興機構，2004年，p.71参照

《参考文献》

経済産業省『第28回　我が国企業の海外事業活動』2000年
国際協力銀行『開発金融研究所報』第18号，2004年
信金中央金庫総合研究所アジア業務相談室『中国投資ガイドブック』信金中央公庫，2002年
中小企業基盤整備機構『海外展開中小企業実態調査（アンケート調査編）』1998年
中小企業基盤整備機構『海外展開中小企業実態調査（アンケート調査編）』2003年
中小企業基盤整備機構『海外展開中小企業実態調査（アンケート調査編）』2004年
中小企業庁編『平成10年版中小企業白書』大蔵省印刷局，1998年
中小企業庁編『2000年版中小企業白書』大蔵省印刷局，2000年
中小企業庁編『中小企業白書2004年版』ぎょうせい，2004年
趙暁霞『中国における日系企業の人的資源管理についての分析』白桃書房，2002年
中山健『中小企業のネットワーク戦略』同友館，2001年
日本貿易振興機構『ジェトロ貿易投資白書2004年版』2004年
（財）日中経済協会『2001／2002中国投資ガイドブック』2002年
（財）日中経済協会『対中ビジネスの経営戦略［中堅・中小企業への提言］』蒼蒼社，2003年
米倉穣『21世紀型中小企業の国際化戦略』税務経理協会，2001年
鷲尾紀吉『中小企業の中国投資行動』同友館，2003年

《いっそう学習（や研究）をすすめるために》

（独）中小企業基盤整備機構『海外展開中小企業実態調査（アンケート調査編）』

　　全国の中小企業を対象に毎年アンケート調査を実施し，海外展開実施済み企業ならびに未実施企業（各1,000社以上）の集計結果を解説した報告書。海外直接投資（生産・販売・開発拠点）や業務提携の実態，撤退経験の有無と撤退理由などが掲載されており，中小企業の海外経営に関する最新の状況を把握することができる。また，インタビュー調査編には進出事例も掲載されている。報告書の全文および概要は，ホームペー

ジ上から無料でダウンロードすることが可能である。URLは，
http://www.jasmec.go.jp/keiei/kokusai/report/index.html.
（財）日中経済協会『対中ビジネスの経営戦略［中堅・中小企業への提言］』蒼蒼社，2003年

　　日本の中堅・中小企業にとって中国ビジネスはどうあるべきかという問題意識に基づいて，国際分業の現状，外資系企業の動向，日系企業の人事・労務管理，部材調達の現状と課題などに関して独自のアンケート調査結果を盛り込みながら解説してある。やや理解が進んだ人向けといえよう。

《レビュー・アンド・トライ・クエスチョンズ》

① あなたが中小企業の経営者だと仮定して，これから中国で海外生産を行うかどうかを判断する場合，どのような情報を収集することが必要だと思いますか。その理由もあわせて考えてみてください。

② 中小企業の海外進出成功事例を調べてみてください。その際，中国進出事例（1社）および欧米進出事例（1社）について文献やインターネットを用いて調べた上で，各々の成功要因を列挙してください。

第6章

中国の対外ビジネスとグローバル化

本章のねらい

　この章を通じて，1978年の改革開放以来の中国の対外ビジネスの動向を把握し，世界における中国のプレゼンス（存在感）を再認識する。あわせて多国籍企業や日本企業と中国との関わり合いについて考える。

　本章を学習することによって，以下のことが理解できるようになる。

① 対中国直接投資の特徴と外資系企業の中国貿易における役割
② 中国における貿易形態別の特徴と企業形態別の競争戦略
③ 中国企業の国際化や海外直接投資とその課題

1　外資系企業の動向および対外貿易における役割

アジアだけでなく，世界においても中国の**プレゼンス**はますます大きくなっている。その中国は，1978年の改革開放以後，外国企業による直接投資を積極的に導入している。くわえて従来の国有企業の改革も，急速な経済成長をもたらし，**世界最大の工場**として，さまざまな商品を輸出している。そればかりか，世界最大の市場として内需拡大の動きも見せ，輸入の規模も拡大している。

2004年には，中国の貿易総額は日本を抜き，ついに米国，ドイツに次ぐ世界第3位の貿易大国になった。かくして，中国は外資導入の質を高め，また自国企業の対外直接投資も奨励し，**グローバルマーケット**（世界市場）への展開に向けて着実に歩み出そうとしている。

対中国直接投資の国別・業種別特徴

中国の対外貿易総額は2004年度，1兆億ドルを突破し，対外ビジネスに歴史的な1ページを開いた。これにより，中国は日本を抜いて，世界第3位の貿易大国となった。**中国商務省**は，この理由について，中国自身の堅調な経済成長の達成をあげている。次いで，外資の誘致（外資による対中直接投資など）と，中国政府の輸出入促進政策などを強調している（商務省ホームページによる）。

中国側による積極的な誘致に加えて，外資側が中国を世界最大の工場であると同時に世界最大の市場として高く評価して積極的に直接投資を行っている。その結果，ここ10数年において中国の外資誘致は発展途上国においてはつねに第1位を維持している。2005年5月現在，中国における外資系企業は累計で52万5千社を超えている。これらの投資は，全世界からのものであるが，主なものは**華人華僑系企業，欧米企業，日本**

企業,韓国やシンガポール企業などからの投資である(図表6-1参照)。そして,バージン諸島など,タックスパラダイス地域からの,華人華僑系企業や欧米企業などによる迂回投資も,増加傾向にある。

中国側の誘致政策により,2002年までの対中直接投資は,業種別に見ると製造業73.15%(件数ベース)に集中していた(図表6-2参照)。多国籍企業の製造部門も含め,外資企業の製造工場が中国シフトを行っ

図表6-1 2002年までの対中直接投資上位10ヵ国・地域

単位:件数,%,億ドル

国・地域	件数	シェア	契約金額	シェア	実行金額	シェア
総 合 計	424,196	100	8,280.6	100	4,479.66	100
香 港	210,876	49.71	3,738.06	45.14	2,048.75	45.73
米 国	37,280	8.79	762.82	9.21	398.89	8.9
日 本	25,147	5.93	495.32	5.98	363.4	8.11
台湾省	55,691	13.13	614.71	7.42	331.1	7.39
バージン諸島	6,659	1.57	493.48	5.96	243.88	5.44
シンガポール	10,727	2.53	401.5	4.85	214.73	4.79
韓 国	22,208	5.24	274.76	3.32	151.99	3.39
イギリス	3,418	0.81	196.33	2.37	106.96	2.39
ドイツ	3,053	0.72	143.22	1.73	79.94	1.78
フランス	2,033	0.48	71.92	0.87	55.43	1.24
上位10ヶ国・地域合計	377,092	88.91	7,192.12	86.85	3,995.07	89.16

出所)中国商務省ホームページのデータに基づき作成

図表6-2 2002年までの対中直接投資対象業種別状況

単位:件数,%,億ドル

業 種	投資件数	シェア	契約金額	シェア
合 計	424,196	100	8,280.59	100
農林牧漁業	12,217	2.88	157.59	1.9
工 業	310,279	73.15	5,242.86	63.32
建築業	9,644	2.27	225.72	2.73
交通輸送・倉庫・郵便通信業	4,729	1.11	187.99	2.27
卸売り・小売り・飲食業	21,358	5.03	264.57	3.2
不動産・関連サービス業	45,490	10.72	1,810.81	21.87
衛生・体育・社会福祉業	1,119	0.26	51.64	0.62
教育・文化芸術・ラジオテレビ放送業	1,412	0.33	23.04	0.28
科学技術・総合技術サービス業	2,933	0.69	33.12	0.4
その他	15,015	3.54	283.25	3.42

出所)図表6-1と同じ

た結果，中国の原材料輸入と現地生産，そして中国からの世界への輸出も増大している。さらに，**WTOの加盟**などにより，中国は市場開放を進め，外資に対する規制も徐々に緩和している。そこで，最近では流通を含む商業やサービス分野における対中直接投資も，増加している。

企業形態からみた対中国直接投資の軌跡

対中直接投資は，中国の改革開放政策以後から開始している。当初，外資側は改革開放が間もない中国のビジネス事情に対してはまだ充分に把握できず，中国ビジネスに不慣れで，投資はしたいがリスクを恐れていた。他方，中国側も外資の導入を急ぎたいが外資への警戒もあり，法制もまだ不備であった。

そのため，双方にとって資本投入は相対的に少なく，許認可手続きが割合に簡易で，すばやく事業を立ち上げられる契約型のジョイントビジネス，つまり，「**合作**」形態が中心となった。「合作」形態は，投資期間が割りと短く，リスクも相対的に少ないため，中外双方から見て大変便利な形態であると考えられていた。そこで1980年代前半に至るまで対中直接投資の主流を占めている（図表6－3参照）。

1980年代の中盤から90年代前半までに，中国側による合弁企業形態への誘導と，自動車メーカーなど一部の外資に対する出資比率の規制に見られるように，対中直接投資の形態は「**合弁企業**」に移行していった。「合作」形態の場合には，準拠法はあるが，実態としては中国独特な運営手法が多く，外資から見れば，あいまいな点が多く，とまどいを隠せなかった。だが「合弁」形態においては，相対的に国際的な基準で企業運営ができるようになった。

また，「合弁」の場合は中・長期的なビジネスに対応しやすい企業形態でもあるため，外資側は中国側の**合弁パートナー**から中国進出や市場参入，現地での企業運営など，さまざまな市場参入に関わるノウハウを

吸収できるだけでなく，パートナー側の現地仕入れや販売チャネルを活用することもできた。中国側も，「合弁」を通じて，外資から資金，技術，企業運営，研究開発など，現代経営に転換していくうえで必要なさまざまなノウハウをどん欲に吸収している。実際，現在の中国の代表的な企業，特に家電企業の中では，外資との合弁や提携を通じて，そのメリットを大いに生かし，急成長を達成したものも少なくない。

1990年代中盤から，外資による対中直接投資の形態は，外資側の単独出資により設立される現地法人，つまり「**独資**」が急増し，現在では直接投資の主流を占めている。中国側の規制緩和により，多くの業種にお

図表6－3　中国における外資系企業の形態別受入件数の推移

(契約件数ベース)

年　度	企業合計	シェア	企業形態別					
			合弁企業	シェア	合作企業	シェア	独資企業	シェア
1979-1982	909	100	83	9.13	793	87.24	33	3.63
1983	452	100	107	23.67	330	73.01	15	3.32
1984	1,856	100	741	39.93	1,089	58.68	26	1.40
1985	3,069	100	1,412	46.01	1,611	52.49	46	1.50
1986	1,492	100	892	59.79	582	39.01	18	1.21
1987	2,230	100	1,395	62.56	789	35.38	46	2.06
1988	5,940	100	3,909	65.81	1,621	27.29	410	6.90
1989	5,769	100	3,659	63.43	1,179	20.44	931	16.14
1990	7,268	100	4,091	56.29	1,317	18.12	1,860	25.59
1991	12,968	100	8,395	64.74	1,778	13.71	2,795	21.55
1992	48,757	100	34,354	70.67	5,711	11.71	8,692	17.95
1993	83,423	100	54,003	64.73	10,445	12.52	18,975	22.75
1994	47,531	100	27,890	58.89	6,634	13.93	13,007	27.37
1995	37,003	100	20,455	55.28	4,787	12.94	11,761	31.78
1996	24,539	100	12,628	51.87	2,849	11.61	9,062	36.93
1997	20,976	100	9,001	42.91	2,373	11.31	9,602	45.78
1998	19,783	100	8,107	40.98	2,003	10.13	9,673	48.90
1999	16,907	100	7,050	41.70	1,656	9.80	8,201	48.51
2000	22,331	100	8,378	37.52	1,757	7.87	12,196	54.62
2001	26,105	100	8,873	33.99	1,589	6.09	15,643	59.92
2002	34,148	100	10,380	30.40	1,595	4.67	22,173	64.93
2003	41,011	100	12,521	30.53	1,547	3.77	26,943	65.70

出所）『中国統計年鑑』『中国対外経済統計大全』により集計・作成

いて外資による単独出資が容易になったことがそのきっかけではあったが，外資側の対中直接投資の戦略的な転換も大きな要因であった。

多くの外資は，「合弁」を通じて事業を行ってきた中で，多くの苦労を経験したが，同時にさまざまな市場参入のノウハウを蓄積している。そのような経験の蓄積を通じて，現地法人は，ハイテク化を含む質の高い大規模な本格的な投資を**全社的なグローバル戦略**のパースペクティブから，より徹底するために，完全所有の「独資」型経営を展開するようになってきた。現在，多国籍企業を中心に，中国に多くの現地法人をもつ進出企業は，「独資」法人を中心に，「合弁」を含む現地法人グループのネットワークを形成し，より戦略的，より全社的かつグローバルな取り組みを行っている。

中国貿易における外資系企業の役割

中国の貿易総額は，1995年時点で2,808.63億ドルであった。それが，2004年には11,547.9億ドルになっている。つまり，わずか10年弱において4.1倍以上の，驚異的な伸びを示している。

図表7―4に示したように，中国貿易をその担い手である企業形態別で分析すると，中国における外資系企業の役割が浮き彫りにされる。そして，外資系企業が中国の貿易を強力に牽引しており，とくに「**独資企業**」の伸びが注目に値する。中国貿易を国有企業，合弁企業，独資企業，その他の企業などの企業形態別に分類し，集計すると，その割合がいっそう明らかになる。

従来の中国貿易の担い手はいうまでもなく，**国有企業**であった。ところが，ここ10年の推移を見ると，そのシェアは1995年の58.62％から，2003年には32.96％と下降の一途をたどり，約3分の1の水準にまで落ち込んでいる。対外貿易において，国有企業の国際競争力は，外資系企業に劣り，組織や経営上，さまざまな問題を抱えている様子をうかがい

知ることができる。

　とはいえ，中国政府は国有企業の民営化を進め，多くの国有企業が「**民営企業**」に衣替えしたり，外資との合弁により，「**外資系企業**」に衣替えしているため，統計上は「国有企業」のシェアの低下として現れた局面もある。これは，まさに中国経済や企業体制改革の歴史を示している。

　独資企業の中国貿易におけるシェアは，95年の13％から，2003年の33.74％へと約2.6倍の急増ぶりである。また，独資企業が対中直接投資に占めるシェアを見ると，94年は27.37％，2002年は64.93％と約2.4倍の急増であった。

　これらのデータをあわせて見ると，独資企業の旺盛な対外貿易活動の当然の帰結として，その役割は急速に増大してきている。とくに，**独資企業**は，外資による単独出資である性質上，ハイテク型の企業や大型の企業であるケースが多いため，生産額と連動して輸出入額も大きくなり，貿易におけるシェアを押し上げている。さらに，近年においては，一部の合弁企業が外資側の戦略調整や組織再編の下で，独資企業に衣替えをしているために，独資企業の貿易額やそのシェアはますます大きなものとして現れている。

　合弁企業のシェアは，ここ10年，ほぼ横ばいか微減という状況にある。95年の20.48％から2003年の19.02％というように，シェアを少しばかり，落としている。対中直接投資のシェアと連動して見ると，94年の58.89％から2002年の30.4％というようにシェアが約半分に落ちているとはいえ，**累計稼働企業数**においては合弁企業は依然として一定の規模にあるため，その貿易額も相対的に維持され，貿易総額に占めるシェアも相対的に一定している。

　前述のとおり，独資企業と合弁企業の中国対外貿易に占める合計シェアは，95年の33.48％から2003年には52.76％へと，年々増加している。

2003年においては，独資企業と合弁企業の対外貿易額は中国対外貿易総額の半分を超えるようになった。

また，中国における外資系企業の中には合作企業や**株式企業**も含まれることを考えると，外資系企業による貿易のシェアはより大きなものとなる。つまり，中国の対外貿易において，その半分以上のシェアをもつ外資系企業は中国貿易の主要な担い手であり，中国の対外貿易を牽引している。

ところで，図表6－4に示されている「その他の企業」の対外貿易におけるシェアの推移にも注目する必要がある。「その他の企業」には外資系である「合作企業」や「株式企業」が含まれている以外に，中国の民営企業も含まれている。「合作企業」数が年々低下し，「株式企業」は法制上や運営上の難題からまだ数少ないために，実質的にはその主たる存在は「民営企業」である。つまり，95年の7.9％から2003年の14.28％へと，約2倍にそのシェアを伸ばした主役は，後述する中国の「民営企業」なのである。

図表6－4　中国の貿易総額に占める企業形態別シェアの推移

	国有企業	合弁企業	独資企業	その他の企業
1995	58.62	20.48	13.00	7.90
1996	50.09	24.44	16.91	8.56
1997	50.35	23.03	18.34	8.28
1998	48.39	22.53	20.99	8.09
1999	47.88	21.70	22.52	7.91
2000	45.41	22.06	23.96	8.58
2001	42.53	21.67	25.64	10.16
2002	38.23	19.80	30.16	11.81
2003	32.96	19.02	33.74	14.28

出所）中国海関統計のデータにより集計・作成

② 貿易形態別特徴と企業形態別の競争戦略

中国貿易の形態別特徴

　改革開放以前の，とりわけ1950年代から70年代の前半までの中国貿易は，**一次原料**の輸出と**二次原料**や製品の輸入が中心であった。したがって，中国経済において，貿易は国内経済に対して必要最低限の，補完的な役割を果たすための存在であった。

　ところが，改革開放により，諸外国との交流が盛んになり対外貿易の規模が急速に拡大されることになった。そして，外資による直接投資や在中現地法人との貿易，つまり，外資の企業内貿易，外資や外資系企業と中国企業との貿易などが急成長を遂げた。その結果，現在の対外貿易は，中国経済においてはきわめて大きな役割を果たし，中国経済の浮き沈みに直接に大きな影響をもたらしている。

　80年代以後の中国の対外貿易の形態には，顕著な特徴がみられる。それは，「**加工貿易**」が重要な割合を占め，加工貿易と通常貿易が柔軟に組み合わせられている，という点である。

　中国が貿易形態別統計を発表してから，10年になる。この間の推移（図表6−5参照）を見ると，中国貿易の約9割はつねに「**通常貿易**」，「**進料加工**」および「**来料加工**」によって占められている。ちなみに，「**進料加工**」（原材料を輸入し，国内で加工したのち，輸出すること。原材料の輸入先と製品の輸出先とは異なる。）と「**来料加工**」（外国メーカーから原材料を仕入れ，それを加工したのち同一の外国メーカーに納める方式で委託加工のこと）は加工貿易の具体的な実務執行形態である。

　中国の対外貿易総額に対する通常貿易の割合は，この10年間約4割を占めてきたが，最近では微増状況で推移している。ところが，「進料加

図表 6 — 5 中国の貿易総額における貿易形態別シェアの推移

単位：億ドル

年度	総額	シェア	貿易形態別							
			通常貿易	シェア	来料加工	シェア	進料加工	シェア	その他	シェア
1995	2808.63	100	1147.41	40.88	368.86	13.13	951.91	33.89	-	10.91
1996	2898.81	100	1021.87	35.25	420.42	14.50	1045.61	36.07	-	14.04
1997	3251.62	100	1170.43	36.00	503.40	15.48	1195.15	36.76	-	11.69
1998	3240.46	100	1178.74	36.38	507.48	15.66	1224.04	37.77	-	10.15
1999	3606.30	100	1461.75	40.57	593.15	16.45	1251.45	34.70	-	8.26
2000	4742.96	100	2052.61	43.28	691.01	14.57	1611.09	33.97	-	8.27
2001	5097.68	100	2253.87	44.21	710.96	13.95	1703.41	33.42	-	8.42
2002	6207.68	100	2653.26	42.74	816.60	13.16	2204.94	35.52	-	8.58
2003	8512.10	100	3697.30	43.44	934.50	10.98	3113.40	36.58	-	9.00
2004	11547.9	100	4918.70	42.59	1222.90	10.59	4274.40	37.02	-	9.80

出所）図表 6 — 4 と同じ

工」の割合は，3割強を占め，増加傾向をみせている。

そして，「来料加工」の割合は1割強であったが，最近では減少傾向にある。この「進料加工」と「来料加工」を合計したものが「加工貿易」となるため，加工貿易の割合はつねに約5割，あるいは5割弱を占め，通常貿易よりも絶えず大きな割合となっている。

また，通常貿易の中に，「来様生産」つまり，OEM（相手先ブランドによる生産）の一形態である製造委託生産が含まれているが，この生産を広義の「加工貿易」の概念に含めると，実態としての「加工貿易」はさらに大きな割合を占める。つまり，現在の中国では，加工貿易が中心になっている。

貿易形態と企業形態との関連性

国有企業は，対外貿易において，長い伝統による優位性や，従来ルートの輸出入，国内での仕入れ，販売チャネルにおいて強みを持っている。また，輸出入や現地販売に**ライセンス制**や一定の規制が設けられている商品，あるいはインフラ関連も含め，大型プロジェクトに必要な関連商

品などにおいて強みを持っている。そのために，仕入れチャネルの強みを生かした中国の伝統商品の輸出や，大型商品の輸入や国内販売に一定の規制が設けられている商品の輸入販売が相対的に強い。結果的に，国有企業は「通常貿易」を生かすケースが多く，最近では7割にも達するようになっている（図表6-6参照）。

また，国有企業では資金が相対的に不足しているケースが多い。しかし国有であるがゆえに，相対的に信用があるため，原材料の輸入に資金が不要な「来料加工」も多く，2割前後の割合を維持している。一方，有料で原材料を輸入し，それを加工のうえ，再輸出するという**資金負担**や**取引リスク**がある「進料加工」においては，原料の差別化から製品の差別化を図るために，必要最低限の展開を行っているだけで，6％程度になっている。

図表6-6　国有企業貿易形態シェアの推移

	通常貿易	来料加工	進料加工	その他の貿易
1995	62.51	18.51	12.65	6.33
1996	58.37	22.44	11.96	7.23
1997	58.26	23.07	10.90	7.77
1998	59.73	23.44	10.17	6.66
1999	63.25	22.96	8.14	5.65
2000	67.30	20.38	7.05	5.27
2001	68.21	19.76	6.58	5.45
2002	67.60	20.27	6.44	5.69
2003	71.41	16.29	6.21	6.09

出所）図表6-4と同じ

つぎに，独資企業を見ると，これは外資が100％資本を出して設立した企業であるために，外資にとっては**完全子会社**である。外資がグローバルネットワークにおいて展開している数多くの法人に，この中国法人も組み入れられているため，戦略的には重要な拠点になっている。

そのために，資金や技術面においては，これらの独資企業は他の形態の企業と対比して圧倒的な強みを持つ。さらに，**グローバルネットワー**

クを生かしたマーケティングにも優れ，世界的規模で最適な原材料調達をして世界的規模での最適な販売が可能となっている。

　もちろん，これらの調達システムを生かすことにより，原材料の**差別化**がもっとも図りやすく，また，中国での現地生産であるためにコスト面での差別化も図れるので，独資企業の貿易は，「進料加工」の割合は圧倒的に大きく，7割前後である（図表6―7参照）。

　「来料加工」は，原材料のグローバルな調達や販売におけるメリットについていえば「進料加工」とほぼ同様である。かつ，本来，独資企業はその投資者である外資企業とは「**子会社と親会社**」の関係であるため，資金負担不要の「来料加工」はもっと活用されると思われる。

　ところが，実際の企業行動としては，親会社と子会社の関係であっても独立採算性の徹底や，中国における通関制度の不備，あるいは保税加工の手続きの煩雑さなどが存在するため「来料加工」の割合には限界があり，8％程度にとどまっている。

　しかし，外資企業の中国進出は製品加工業だけではなく，素材産業にもおよんでいる。外資企業がもともと海外で調達していた原材料の多くは，それらの製造会社の**中国シフト**により，中国でも調達できるようになりつつある。しかも，中国企業の原材料の生産能力も向上しているため，独資企業による中国での原材料調達も増加傾向にあり，結果的に**製造委託生産**が増加し，統計上，通常貿易に占める割合が3％台から12％台に急速に高まっている。

　ところで，独資企業も含め，中国における外資系企業は従来，特定の認可がないかぎり，輸入したものを現地で加工販売すること，現地で仕入れしたものを現地で加工したうえで，海外に輸出することしか認められていなかった。しかし，**貿易自由化**の流れの中で，これらの中国側の規制は徐々に緩和されている。

　合弁企業は中国の企業と外資とのジョイント企業なので，国有企業を

図表6－7　独資企業の貿易形態シェアの推移

	通常貿易	来料加工	進料加工	その他の貿易
1995	3.65	3.86	78.35	14.14
1996	4.78	4.97	74.32	15.93
1997	5.5	6.24	77.01	11.25
1998	5.88	7.47	76.81	9.84
1999	7.76	10.61	72.7	8.93
2000	9.77	10.02	69.59	10.62
2001	10.81	10.44	67.36	11.39
2002	11.29	9.60	67.34	11.77
2003	12.08	8.95	66.77	12.20

出所）図表6－4と同じ

含め，中国企業の強みと，外資企業の強みの双方を一定のバランスで保持している。したがって，対外貿易においても，国有企業と独資企業の特徴が見られる。

中国の原材料資源や仕入れチャネル，あるいは販売チャネルを生かした貿易においては，中国企業の強みである「通常貿易」の割合が強くにじみ出ている。その割合は，10％台から30％台へと急増ぶりを見せている（図表6－8参照）。

他方，外資企業の強みを生かした**グローバル調達**とそれによる販売である「進料加工」も，大きな割合を占め，依然として5割前後を占めて

図表6－8　合弁企業の貿易形態シェアの推移

	通常貿易	来料加工	進料加工	その他の貿易
1995	13.09	5.78	58.73	22.4
1996	15.48	6.84	53.6	24.08
1997	17.95	8.05	56.05	17.95
1998	19.87	8.2	55.86	16.07
1999	26.75	9.01	51.9	12.34
2000	30.78	8.21	50.14	10.87
2001	33.41	7.68	48.21	10.70
2002	33.29	6.45	50.26	10.00
2003	36.00	4.95	49.39	9.66

出所）図表6－4と同じ

いる。資金不要の「来料加工」もあるが，独資企業の場合と同様に，合弁企業もその割合は低下している。かくして，合弁企業は中国の国有企業と外資企業のそれぞれの優位性を充分に発揮できるように，「加工貿易」と「通常貿易」を巧みに組み合わせた戦略を展開して他の形態の企業との差別化を図っている。

3 中国企業の国際化と海外直接投資

中国企業の対外ビジネスとその成長

　外資企業による対中直接投資と外資系企業の現地経営により，中国の国内経済のみではなく，中国の対外貿易が牽引され，飛躍的な発展を遂げてきた。そして，中国企業自身の成長も改革開放後めざましいものがある。

　さて，中国が外資企業を積極的に導入しようとした目的は，中国企業の成長を促すためのものであった。性急や無秩序な外資導入は，未熟な中国経済に混乱をもたらす可能性があったために，中国政府は慎重に，さまざまな規制を設けながら，段階的に外資企業の中国直接投資と中国市場への参入を認めてきた。

　「**引資，引技，引制，引智**」といわれるように，中国側は外資の誘致（引資）を通じて，先端技術の導入と吸収（引技），現代的なマネジメントのシステムやノウハウの導入と吸収（引制），そして，近年には，人材も含めて先端技術を生み出すための「智・知」の導入と吸収（引智）に励んでいる。中国政府のこれらの指導により，中国企業は外資企業との合弁や提携などを通じて，多くのノウハウを吸収して，きわめて短期間においてみずからの体質を強化し，多くの成果をあげてきた。

　そのような典型的な事例として，大手家電メーカーである**ハイアール**

社（海爾集団）と，**ギャランツ社**（格蘭仕集団）をあげることができよう。この2つの企業は，いずれもここ約20年間，急速に成長してきた。

① ハイアール社の事例

　ハイアール社の資料によると，同社（海爾集団・Haier Group）は1984年に創立（再建）されたが，現在では全体で13の工業団地，30の海外工場や生産拠点，8の海外デザインセンター，58,800の販売拠点を持っている。そして，100以上の国や地域に商品を輸出し，2004年の世界全体での売上高は1,016億元（1元は約14円）に達している。

　国内販売においては，家電市場全体のマーケットシェアは21％であり，同業他社を大きくリードしている。そして，**白物家電分野**のハイアール社のシェアは34％に達し，優位な地位にあり，小物家電では後発であるにもかかわらず，14％のシェアを占めており，伝統的な先発他社を抜いてシェア1位を勝ち取っている。

　ハイアール社のブランド（海爾・Haier）も「中国でもっとも価値を有するブランド」の第1位に輝き，2004年におけるブランド価値は616億元と評価されている。国際市場においても，ハイアール社の商品は，高い評価を得ている。たとえば，小型冷蔵庫やワインクーラー分野はアメリカ市場では第1位を占めている。

　このように，ハイアール社が倒産寸前の中小企業から1984年に再建され，白物家電分野の世界ランキング第4位になったのは，同社の生産努力だけではなく，政府の対外開放政策の下で，外資企業の中国進出を巧みに活用して世界市場にいち早く参入できた結果でもある。

　冷蔵庫分野におけるドイツ企業との提携，空調分野での**三菱重工**との合弁，工業デザイン分野でのGKデザイン（社）との合弁，対日輸出販売も含めた包括提携を結んだ**三洋電機**など日本企業との合弁や提携などは，いずれもハイアール社の生産，技術，デザイン，品質，あるいは輸出能力などを向上させている。

さらに，同社は世界市場において多国籍企業に敢然と挑戦し，自社ブランドの樹立・展開に強い信念を燃やして努力してきたその結果，中国国内市場にとどまらず，世界市場での躍進をもたらしたのである。同社の成長は，まさに**外資利用戦略**の成功と，自社ブランド戦略展開の成功の典型的な事例である。

② ギャランツ社の事例

ギャランツ社（格蘭仕集団，Galanz Group）は，1978年に創設された。もともとはダウン繊維製品を生産する中小企業であったが，1992年，電子レンジなど家電分野に転業した。3年後の1995年に中国の市場シェアで第1位を勝ち取り，1999年には，世界最大の電子レンジ生産企業の座に着いた。

そして，同社は2004年まで，すでに連続して10年もの間，中国における電子レンジ販売量とマーケットシェア第1位の座を占め続けた。また，連続して7年間，中国における電子レンジ輸出量と外貨獲得額第1位の座に輝き，世界シェアの約50％を占めるようになっている。

2001年，ギャランツ社は空調分野にも参入しでいる。現在では，中国輸出メーカーの第2位，世界輸出メーカーの第5位になっている。

同社の商品はいまや世界の約200の国や地域に輸出販売されているが，地方の中小企業から世界の製造大手に成長したのは，ハイアール社の場合と同様，外資企業を巧みに活用した戦略を展開した結果である。ただし，同社の場合にはハイアール社と異なり，自社ブランドの世界展開よりも，外資企業から技術と設備を低価，または無償で導入し，**OEM生産**に徹する戦略を通じて世界市場を制覇している。

また，ギャランツ社は自社で海外拠点を積極的に展開するよりも，中国国内で集中的に量産した製品を世界の250社を超える多国籍企業とさまざまな提携を行い，それらのルートを通じて世界中に販売網を確立してきた。

中国企業対外直接投資の国別特徴

　中国経済の勃興と中国企業の成長に伴い，対外貿易だけではなく，中国企業の対外直接投資も急増している。**中国商務部**の資料によれば，2004年末までに，中国の（非金融）対外直接投資の累計総額は，368億ドルに達しており，投資先は世界139の国・地域に分布している。

　対外投資先を分析すると，2003年までは「**市場開拓型**」が多く見られ，香港，マカオ，シンガポールなど**華人圏**が大きなウエイトを占め，華人ネットワークを利用した貿易の拡大が目的であった。また，アメリカ，オーストラリア，韓国，タイなどについても，貿易相手国として進出することによって，貿易をより有利に展開する狙いがあったと思われる。そして，ケーマン諸島やバージン諸島への投資が比較的に多く見られたのは，万国共通の理由ではあるが，節税対策やリスクヘッジのための迂回投資である。

　しかし，2003年以後の直接投資においては，従来の「市場開拓型」とともに，アメリカやロシア，東南アジア諸国への，石油などエネルギーを含む「**資源開発型**」の投資が増加している。また，最近では国益会社である石油大手グループなどによる，きわめて戦略的な直接投資が見られるようになってきた。

中国企業対外直接投資の業種別特徴

　2004年の中国の対外直接投資は36.2億ドルに達し，前年比27%の増加であった。そのなかで，前掲の「資源開発型」に属する投資が50%以上を占めていた。「現在の発展の趨勢を見れば，今後も一定の期間において，このタイプの投資は引き続き中国の主要投資形式であろう」と中国の人民日報（ネット版　2005年7月8日人民網「道は平坦ではない中国企業の対外直接投資」）が指摘している。

また，商務部ホームページ（2005年1月7日発表分）によると，2004年1から11月までの対外直接投資の業種分布（金額ベース）は，資源採

図表6－9　中国企業のグローバル展開のベストテン（2004年）

（単位：億ドル）

企業名	主な動き
聯想 IT関連	12月，12.5億ドルをもってIBM社のパソコン部門の買収を発表
	技術やブランドを利用し国内市場からグローバル市場への本格展開をスタート
華為 ソフト関連	12月，オランダTelfort社のWCDMAとアメリカNTCH社のCDMA2000のネット構築受注を発表
	通信分野における西側企業の独壇場を崩し，技術にて欧州に進出
奇瑞 自動車関連	11月，マレーシアALADO社に自社ブランド自動車の製造販売の代理権を与えると発表
	イランで年産5万台の自動車生産工場を設立
	中国自動車産業の海外生産販売に拍車
盛大互動娯楽 ゲーム関連	11月，ネットゲームの版権者，韓国Actoz Soft社の株を約29％買収すると発表
	ネットゲーム分野においても中国企業が主導権を握ろうと奮闘
上海汽車 自動車関連	10月，韓国の自動車メーカー双龍社の株を48.9％買収すると発表
	中国の自動車メーカーがM＆Aによる海外進出を果たす初事例
中化 石油関連	10月，韓国第5位の石油精製会社仁川煉油を完全買収すると発表
	国策貿易会社から，グローバルに採掘，精製，販売などを一体として展開する企業に
五鉱 鉱産物関連	9月，カナダ最大の鉱業会社ノランダの株式（時価約55億ドル）を全額買収と発表
	中国最大規模の海外会社買収事例
	貿易会社から鉱産物資源支配会社に変身，世界貴金属市場の指導権を担う
TCL 電子関連	10月，フランスの携帯電話会社アルカテルを実質買収と発表
	欧州知名企業のブランドや販売チャンネルを利用した世界販売戦略を展開
上海工業ミシン ミシン関連	10月，ドイツFAG社の保有するドイツDA社の株を94.98％買収すると発表
	ドイツの技術を利用して目下欧米や日本のミシンメーカーが主導する市場でトップ3を目指す
沈陽工作機械 工作機械関連	10月，100年あまりの歴史をもつドイツのシス社の資産（ブランド含む）を完全買収すると発表
	11月，沈陽工作機械（グループ）ドイッシス社が開業。国内市場から国際市場へ展開

出所）中国人民網 http://www.people.com.cn/GB/jingji/1039/3095925.html
　　　「中国経済週間」編集部，2004年1月4日掲載の記事により作成

掘業「資源開発型」(55.12％)、商業サービス (19.32％)、製造業 (14.92％)、卸・小売業 (5.01％) となっている。このように、中国企業による対外直接投資や大胆なM&Aが、「資源開発型」を筆頭に海外販売チャネルの獲得や、研究開発部門の獲得などさまざまな分野で活発に展開されてきている。

また、図表6－9においては2004年に積極的にグローバル化戦略を展開した代表的な10件をリストアップしてあるが、それによると資源・エネルギー関連以外にも、IT・通信関連、ソフトウエア、ゲームソフト、家電、自動車、機械関連など、さまざまな商品を扱う企業が、大がかりな海外戦略を展開している、ということが分かる。

さらに、2005年には、聯想（**レノボ**）によるIBMのパソコン部門の買収や、**中国海洋石油総公司**によるアメリカの石油大手、**ユノカル**の買収騒動などに見られるように、「より大規模、より先端的、より戦略的」な対外直接投資が展開されるようになっている。いまや中国企業は、中国国内にとどまって外資企業との共存、あるいはそれらとの競争に甘んじることなく、グローバルマーケットにおいて世界の大手を相手に、互角に競争している。

4 グローバルビジネスにおける新たなビジネスモデルの形成へ

これからの外資企業は、中国での市場競争だけではなく、中国への直接投資と現地経営を通じて、中国から見た世界戦略の展開とグローバルマーケットでの競争を再検討する必要がある。そして、そのための新たな**ビジネスモデル**を構築しなければならない。

また、中国企業にとっては、貿易摩擦や政治摩擦など、待ち受ける道は曲折が多く、中国企業が学び、クリアして行かなければならない課題は多い。中国企業にとっては、従来の閉鎖的な国有企業的な経営から中

国国内における**中外合弁的な経営**に進化してきたが，さらに**グローバルビジネス**に適応できる国際経営が求められている。つまり，中国企業にとっても中国での市場競争だけではなく，海外への直接投資と現地経営を通じて，世界戦略の展開とグローバルマーケットでの競争を再検討し，それらに適応するための新たなビジネスモデルを構築する時代を迎えたのである。

このように，中国ビジネスがグローバルビジネスに急速に融合されていくなかで，企業経営者たちはニューアジアさらにはグローバルビジネスの視座から新たなビジネスモデルを模索しはじめている。

―《参考文献》――――――――――――――――――――――

佐々木信彰編著『現代中国ビジネス論』世界思想社，2003年
日中経済協会編『対中ビジネスの経営戦略』蒼蒼社，2003年
杉田俊明『中国ビジネスのリスク・マネジメント』ダイヤモンド社，1996年

―《いっそう学習（や研究）をすすめるために》―――――――

杉田俊明『国際ビジネス形態と中国の経済発展』中央経済社，2002年
　　中国の対外貿易形態と企業形態を詳細に解説し，かつ，それらの連関解説についても詳細な統計分析を用いて行っている。代表的な中国企業の成長に関するケースも掲載している。

多国籍企業研究会編『21世紀多国籍企業の新潮流』ダイヤモンド社，2003年
　　杉田俊明「中国企業の成長と国際化　ケース・スタディでみる海爾（ハイアール）の『戦略的展開』の含意」が掲載されており，中国企業の成長戦略と外資利用について実例を用って詳細にわたって分析している。

《レビュー・アンド・トライ・クエスチョンズ》
① 対中国への直接投資と中国の対外貿易には，どのような形態があるのか。最近の特徴は，どのようなものか。その理由は，どのようなものか。
② 在中外資独資企業と中国国有企業の対外貿易にどのような違いがあるのか。その特徴と理由は，それぞれどのようなものか。
③ 最近，在中外資系企業のプレゼンスが低下しつつあるが，その理由と今後の課題はどのようなものか。
④ 中国企業が急成長した理由と背景はどのようなものか。
⑤ 中国企業が対外直接投資を行うようになった理由と課題は，それぞれどのようなものか。

第7章

グローバル化時代の韓国の企業経営

本章のねらい

　この章では，最近の韓国企業経営の変化に焦点を当て，従来の韓国企業経営のどの部分がどう変わったのか，をとり扱う。本章を学習すると以下のことが理解できるようになる。

① 　上位100社の特徴と韓国経済に占める位置
② 　韓国の企業経営の主たる特色と変化
③ 　グローバル化のなかでの韓国の企業経営のあり方

1　韓国企業経営の変化

　1997年にタイではじまった「**通貨危機（金融危機）**」の余波は，インドネシアや香港を経て，韓国にも及んでいる。これにより，韓国は未曾有の経済危機に見舞われた。「通貨危機」発生後，わずか1ヵ月で自国の通貨価値がドルに対して半分以下の水準にまで暴落し，自分たちが汗流して蓄積してきた「富」の半分が吹っ飛んでしまったのである。

　この大事件は，韓国の企業経営のあり方に抜本的な改革を迫る出来事でもあった。外資系金融機関による投機的な資金移動が，金融危機発生の直接的なきっかけであったにせよ，韓国の企業経営の特徴とされる「**グループ経営**」（船団式経営），「**オーナー経営者中心の企業統治構造**」，「**大馬不死**」（大企業は潰れない）の神話に立脚した「拡張経営」が，じつは金融危機を招いた主な原因であることが明らかになるにつれ，韓国企業は社会的・政治的・経済的にそれまでの経営慣行の変革を強く迫られるようになったのである。

2　韓国企業の全体像

　まず，いくつかの代表的な経営指標から韓国企業（売上高ランキング100社）の全体像を概観してみよう。ここでいう全体像とは，企業規模や利益の水準である。100社が，韓国企業の全体像をとらえるうえで妥当なサンプル数かどうかについては，異論があるかもしれない。ただし，これらの100社には，主要な企業がほぼ網羅されているので，韓国企業の経営動向を捉えるには有用である。

業種別内訳

売上高上位100社の業種を分類したのが，図表7—1である。この100社が属している業種のうち，社数ベースでもっとも大きな比率を占めているのは，「**製造業**」（40％）である。製造業の主要なセクターとしては，石油・化学関連分野が14社，電気・電子分野が9社，自動車関連分野が9社の順となっている。とくに，目を引くのは，「**金融業**」関連が多いことである（26％）。これは，通貨危機以降，金融機関の統合などで売上規模が増えたことによるものと考えられる[1]。

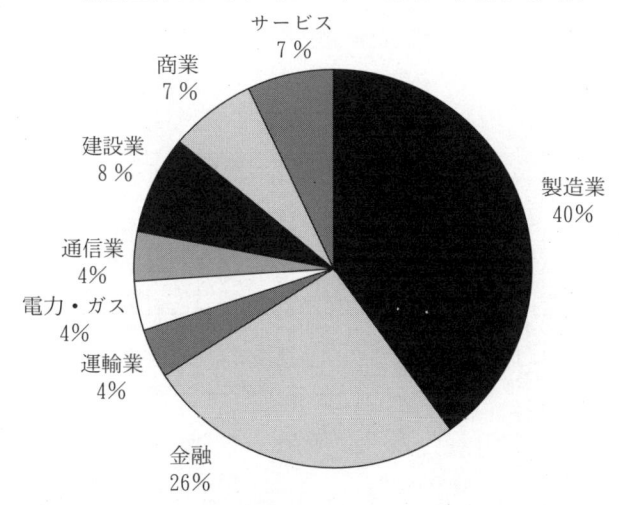

図表7—1 韓国企業売上高上位100社の業種別内訳（社数ベース）

出所）韓国銀行『企業経営分析』韓国銀行経済統計局（2002年）の売上高ランキング100社の経営指標より作成

従業員の規模

従業員の規模については，上位100社に雇用されている全従業員数は，56,742人であり，1社当たりの平均人数は5,674人である。ちなみに，日本企業の売上高上位100社の場合，1社当たりの従業員数は14,946人

第7章 グローバル時代の韓国の企業経営　159

である。

　したがって，従業員数規模では，韓国企業は日本企業の約3分の1にすぎない。これは，基本的には日韓の経済規模の差が反映されているためであるが，日本企業はまだまだ過剰な人員を抱えており，今後さらなる雇用調整が必要になる，ということを意味しているかもしれない。

　図表7－2からも，韓国の企業規模がそれほど大きくないことがわかる。70％の企業は，従業員数が4,999人以下であり，過半数以上の企業（52社）が従業員数1,000人～4,999人の間に分布している。従業員数3万人を超える企業は，「**三星電子**」（47,024人），「**現代自動車**」（48,963人），「**起亜自動車**」（32,993人）の3社だけである。

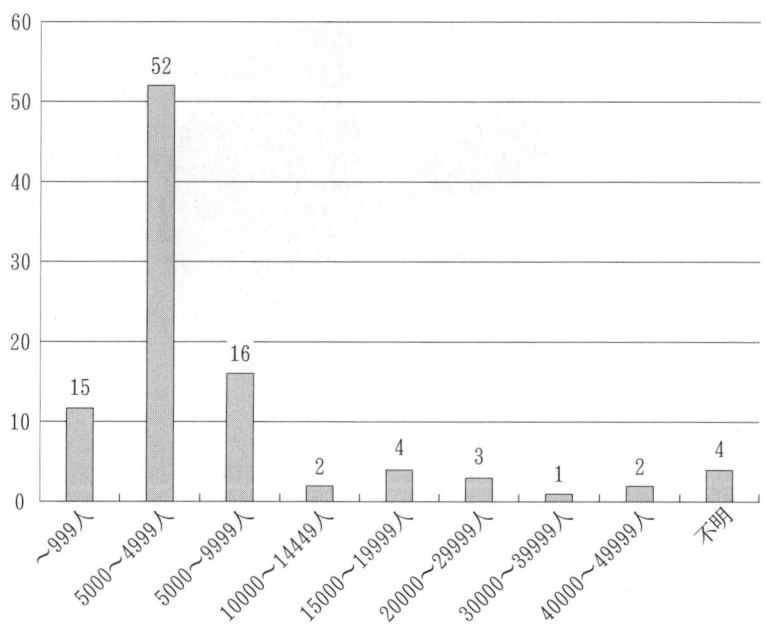

図表7－2　韓国企業売上高上位100社の従業員数

区分	社数
～999人	15
5000～4999人	52
5000～9999人	16
10000～14449人	2
15000～19999人	4
20000～29999人	3
30000～39999人	1
40000～49999人	2
不明	4

出所）韓国銀行，前掲書，2002年より作成

売上高の規模

売上高規模の大まかな傾向としては，まず売上高4兆ウォン[2]（約4,000億円）未満の企業が全体の6割（60社）を占めている。30兆ウォンを超える企業は，ともに三星財閥系企業の「**三星物産**」と「三星電子」の2社しかない。

上位10社と下位10社の売上高規模を比較してみると，上位10社の平均売上高は約22兆6,510億ウォン，下位10社の場合は約1兆6,683億ウォンである。下位10社の平均売上高は，上位10社の平均売上高の7.4％にすぎず，売上高規模の2極化現象がみられる。この2極化現象は，少数の大企業（上位企業）の経営動向によっては国全体の経済・産業が大きく影響されかねないということを意味する。

たとえば，30大財閥グループの売上高合計が韓国企業全体の売上高に占める割合は4割を上回っている（図表7－4）。なかでも，全上場企業利益の30.3％を「**三星電子**」1社が占めており，同社の突出ぶりが，際立っている[3]。「三星電子」が占める韓国経済におけるウェイトはそれだけ大きいのである。

三星グループの威力

「三星グループがあっての韓国経済」を物語るデータ（2003年現在）
- 売上高―121兆ウォン（韓国の国家予算―111兆ウォン）
- 税引き前利益―10兆3000億ウォン
- 納税額―6兆5000億ウォン（国家の租税予算の約7％）
- グループ会社の総時価総額―126兆ウォン（上場全企業の時価総額の31.2％）
- 輸出額―337億ドル（全輸出額の20％）
- 貿易収支―200億ドルの黒字（韓国の貿易収支は150億ドルの黒字，つまり三星グループなしでは韓国は貿易赤字国に転落する）

日本企業の場合，売上高ランキング100番目の企業でも，売上高は6,000億円を超えている。しかし，韓国企業100社の場合，売上高6兆ウォン（6,000億円）を超える企業は，わずか25社にとどまっている（図表7－3）。日韓企業間の売上高の面での事業規模の差は，明らかである。

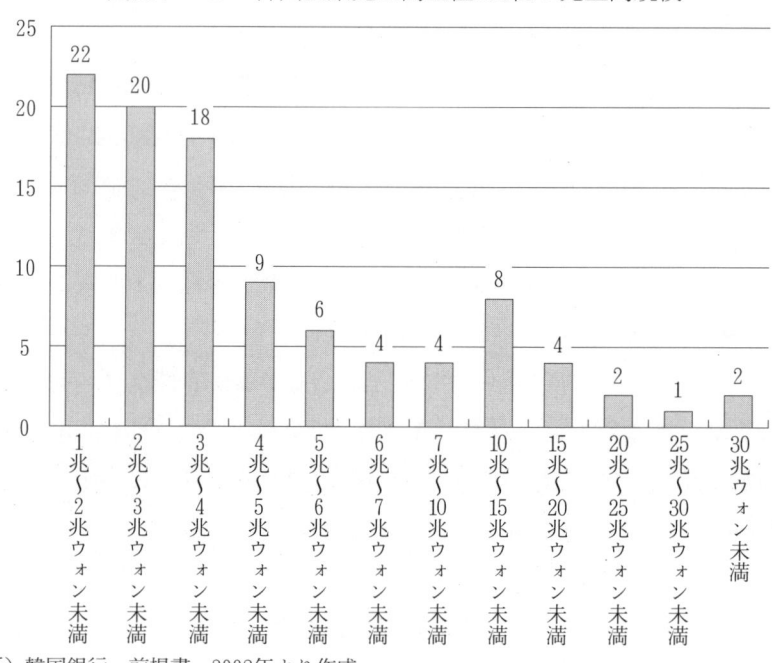

図表7－3　韓国企業売上高上位100社の売上高規模

売上高区分	企業数
1兆～2兆ウォン未満	22
2兆～3兆ウォン未満	20
3兆～4兆ウォン未満	18
4兆～5兆ウォン未満	9
5兆～6兆ウォン未満	6
6兆～7兆ウォン未満	4
7兆～10兆ウォン未満	4
10兆～15兆ウォン未満	8
15兆～20兆ウォン未満	4
20兆～25兆ウォン未満	2
25兆～30兆ウォン未満	1
30兆ウォン未満	2

出所）韓国銀行，前掲書，2002年より作成

利益水準

　上位100社の売上高に対する利益率は，約6.2%である。2002年の時点で，全体の3割の企業が赤字決算となった日本企業とは違い，赤字を出している韓国企業は1社もない。通貨危機後，大規模なリストラや収益性のある事業の「**選択と集中**」（事業構造改革）を行った成果が現れているとみてよいだろう。

韓国経済に占める財閥企業の存在

　一方，韓国企業の経営動向を把握するには，売上高ランキング100社だけではなく，30大財閥企業のデータに注目する必要がある。ここでは，韓国の**公正取引委員会**が大規模企業集団として指定した30大企業グループ（財閥）の財務データに注目する。とりわけ，そのなかでも上位4大財閥が韓国経済・産業に占める比重についてふれてみたい。

図表7―4　韓国経済に占める財閥（上位30大）の比率
（単位：百万ウォン，％）

	30大財閥合計	韓国経済全体	比　率
資　　産	413,220,198	989,394,413	41.76
付加価値	66,518,133	517,096,600	12.86
負　　債	260,641,823	681,324,181	38.26
売上高	453,181,873	1,036,694,494	43.71
当期純利益	2,306,959	−8,011,178	―
輸出額	138,889,964	194,767,358	71.31
時価総額	97,032,321	186,206,073	52.11
従業員数	629,524	21,061,000	2.99

出所）Choi Sung-no『2001年度　韓国の大規模企業集団』自由企業院，2001年より作成

　韓国経済全体に占める30大財閥企業の従業員比率は，1990年の4.26％から，2000年には2.99％にまで減少し，大企業（30大財閥企業）が従業員数を一貫して減らしてきたことがうかがえる。とくに，金融危機が発生した1997年から2000年にかけての減少ぶりは急であり，約25万人が減少している。要するに，広範囲な人減らしが行われたことを物語っている。

　また，**三星経済研究所**のレポート（『CEO Information』272号）によれば，韓国企業全体において従業員数の減少と同時に正規従業員の比率が下がっている。金融危機以前には，81％であった正規従業員の比率が，2000年（5月現在）には，47％まで低下している。

　上位4大財閥は，「**付加価値**」「**資産**」「**従業員数**」について5～30位

までの財閥全体とさほど変わらない規模を持ち，「**売上高**」では約2倍弱，「**時価総額**」では3倍をはるかに超える企業価値を持っている。このように，韓国経済・産業においては，上位4大財閥のもつ比重がきわめて大きく，「**集中化現象**」がみられる。金融危機発生後，この傾向は，ますます強まっている。

図表7－5は，上位4大財閥系列上場企業の純利益に関するデータである（2002年12月決算）。韓国の全上場企業の利益の6割以上を三星（12社），LG（14社），SK（8社），現代自動車（6社）の財閥系列企業が稼ぎ出している。

図表7－5　韓国4大財閥系列上場企業の純利益

(単位；億ウォン，%)

三　　　星（12社）	83,337（35.8）
L　　G（14社）	16,235（ 7.0）
S　　K（ 8社）	19,279（ 8.3）
現代自動車（ 6社）	27,243（11.7）
4大財閥合計	146,094（62.8）

出所）『日本経済新聞』2003年4月9日朝刊より

3　通貨危機後における企業経営の変化

それでは，韓国を代表する財閥系企業の現地訪問調査[4]を通じて明らかになった韓国企業の経営システムの特徴について調べることにしよう。

現地調査では，企業経営者だけではなく，政府系・民間シンクタンクおよび大学の研究者にもヒアリングを実施した。主なヒアリング項目としては，「**経営目標**」，「**戦略特性**」，「**組織特性**」，「**管理特性**」を中心に聞き取りを行った。とくに，1997年に発生した「通貨危機」後，韓国企業の経営システムや人びとの考え方（企業観・仕事観）にどのような変化がみられるかという視点でヒアリングを行ったが，韓国企業の経営が

予想以上に大きく変化していることが確認できた。

ヒアリング内容の分析

① 経営目標の変化

ほぼすべての企業が「**利益重視**」を強調していた。通貨危機発生前の韓国企業は，規模（たとえば，売上高）拡大・成長重視を経営目標としていた。金融機関から企業規模や担保資産の大きさに応じた融資が受けられ，さらに成長を求めて非関連事業への多角化を積極的に展開していたのが，韓国企業経営の大きな特徴であった。重要なのは，収益よりも，**企業規模**であった。

しかし，金融危機後，企業の資金調達先が金融機関から**資本市場（マーケット）**に変わったことによって，韓国企業は以前のように企業規模や成長だけを追い求めることができなくなった。金融機関の貸し出しの基準が収益性や短期流動性の確保に変わってきたことに加え，そもそも一定の収益性を確保できなければ，資本市場（株式市場）での資金調達ができなくなったからである。

図表7－6は，韓国企業の直接金融による資金調達の推移を示したものである。とくに，金融危機が発生した1997年以降は，**直接金融**（企業

図表7－6　直接金融による資金調達の推移

(単位：百万ウォン)

年　度	株　式			社債
	企業公開 (Going Public)	増　資	株式合計	
1995	580,142	5,583,890	6,164,032	23,598,230
1996	1,391,438	3,651,522	5,042,960	29,904,914
1997	479,299	2,676,317	3,155,616	34,322,121
1998	36,782	13,452,087	13,488,869	56,000,299
1999	1,720,116	33,426,923	35,147,039	30,671,444
2000	－	5,788,845	5,788,845	58,662,845
2001	217,825	5,097,779	5,315,604	87,194,943

出所）韓国金融監督院

公開や増資，社債発行）による資金調達が急増している。1997年には約37兆ウォンであった直接金融市場の規模が，2001年には約92兆ウォンにまで拡大している。

また，多くの韓国企業が収益性のない事業を売却，統・廃合して規模縮小を行う一方で，将来に収益性が見込める事業には経営資源を傾斜配分するといった，いわゆる「選択と集中」を行っている。たとえば，三星電子は，半導体と携帯電話，液晶の3事業に経営資源を集中させ，これら3つの事業で世界的な競争力確保に成功している。この「選択と集中」による事業構造の再構築は，収益性を資金供給のバロメーターとする資本市場からの圧力が，ひとつの大きな原因となっている。

収益（利益）を重視する経営を目標としはじめたのは，最近の日本企業も同じである。ただ，日本企業が長期的な視野で安定的な利益成長を模索しているのに比べ，韓国企業の場合には，**「短期的な利益」**を確保することを重視する傾向がみられる。これは，韓国企業のほうが経営管理者に対する**ストック・オプション**導入がより徹底していることや，株価が企業評価の客観的な評価基準として重視されていることが大きく影響している。

② 戦略特性

経営戦略策定にあたっては，トップ経営者（たとえば，オーナー経営者）の経験や直観が重視される傾向が強い。トップによって進むべき方向が示されると，その後は，たとえば**「構造調整本部」**と呼ばれるオーナー経営者（社長・会長）直属のスタッフ組織によって精緻な分析・調査が行われ，トップが提示した方向（意思決定）の正しさや合理性の達成が追求されていく。

トップの**「直観」**による判断は，必ずしも**事前合理性**のある内容とはかぎらない。むしろ，その逆の場合が多い。たとえば，その好例として，「三星電子」の半導体事業への参入をあげることができる。同社の半導

体事業への参入を決定したのは，現在の李会長である。

当時の技術レベルの低さや事業の不確実さ，巨額の投資など，あまりにもリスクの高さに，「半導体事業をやるよりは靴の工場を拡充したほうがはるかにましだ」と，社内外（とくに政府から）から反対された。しかし，結果的には李会長の意思決定が現在の三星電子の「**神話**」を作ったのである。事前合理性はなかったが，事後合理性が確保できたケースである[5]。

事後合理性の確保に重要な役割を演じるのは，構造調査本部[6]である。構造調整本部は，事前合理性の希薄なトップの直観による意思決定について緻密な分析と調査を行っている。そして，「やればできる！（We can do it!)」という価値判断をテコとした実践（action）を通じて，事後合理性を追求していくという機能を担当している。

韓国企業特有の組織であるこの構造調整本部は，グループ傘下の系列各社を通じて市場環境や事業に関する各種情報を収集したり，系列各社の経営状況を常時チェックして，グループ全体の経営状況を把握する，などの業務を行っている。また，構造調整本部は，社長・会長（オーナー経営者）が意思決定を行うのに必要な情報を収集し，社長・会長補佐機能を遂行しながら，グループ企業の事業整理や企業間の重複事業の調整などの業務も担当している。

以前は，企業によって「**会長秘書室**」，「**総合調整室**」，「**経営調整室**」などの名前で呼ばれていたが，通貨危機後，多くの企業で構造調整本部に名前を変えている。多くの韓国企業が，今後も常時構造調整を行うというスタンスを堅持していく趣旨から，この構造調整本部の名前は現在も変わらぬままとなっている。

オーナー経営者の社長・会長がグループ全体をこの構造調整本部を通じてコントロール（経営）していることから，オーナー経営者（「総帥」）1人の支配をバックアップする組織であるという批判が根強いことも，

事実である。政府が財閥改革案のひとつとして，構造調整本部の縮小ないし廃止をあげているほどである。

③　組織特性

集権化の程度については，韓国企業の最も大きな組織特性として，以前からしばしば指摘されるのは，**トップダウン式の意思決定パターン**である。とりわけ，戦略的に重要な意思決定は，トップ経営者の判断が重視される。

もちろん，案件の重要度によっては，トップ経営者は基本的な方向を示し，具体的な実行策は担当部門に任せるという場面もあるが，トップ経営者が実行プロセスにおいて，現在の構造調整本部のようなスタッフ組織を通じて，間接的に関与する度合いは決して小さくない。要するに，意思決定の権限が上層部に集中されていて，集権化の程度が高い。

今回の調査では，このトップダウン式の意思決定パターンに大きな変化はみられなかった。むしろ，通貨危機後は事業の「選択と集中」を行う過程で，事業構造の再編のような戦略的意思決定事項が多く発生し，以前よりも増してトップのリーダーシップがより強く要求されるようになっている。

事業ユニット（たとえば，事業部，カンパニー）に対する権限委譲は，まだ限定的な範囲にとどまっている。日常的な業務のオペレーションに関する自立度は大きいものの，事業計画の策定や大規模な投資については，トップ経営者直属の構造調整本部のパワーが強く事業ユニットの権限で決められない。

④　管理特性

通貨危機後，韓国企業における従業員の人事・労務制度に大きな変化があった。「**大馬不死**」（大企業は潰れない）の神話が崩れ，韓国を代表するいくつかの財閥が倒産するなかで，韓国企業は生き残りをかけて大々的な改革を断行した。

借金経営で，規模を大きくしてきた韓国企業は，膨らんでいた負債を削減するために，中核事業以外の事業を売却するなど，かなり思い切った事業の再編集を行った。そのプロセスの中で，多くの従業員が企業から解雇され，それまでに「**平生職場**」（終身雇用）という暗黙の雇用慣行が崩れてしまったのである。

　「平生職場」，つまり雇用保障がなくなったことによって，従業員の会社に対するロイヤリティは極端に低くなり，とくに**40代半ばの中間管理職**（課長・部長レベル）の会社に対する不信感は，深刻な状況にある。昇進できる少数の人を除けば，40代後半になると，ほとんどの人が「服を脱ぐ」（辞職）ように，「肩をたたかれる」からである。若い年齢層の従業員とは違い，転職できる可能性が低く，しかももっとも出費のかさむ年齢に達した中間管理職に対するリストラは，企業に対する従業員のコミットメントを大きく低下させている。

　また，1990年代からふたたび競争力を回復したアメリカ企業の影響もあって，従業員の評価に**成果（業績）主義**が導入され，個人の業績に応じた昇進・給料システムが定着している。個人の成果（業績）がシビアに問われる仕組みのなかで，多様な職種を経験しながら，ゼネラリストになることを目指すよりも，特定の分野で専門家になることを志向する傾向が強くなっている。企業側の人材育成も，スペシャリスト育成に力を入れている。

　ただ，上級管理者には**「生え抜き」社員**が多い。ネットなどを通じて中途社員を常時募集する企業もある。しかし，専門職に限られ，上級管理者は基本的に内部昇進が主流を占めている。

　以上韓国企業の経営がどのように変化してきたのかについて説明したが，これらを簡略にまとめたのが，図表7－7である。

図表7－7 韓国企業の経営システムの変容と特徴

	現在		従来（金融危機以前）
経営目標	利益重視	←	規模・成長重視
	短期利益確保が優先	←	成長の結果としての利益
	経営における短期的視野	←	経営における長期的視野
戦略特性	関連多角化（「選択と集中」）	←	非関連多角化
	非収益事業からの機敏な撤退	←	既存事業からの撤退は稀
	国際化志向		国際化志向
組織特性	トップダウン経営		トップダウン経営
	意思決定に対するオーナー経営者直属スタッフ部門の強い影響力		意思決定に対するオーナー経営者直属スタッフ部門の強い影響力
	事業ユニットの限定的な独立性	←	事業ユニットの非独立性
管理特性	「平生職場」（終身雇用）保障の崩壊		「平生職場」（終身雇用）を重視
	成果主義賃金制度の徹底	←	年功的要素の賃金制度
	OJTを基本としながら，Off-JTも重視	←	OJT重視の人材育成
	スペシャリスト志向	←	ゼネラリスト志向
	社内外への積極的な情報開示	←	情報開示には閉鎖的

4 グローバル時代における韓国企業経営

　韓国企業経営における通貨危機後のもっとも大きな変化としては，経営の「**効率性**」や「**収益**」（**利益**）を重視する方向へ韓国企業がいっせいに走り出したことである。利益重視の経営の背後には，なんといってもマーケット（資本市場）の台頭がある。事業資金を銀行などから調達していたときとは違い，株式市場を中心とする直接金融がメインとなった現在においては，一定の利益確保が不可欠となったのである。

　経営目標が企業規模・成長の追求から利益確保へとシフトするにつれて，経営戦略はもちろん組織構造や管理システムの面でも，大きな変化をもたらした。収益性のある事業を選別して経営資源を傾斜配分していこうとする経営戦略，権限委譲やコミュニケーション向上を目的とした

組織のフラット化（チーム制の導入），個人の成果（業績）に対応した人事制度の徹底，**社外理事（取締役）制度の義務化**による経営の透明化など，ドラスティックな改革が行われてきた。

　利益達成を最優先として行われてきたこのような一連の経営改革は，一方では，長期的に考えた場合，大きな問題を発生させる可能性がある。つまり，確実に利益（効率）が上げられる経営行動を優先するようになると，かえって非効率的な結果を招いてしまう場合があるからである。

　目的にかなった結果を得るためには，合理的な判断，つまり「**事前合理性**」に基づいた意思決定を重視するようになる。緻密な「分析」を通じて確実に利益に結びつく経営行動がとられるのである。しかし，判断の段階での合理性（つまり事前合理性）があっても，結果が予期しない失敗に終わってしまうことも少なくない。むしろ，現実のビジネス世界では，このような失敗のケースのほうが多いかもしれない。

　問題は，大きな成功やイノベーションは，むしろ事前合理性のない意思決定から生まれることが多いということである。「うまくいくわけがない」などと誰からも反対され，しかもリスクの高い（事前合理性の低い）意思決定が，ときには大きな成功をもたらすことがある。皆が賛成し納得するような意思決定からは，おそらく平凡な結果しか期待できないだろう。

　韓国企業のひとつの大きな特徴は，**トップ（オーナー）経営者の意思決定スタイル**にある。大きなリスクを恐れず，果敢な意思決定を行う「**アグレッシブさ**」がある。過去のいろいろなケースをみても，トップの意思決定が，必ずしも事前合理性はなかったものの，結果的に合理性を確保していった，というケースが多い。事前合理性はなかったけれど事後合理性のあった意思決定の例は，決して少なくない。前述した「三星電子」の半導体事業への参入がその好例である。

　事前合理性のない事業分野にあえて進出していったからこそ，大きな

> **財閥の婚脈（婚姻ネットワーク）**
>
> 　韓国財閥企業のオーナー経営者は，他財閥や有力政治家，高級官僚と，子女の婚姻を媒介とした「婚脈」（婚姻ネットワーク）を形成している。子女の婚姻関係を辿っていくと，他の財閥にもアクセスでき，歴代大統領をはじめ，主要な政治家・官僚とも巨大なネットワークで結ばれている。よく指摘されるような，韓国企業と政治との密接なつながり（政経癒着）の基点も，じつはこの婚姻ネットワークにあるといえる。

成功が得られるわけであるが，事後合理性の確保のための分析と実行を担っているのが，「構造調整本部」のような社長・会長直属のスタッフ部門である。**事後合理性の確保**は，彼らの重要なミッションである。

　したがって，予測できる確実な利益を優先しすぎると，韓国企業経営のいままでの良さが失われてしまう可能性がある。短期的な効率一辺倒の経営では，効果の予測がはっきりしないもの，長期の期間を待たないと効果が出てこないものは，考慮の対象から除外されやすく，将来を考えた長期的な経営ができなくなる可能性がある。

　通貨危機の荒波を乗り越えた韓国企業は，最近，海外事業を積極的に展開しはじめている。通貨危機直後は，海外事業を大幅縮小するなど，内向きになったときもあったが，現在は大手財閥企業を中心に積極的に**事業のグローバル化**を進めている。

　企業によっては，国内事業よりも海外事業のほうが大きくなっているところもある。たとえば，中国事業に積極的なLGグループなどは「**本社を中国に移してもかまわない**」とまで宣言しているくらいである。韓国企業がグローバル・マーケットにおいて，他の国の企業と競争していくためには，自分たちの強みを生かす経営が必要である。

　韓国企業らしさに裏付けられた経営をしてこそ，競争優位に立つことができるであろう。韓国企業は，事前合理性にとらわれすぎず，長期的

な視点で事後合理性を確保していく，という自分たちのよさを生かす経営に，今後とも力を入れていくべきである。

《参考文献》

金龍昱・韓正和著，康子宅訳『韓国三星グループの成長戦略』日本経済新聞社，1997年

Choi Sung-no『2001年度　韓国の大規模企業集団』自由企業院，2001年

服部民夫『韓国の経営発展』文眞堂，1988年

深川由起子『韓国・先進国経済論』日本経済新聞社，1997年

尹　大栄「韓国財閥企業の婚姻ネットワーク」『経営と情報』Vol.11, No, 2，1999年

《注》

1）　金融業については，売上高の指標として「営業収益」を用いた。
2）　1円＝約10ウォン
3）　日本経済新聞の記事（2003年4月8日）を参照
4）　2002年と2003年に現地ヒアリング調査を行った。
5）　合理性には，判断の段階での合理性を意味する「事前合理性」と，結果としての合理性である「事後合理性」，2種類がある（加護野，2002）加護野忠男（2002），「合理性万能論の経営者がはまる罠」『PRESIDENT』（2002．7．15）
6）　企業によってはその名称が異なる場合がある。韓国企業にこのような組織が登場したのは三星の「秘書室」設置以降のことといわれている。

《いっそう学習（や研究）をすすめるために》

深川由起子『韓国・先進国経済論』日本経済新聞社，1997年
　　韓国経済システムを体系的に理解する際には必読の書である。実証研究に基づいた本格的な研究書ではあるが，豊富なデータと図表によってわかりやすく解説されている。韓国の財閥についての分析も展開されている。

韓国経済新聞社編（福田恵介訳）『サンスン電子』東洋経済新報社，2002年

本章で「事後合理性」重視経営の成功事例として取り上げた「三星電子」を多方面にわたって取材し，「三星電子」の成功の秘訣を探った本である。李健熙会長をはじめ最高経営陣のインタビューも収録されていて，同社の経営実態が手にとるようにわかる内容となっている。

《レビュー・アンド・トライ・クエスチョンズ》
① 韓国の財閥と，戦前における日本の財閥との違いについて考えてみてください。
② 「事後合理性」の確保による成功事例をあげてください。
③ 文化を生かした企業経営のあり方について考えてみてください。

第 8 章

韓国企業のダイバーシティ・マネジメント

本章のねらい

この章ではビジネスのグローバル化に伴う多様な人材の活用を行うダイバーシティ（多様性）・マネジメントに関して，ニューアジアのなかでも韓国に焦点を当てて論じる。本書を学習すると，以下のことが理解できるようになる。

① ダイバーシティ・マネジメントという，ジェンダー，国籍，年齢などの多様な属性や価値観を活用する新しいマネジメント・アプローチの意味

② 先駆的役割を果たしているアイ・ビー・エムの事例の検討

③ アジアにおける女性の活用に関して後塵を拝している韓国と日本の特徴

④ 韓国の大手企業調査による人材活用の現状と問題点

1　ダイバーシティ・マネジメントの変遷と概念枠組み

新しいアプローチの意味

ダイバーシティ・マネジメント（Diversity Management）とは，個人や集団間に存在するさまざまな違い，すなわち「多様性」を競争優位の源泉として活かすために文化や制度，プログラム，プラクティスなどの組織全体を変革しようとするマネジメント・アプローチである。また，この組織変革のために，企業や組織が率先して行う取り組みを称して，「**ダイバーシティ・イニシアティブ**」という[1]。

多様性をいかに管理すべきか，という点において長い歴史を持つアメリカでは，つぎのような変遷を経て，今日に至っている。**マジョリティ**（多数派）の文化に**マイノリティ**（少数派）を同化させるアプローチからまず始まり，つづいて公民権法や**アファーマティブ・アクション**などの雇用機会均等法を遵守することに主眼をおいたアプローチとなり，そして多様性そのものを受け入れて，評価するアプローチにたどり着いている。さらに，最近では，競争優位の源泉として多様性を活かそうとする積極的なダイバーシティ・マネジメントが注目されている[2]。

主な特徴

ダイバーシティ・マネジメントは，1990年代以降，それまでのアプローチや多様性を受容するアプローチを超えるものとして，脚光を浴びるようになってきたが，その特徴は以下の4点にまとめることができる[3]。

第1に，多様性が企業の売り上げや利益に貢献し，競争力の源泉となるという考えに基づいている。多様性に基づくマネジメントで優位性があるとされる分野に，コスト，資源の獲得，マーケティング，創造性，

問題解決，システムの柔軟性などがある[4]。また，最近では事業の成長そのものを促す機会として認識されるようにもなっている。

第2に，個人，人間関係，そして組織といった3つのレベルを対象としている。つまり，女性やマイノリティのみに適応を押しつけるのではなく，組織文化やすべての人びとがこのプロセスにかかわることが求められている。とくに企業のトップ・マネジメントや人事担当者は，訓練や指導を通じて積極的に支援することが必要である。

第3に，ダイバーシティ（多様性）を広く定義し，人種，性別，宗教，国籍，年齢，障害などのほか，性的志向や価値観や個性なども含んでいる。企業における多様性というと，**ジェンダー**や**国籍**や**人種**に主に焦点が当てられる傾向があるが，個人や集団の間で違いを生みだす可能性のあるあらゆる要素を考慮している。

第4に，ダイバーシティ・マネジメントは，プログラムではなく，**プロセス**である。あらかじめ決められた手続きや数値目標ではなく，実際の取り組みのプロセスで問題点や解決策が見つけだされるといった，長期的な観点が重視されている[5]。

実際に，どの程度取り組まれているのであろうか。あるアメリカのコンサルタント会社が1994年に行った『**フォーチュン**』誌の上位500社に対する調査では，7割以上の企業ですでにダイバーシティ・マネジメントに関連する取り組みを行っているという結果が報告されている。その内容の多くは，経営陣や管理職や一般社員を対象とした研修や，女性やマイノリティを個別に指導する**メンタリング・システム**であるが，実際の運用に当たっては，いろいろな形態が考えられる。

そこで，ダイバーシティ・マネジメントの面で先駆的な役割を果たしているアイ・ビー・エムの事例を取り上げて検討したい。

2 アイ・ビー・エム(IBM)における先駆的事例

多様な能力を活かす雇用の方針

　多様な市場に対応するには，社員の多様性が必須であるとの認識に基づき，**アイ・ビー・エム**のガースナー会長は，1993年にダイバーシティをビジネス上の緊急課題とした。この動きは，ダイバーシティを活用する企業は，多様化する市場で競争上優位があり，かつ，市場の競争に勝つために，企業は優秀な社員にとって魅力的であることが必要で，ダイバーシティがその鍵を握っている，という信念に裏打ちされている。

　アイ・ビー・エムは多様性の活用の取り組みを組織内で明確に打ちだしており，**ダイバーシティ・マネジメント担当副社長**というポストをおいて，全体の進捗状態を統括している。その担当副社長であるテッド・チャイルズは，『ダイバーシティ・ジャーナル』誌のインタビューで，つぎのように答えている[6]。

　「ビジネスの担い手がどんどん多様化しています。ということは，自分と違う人びとを理解し，尊重することがますます必要になっています。もとをたどれば，**ケネディ大統領**の1962年の呼びかけに行き着きます。大統領は企業に対して，マイノリティをもっと雇用するように要請しました。当時は，主に黒人が対象でした。その後のアファーマティブ・アクションや**雇用機会均等の運動**ももちろん役立つものでしたが，現在はさらに一歩進んだ状況にあります。つまり，市場の多様性に合わせて企業の人員自体も多様化することが，アメリカの企業を強化する最大の方策だと思うのです。

　しかし，現実には企業のトップはほとんど白人の男性が占めていますが，数の問題にとらわれてはいけないと思います。たとえば，アメリカ

のプロ野球も1947年までは黒人がプレーすることは許されていなかったのです。これは，いまでは考えられないことです。ビジネスの場でも，人種や国籍やジェンダーを超えた雇用が行われ始めて，つぎに**障害者**への門戸が開かれ，最近ではさまざまな性的志向の人びとも受け入れられるようになってきています。そこで，大切なメッセージは，多様性を包含することは，組織の力を減じるのではなく，むしろ強化することだ，ということです。そして，多様な個性を活かすためには，社員全員がそれぞれの属性にかかわらず，フェアに処遇されていると思えることが大事です。」

要するに，ダイバーシティ・マネジメントは，道徳的な意味だけではなく，いまやビジネス戦略上の重要課題となっている。

浸透するダイバーシティ・マネジメント

アイ・ビー・エムは，ダイバーシティを促進する機関として，世界各地に65のダイバーシティ・カウンシルを設置し，29のウィメンズ・カウンシルをアジア太平洋地域，北米・南米，ヨーロッパ，中近東，アフリカにおいている。また，日本，韓国，ブラジル，フランス，イギリス，ドイツ，南アフリカ，カナダ，アメリカなどには国別のカウンシルもある。

カウンシルの目的は，現地法人のマネジメントに対して，**現地社員**のダイバーシティの問題についてアドバイスすることにある。このような努力の結果，過去6年の間で女性のエクゼクティブの数は全体で2.5倍になり，アメリカを除く世界各国をみると10倍近くにも伸びている。

社史をさかのぼれば，アイ・ビー・エムが初めて身体障害者を雇用したのが1914年であり，はじめて女性の専門職が誕生したのが，1935年である。さらに1946年には初めて黒人を営業職に雇っている。さらに，1991年には，多様性を促進する部門の名称を「機会均等／アファーマティ

ブ・アクション」から現在の「**ワークフォース・ダイバーシティ**」に変えている。この変更は画期的なことであったとして，チャイルズはつぎのように語っている[7]。

「これは単に名前を変えたということではなく，新しい考えを象徴する大きな出来事でした。白人男性の社員に対して，あなたたちもダイバーシティのメンバーなのですよ，という強力なメッセージを伝えることができたのです。そして，それまでのような女性やマイノリティといった一部の問題ではなく，仕事とプライベートをどう両立させるかという『**ワーク／ライフ・バランス**』を含めた，全員の問題であるという認識に立つことができたのです。」

このように，アイ・ビー・エムにおいては，ダイバーシティ・マネジメントは特定のグループの問題ではなく，全社員のキャリアと生活に等しくかかわる問題である，という意識が浸透している。

3 ダイバーシティ・マネジメントにおける韓国と日本

遅れている韓国と日本

このような状況に関して，アジア全体をみると，アジア太平洋地域のなかでも，フィリピン，タイ，マレーシア，シンガポールなどでは女性が活躍している。しかし，日本と同様に，韓国では女性の登用が遅々として進んでいない。

意識改革が進んでいる企業内でも，男性管理職や女性自身のなかには心理的な壁があるように思われる。それ以上に問題となるのは，社会における**男女の役割分担意識**で，とくにビジネス社会においても，その影響は大きい。

今後も，数値目標を掲げて，地道な活動を継続することが重要である

アジア金融危機と「IMF危機」

　1997年にタイの通貨であるバーツが大暴落し，韓国も大打撃を受けた。十分な外貨（ドル）準備高がなかったため，韓国は破綻の危機に見舞われ，IMF（国際通貨基金）に頼らざるを得なかった。米国主導であるIMFから巨額の資金援助を受けた結果，アメリカ型の経営手法を取り入れることを余儀なくされ，45歳以上の社員の多くがリストラされるなど，社会全体が大きく変化した。このような背景があるため，韓国ではアジア金融危機ではなく，「IMF危機」と呼ぶことが多い。

が，同時に環境の変化について考慮するべきであろう。ひとつは，ビジネス全体の急速な変化と激化に対して，日本や韓国における家庭・育児での女性の役割分担が，なかなか変化しないことである。たとえば，アジアの諸外国と比較して，日本女性の**アンペイド・ワーク**（家事や介護などの無給の仕事）の負担率の高さは，群を抜いている。

　もうひとつの点は，これまでの育児と仕事の両立問題に加えて，**高齢化社会**を迎えて，介護と仕事の両立問題が生じてくることがある。働く女性の問題ではなく，男女にかかわらず，すべての人にかかわる問題と捉えて，解決していくことが望まれる。

韓国企業A社の事例

　つぎに，韓国の外資系コンサルタント・サービス企業であるA社の事例を見てみよう。A社では「ダイバーシティの目標」をクリアすることが求められている。つまり，多様な文化的背景の人びとがどの程度活用されているかが，たえずチェックされており，多様な人材を登用することが全社的な課題となっている。

　たとえば，アジア太平洋地域におけるダイバーシティでは，女性リーダーの育成に取り組んでいる。アジア太平洋地域全体の社員数は，2003

年12月時点で16,504人であり,女性社員は3,135人(19％)である。ところが,いわゆるリーダーといわれているエグゼクティブ・クラスの女性は,きわめて少ない。エグゼクティブ総数178人のうち,女性はわずか11人(6.2％)にすぎない。

キム人事部長はインタビューに答えてつぎのように語っている[8]。

「コンサルタント業務は女性にとってかなり過酷です。また,韓国では顧客は担当者が女性だと,クレームをつけることもあります。これは韓国だけではなく,日本でもそうだと聞いています。先日,アジア太平洋地域の全体会議があり,どうしたら女性をもっと活用できるのかについて話し合いました。リーダーというのは,課長や部長といった単なる管理職の役職を意味するのではありません。実際にビジネス上の決断を下せるエグゼクティブです。

有能な候補者を割り出し,昇進を阻害する問題はなになのか,なぜ女性は成功しにくいのか,などについて探り,仕事の環境も含めて具体的な問題点を割り出す必要があります。その根本原因を特定し,解決策を講じて,段階的に女性を昇進させることが大切です。」

同社は,3年以内に全社員に占める女性の比率と同じ比率の**女性のリーダー**を生み出すことを目標に掲げている。つまり,女性の比率が20％ならば,リーダーに占める女性リーダーの比率も20％にする,ということである。同社におけるリーダーというのは,人をマネジメントし,ビジ

図表8—1　A社におけるアジア太平洋地域の女性エグゼクティブの数と割合(2003年)

アセアン諸国	4人(10 ％)
オーストラリア・ニュージーランド	5人(6.8％)
中国圏(中国・香港・台湾)	1人(5.5％)
日本	1人(2 ％)
韓国	0
合計	11人

(括弧内の％はその地域や国のエグゼクティブ全体における比率)

ネスの機会を捉えて，ソリューションやビジネスを開発する人間であり，要するに，企業の意思決定を行い，企業の命運を左右する人びとである。具体的には，バイス・プレジデント，ジェネラル・マネジャー，シニア・マネジャー，シニア・エクゼクティブと呼ばれる人たちをさしている。

アジア太平洋地域の内訳は図表8－1のとおりであり，韓国，日本，そして中国圏においては，女性の活用が遅れている。

A社では，30歳代前半で管理職として活躍している女性の比率は，社員に占める女性の比率と同程度である。だが，問題は，その上層に進む女性が少ないことである。30歳代半ばとなると，出産や子育てという男性とは異なる要因が生じて仕事を断念する女性が多い。そこで，A社では会社の近くに保育園を建てて，0歳から小学校入学直前まで子供を預けられるような対策を講じている。

このように，女性の社会進出には，出産や子育てを女性個人の問題ではなく，企業の問題，ひいては社会全体の問題として捉えて，対策を講じていくことが求められている。女性が，エクゼクティブとして成功し，リーダーシップを発揮するようになれば，後に続く人びとの「**ロールモデル**」として啓蒙的な存在になり，女性の活躍を助長する，という良循環が生まれるにちがいない。

遅れている理由

前述のように，女性の登用やダイバーシティの活用という意味で，現状では，欧米に比べれば当然のことだが，アジア太平洋地域のなかでも，日韓が最も遅れている。その理由は，3つあると推測される。

第1は，価値観であり，文化と呼ぶ人もいる。韓国や日本は，「**男性中心社会**」であり，女性が男性よりも下に見られる傾向がある。これは，儒教の影響だという見方もある。第2は，産業であり，重工業中心に発達してきたため，業種的に女性が尊重されてこなかったという点である。

さらに，農業の影響もあり，農業では男性の力が必要とされている。

第3は，**社会的なインフラ**の問題である。伝統的に，男性が家事を手伝わない国において，家事や育児はどうするのか，という問題である。また，長男が，老いた両親を引き取り，嫁が面倒をみる，という社会的なプレッシャーもある。人びとのマインドセットを変えることは一朝一夕にはいかない。

さらに，長時間勤務するという仕事のやり方も一因になるであろう。今後は，男女を問わず，仕事と私生活のバランスをとる「**ワーク・ライフ・バランス**」が重要な鍵となる。

最近，**SK**，**LG**や**サムスン**といった韓国の大企業は，女性活用に積極的な姿勢を打ち出している。これらの企業では，トップがこの問題の解決に係わっており，トップダウンで方向性が打ち出されている。また，サムスンは，韓国内における外国人社員の活用にも取り組んでいる。このように，韓国の大企業は，今後，ダイバーシティ・マネジメントを取り入れる方向に進むと推測される。

4　韓国企業のダイバーシティ・マネジメント

韓国を代表する財閥系企業においては，どのような人事管理が行われているのであろうか。ここでは，インタビューによる調査の結果を基に論じる。このインタビューは，SK・コーポレーションとサムスン・エレクトロニクスの2社に対して行った。

SKコーポレーションの事例

SKは，1960年代に韓国初の石油精製所を作り，韓国産業の発展に大きく寄与してきた。その後，エネルギー関連事業のみならず，石油化学製品事業にも進出し，1980年代と1990年代を通じて，韓国のエネルギー・

化学製品の最大手企業のひとつとなった。さらに，ここ10年間には，情報技術（IT）や生命科学の分野にも参入している[9]。

SKは，最近，多様な人材の活用に取り組むようになっている。組織開発チームのシニア・マネジャーは，その理由を，多様性が競争力をもたらし，企業にパワーを与え，いろいろな異なった考えが創造性をもたらす，という認識が同社で深まったからである，と指摘している[10]。日本と同様に，韓国でも少子高齢化が進んでおり，晩婚化も進み，独身の人も増えている[11]。現時点では，労働力の問題よりも，むしろ，**ミスマッチ**（求職者は多いが企業の求める人材は不足している）の問題のほうが深刻である。しかし，今後，10年，20年という長期的な視点でみれば，日本と同様に労働力不足という問題がでてくる可能性は十分ある。

同社では，ホワイトカラーに**年俸制度**を導入し，成果給の比率が高くなっている。**人事評価**に関しては，社員が１年の目標を設定し，６カ月後にチェックし，再調整し，さらに１年後に上司が部下の業績を評価している。権限の委譲も進んでおり，ビジネスの迅速化が図られている。その意味では，アメリカ的な経営に近いといえる。

しかし，最近では，**成果給**に対する批判が強くなっている。同社のような安定した事業を行っている場合，どのようにして評価において差別化を図るのか，上司がどのようにして部下を評価するのか，アメリカ型の手法が韓国に本当にあっているのか，といった疑問が浮上している。実際に成果給を導入しても，期待するほど，社員のモラールは高まっていない。なぜならば，韓国の公正観は，アメリカのそれとは異なっており，社会的な志向の問題があるからである。また，他人が失敗すると，嬉しいが，うまくいくと嫉妬される，という心理的な側面もある。

ただ，「ジェネレーション・ギャップ」があり，若い人の価値観は変わってきている。1997年のアジア金融危機（韓国では「**IMF危機**」と呼ぶことが多い）を経て，社会全体の価値観が，大きくシフトし，よりア

メリカ的になり，若い人は成果給を好む傾向がある。

　また，雇用の時期に関しては，60％は，ビジネスの必要性によって雇用し，そのほとんどが，中途採用である。残りの40％は年2回，新卒を雇う。中途採用が，だんだん増える傾向にあり，MBAを持っている場合，すぐに管理職になるという可能性も生じている。

　コーポレート・ガバナンスが，韓国でも重要な課題となっている。同社では，2003年に経営の透明性に関する問題が明るみになり，会長が逮捕される事態にまで発展した。2004年に，同社は，新しいマネジメント制度を導入し，取締役とCEOを分けている。7名の取締役のうち，5名が社外取締役である。そして，社外取締役は，前首相，韓国ガス石油公社の社長，前銀行頭取，教授，公認会計士などである。

　しかし，外国人の取締役はいない。韓国では，会長やCEOは，オーナーであり，強い権限を持っているため，簡単に辞めさせることはできない。その意味において，完全に**アメリカ型**というよりは，アメリカと韓国のやり方を組み合わせたかたちである。また，社内で専門の委員会をつくって，具体的な事業に関する知識を補うよう，社外取締役を支援している。

　ダイバーシティの活用に関しては，同社会長は，きわめて積極的な姿勢を示している。これまで，同社の企業文化は均質であったので，もっと多様にしたい，という方針がある。女性に関しては，業種による格差がある。たとえば，同社単体では，2003年に雇った30人のうち，女性は2名にすぎないが，グループ全体では400名を雇用し，その内女性は80人である。

　外国人社員は，中途採用であり，その数は多くない。**法務部**に配属された弁護士は，中国人の女性である。韓国語は，あまりできないので，英語でコミュニケーションを取っている。ちなみに，同社の2,000人あまりの大卒社員の**TOEIC**の平均スコアは，760点である。雇用するとき

には，英語のレベルをチェックし，昇進の場合もTOEICのスコアが700点ないと管理職にはなれない。なお，障害者に関しては，軽度の人を雇用している。韓国では近年，障害者がカミングアウトしており，公の場で発言することが増えてきている。

同社も，中国市場を重視しており，この巨大で最大の市場にどうやって参入するかが，つぎの大きな課題である。同社だけではないが，全体的に，韓国企業が中国で事業を行う場合に，人事問題でいろいろな問題が生じている。たとえば，韓国人が工場長の場合，中国人工員に対して失礼な態度を取ったり，中国の文化を無視したりすることがあると報告されている。現地化に関しては，同社の現地法人の社長は，韓国人である場合が多く，現地化はあまり進んでいない。しかし，最近，試験的に中国人に社長を任せるケースも出てきている。

韓国の大手企業は，1997年の危機以来，急速に若返っているが，最近そのなかでも際立った人事が行われた。それは，**SK・テレコム**のディレクター（執行役員）に28歳の女性が抜擢されたことである。この人はアメリカのマサチューセッツ工科大学（MIT）で博士号を取り，3年前に韓国に戻り，会長夫人を介して会長に紹介された。

その後，SK・テレコムの子会社で仕事を任せられ，そこで成功を収めた結果，本社の役員に大抜擢された。伝統的には，男尊女卑という風潮があり，**敬老の精神**もある韓国において，28歳の女性が役員になるということは，社会的にも大きな波紋を呼び，マスコミにも大きく取り上げられた。これは，例外的なケースかもしれないが，今後は経済のグローバル化の進展とともに，このような動きが加速される可能性があるだろう。

サムスン・エレクトロニクスの事例

サムスン・エレクトロニクスはみずからを「デジタルEカンパニー」

と称し，世界的なテクノロジーのリーダーであると自負している[12]。携帯電話，テレビ，パソコン，DVDレコーダーをはじめ，あらゆるエレクトロニクス製品を手がけ，世界各地で販売している。サムスングループのなかでも，最大かつ最も国際的な企業で，**グローバル・ブランド**としても定着しており，韓国の代表的なグローバル企業のひとつである。

　同社では，人事管理においても，女性のみならず，外国人も積極的に登用している。本社の人事部でシニア・マネジャーを勤めるエミリー・ミラー女史もそのひとりである。ミラーは，アメリカのカリフォルニア州出身で，大学を卒業した後，5年働いてから大学院へ入学し，**MBA**を取得し，その後サムスンに就職し，1年前からソウルの本社でグローバル人事を担当している[13]。大学院同期の友人は，シリコンバレーで就職する人が多い。しかし，彼女は新天地で冒険がしたく，韓国語はほとんどできず不安であったが社内は英語が通じるので仕事に支障はないどころか，やりがいのある仕事であると大変満足しているという[14]。

　同社の人事部門の外国人は，ミラーのみであるが，グローバル・マーケティング・グループには，アメリカン人やインド人が配属されている。その他，中国，ロシア，ヨーロッパ，アメリカなどから来たエンジニアも多い。同社の韓国全体の社員が，約6万人であり，そのうち，外国人は500人程度である。そして，**社外取締役**にも，ドイツ人と日本人がいる。

　同社におけるダイバーシティの捕え方は，アイ・ビー・エムやヒューレット・パッカードのような障害者や性的志向などを含む広い概念ではなく，**女性と外国人の活用**に絞っている。これは，一般的に韓国企業でみられる定義と同様である。

　異なる文化や期待を持った人をどうやってマネージするか，均質であれば説明しなくてもわかることを，言語を駆使してきちんと説明をしなくてはならないことは，ある意味でコスト高に結びつくという考えもあ

る。しかし，とくに同社のように，世界各地で事業を展開している場合には，マーケットそのものが多様であるため，ダイバーシティを活用することは，コストを上回るほどの恩典がある，とトップ・マネジメントは認識している。

女性に関しては，現在では雇用人員の22～30％を占めている。しかし，現時点では管理職は4％で，シニア・マネジャーとエグゼクティブは，0.5％に過ぎない。入社後，管理職になるまで通常約12年を要するため，まだ女性の数そのものが少ないが，傾向として女性の管理職は今後は増えるであろう。ただ，デジタル・ソリューションセンターに，韓国人女性のバイス・プレジデントがいる。この人は，**中途採用**でルーセント・テクノロジーから引き抜かれているが，アメリカで経営学の修士号と博士号を取得している。

このような積極的な方針もあるが，社内における女性に対する姿勢には，世代のギャップがある。年配の社員にとって，女性は秘書や補助職だという感覚や特定の分野のみで仕事をする，という思い込みが根強くある[15]。ミラー自身は，外国人であり，女性であるが，社内では女性というよりは外国人であるとみなされている。中途採用や海外からの採用の場合は別として，韓国人の女性が大卒で入社して，下から上がって昇進することはきわめて難しいのが，現状である。それができてこそ，本当にダイバーシティ活用の実現といえよう。

1997年のIMF危機以来，終身雇用は，ほとんどなくなったが，同社社員の定着率は良い。しかし，**法定退職年齢**は，55歳であっても，実際の退職年齢は45歳ぐらいである。ただし，サムスンに勤めているとエンプロイアビリティ（高度な専門的職業能力）を開発できるので，有利であり，退職後も別会社や子会社に勤めることが可能である。

昇進に関しては，マネジャーになるのは難しくないが，シニア・マネジャー以上はきわめて狭き門であり，厳しい選抜がある。海外駐在は，

LG社の女性執行役員が語る女性リーダーの成功の秘訣

伝統的に女性が活躍しにくい韓国の企業において執行役員になったソル女史は，成功の秘訣を3つ挙げて，次のように語っている。

「第1は，男性に信頼されること。それには仕事で実績をあげることと男性に敬意を表すること。たとえ部下であっても，その姿勢を貫くこと。第2は，仕事を楽しむこと。そして第3は，自分を愛することです。」

そしてもうひとつ，女史が指摘していたのは，夫と家族の協力である。40代半ばに退職する男性が多い韓国において，引き続き夫に仕事をしてもらい外に出てもらうことも，女性の負担を減らすことにつながるそうだ。

昇進にとっても大切で，同社では海外に行くチャンスが豊富にあり，多くの社員が**海外駐在**を経験している。また，英語に関しては，TOEICが750点ないと，採用しないなど，英語は雇用時の決め手となる。

また，賃金に関しては，成果主義が導入されたが，それは比較的最近のことである。それにより，社員のモラールが上がったかについては，安定性を求める社員も多いため，定かでないが，いわゆる「**ハイ・パフォーマー**」は歓迎している。この幹部社員候補者は，年に一度見直しが行われ，その都度リストに載るものとそこから外れるものがでる。

コーポレート・ガバナンスに関しては，取締役の3分の1は，社外取締役であるが，取締役と執行役員との重複も多い。

「**ワーク・ライフ・バランス**」，つまり仕事とプライベートの両立に関しては，バランスは取れていない。つまり，男女を問わず，**長時間労働**であり，夜10時，11時まで仕事することも珍しくない。早く仕事を終える日でも，接待があり，帰宅は遅くなる。ただし，週末は家族と過ごすことができる。同社では会社の方針で役員を除いて，ゴルフが禁止されている。接待ゴルフが禁止されたのは，倫理上の問題のためであるが，これは韓国企業の一般的な例とはいえないように思われる。

5　韓国企業における人事管理

　それでは，韓国の大手企業における人事管理の現状はどうであろうか。ここでは，韓国企業7社の人事担当者に対して行ったアンケートによる調査の結果に基づいて，その姿を明らかにしたい[16]。

　アンケートの対象は，**LGカルテックス**（石油），**CJ**（食品・ホームショッピング・エンターテイメント），**ヒュンダイ・モーター**（自動車），**サムスン・エレクトロニクス**（家電），**サムスン・コーポレーション**（総合商社），**ヒュンダイ・オイルバンク**（石油），**LG・SDI**（ソフトウェア関連企業）の7企業であり，いずれも社員数が500人以上の大規模な企業である。

　アンケートの質問項目は，社員の報酬と昇進における性別と年功と業績の重要度，人事評価，研修機会，ファミリーフレンドリー対策，雇用における新卒採用と中途採用の割合，全社員，管理職，役員に占める女性，外国人，障害者の割合，退職年齢などである。

　「社員の**報酬**を決めるに当って影響する事項」としては，［性別］は7社ともまったく重要でないと回答している。［年功］については，サムスン・エレクトロニクスは重要でないとしているが，それ以外は，普通，または重要であるとしている。とくに，ヒュンダイ・モーターは重要度が高い。

　［国籍］については，まったく重要でないがほとんどであるが，LG・SDIはきわめて重要であるとしている。［社員の業績］に関しては，重要であるという回答がほとんどであるが，ヒュンダイ・オイルバンクは普通，としている。［会社の業績］については，いずれの企業も重要だとしている。

　「社員の**昇進**を決めるに当って影響する事項」としては，［性別］は

ほとんどの企業で重要でないとしているが、ヒュンダイ・オイルバンクだけは重要視している。［年功］は、いずれの企業も重要だと回答している。［国籍］は重要でないというのがほとんどである。［社員の業績］はすべての企業できわめて重要視されている。

「報酬や昇進にあたって、**業績**と**年功**がどの程度影響を与えるか」という設問に関しては、まず報酬については、すべての企業が業績が重要と回答しているが、昇進に関しては業績の重要度が下がり、特にLG・カルテックスとヒュンダイ・オイルバンクではあまり重要でない。つまり、報酬や昇進における業績と年功の重要度はともに高いが、とくに報酬において業績の影響度が高く、昇進においては、年功がまだ効いている。回答に共通点があるLG・カルテックスとヒュンダイ・オイルバンクは、ともに石油関連企業であるため、業種による影響もあると思われる。

研修に関しては、すべての企業で実施をしている。ただし、研修の機会を与えられている社員の比率は、サムスン・コーポレーションは100％、サムスン・エレクトロニクスは90％と高く、その他の企業も70％から80％である。しかし、ヒュンダイ・オイルバンクは、30％と際立って低くなっている。また、**ファミリーフレンドリー**対策に関しては、回答企業すべてにおいて、育児や介護のためのフレックスタイムや育児休暇などの対策を実施している。

内部昇進か、外部からの**スカウト**か、また新卒採用か、中途採用か、という項目に関しては、90％前後が内部昇進と新卒採用である、と回答している。しかし、CJとサムスン・エレクトロニクスでは、外部からのスカウトと中途採用の比率が、それぞれ60％～70％と、高くなっている。

また、社員の**解雇**に関しては、ほとんどの企業できわめて難しいとしており、LGカルテックス、CJ、サムスン・エレクトロニクス、サムスン・コーポレーションの4社では、ほとんどの社員に雇用が保障されて

いるという。ヒュンダイ・オイルバンクとLG・SDI以外では、会社の業績が悪化したとしても、社員の**整理解雇**は最後の手段である、としている。

そして、ほとんどの企業が、解雇する場合には年齢の高い社員から行う、としている。会社の業績が悪いときは、社員のリストラよりも新卒採用を控える方法を取るかどうか、という設問に関しては、LG・カルテックスのみ、新卒採用を控えると回答しており、その他の企業の大半はどちらともいえない、としている。

女性社員の比率が、全社員に占める割合はLGカルテックス、ヒュンダイ・モーター、ヒュンダイ・オイルバンクの3社でそれぞれ、6％、4％、7％ときわめて低く、したがって管理職における女性の比率も、1％以下と大変低くなっている。サムスン・コーポレーションとLG・SDIでは、全社員に占める女性の割合が30％と高く、管理職の女性の割合もそれぞれ10％と20％であり、高くなっている。

しかし、いずれの企業にも役員クラスに女性はいない。例外は、サムスン・エレクトロニクス（0.5％）である。外国人社員は、サムスン・エレクトロニクスとサムスン・コーポレーション以外には、ほとんどいない。

退職年齢であるが、定年はヒュンダイ・オイルバンクでは60歳だが、それ以外の企業では55歳か58歳である。しかし、実際に退職する年齢は、サムスン・コーポレーションでは40歳、またそれ以外の企業は45歳前後と、かなり低くなっている。

「今後、女性を積極的に昇進させたり、役員レベルで女性に比率を高めたりする計画があるか」という設問に関しては、前者は半数の企業が、また後者はほとんどの企業がそのような計画がある、と回答している。CJとLG・SDIの2社はともに2006年までに目標を達成しようとする具体的な数字をあげている。

第8章　韓国企業のダイバーシティ・マネジメント　193

CJでは，女性管理職の比率を20％，役員レベルの比率を10％，LG・SDIでは，それぞれ30％という高い目標を設定している。ちなみに，現時点でのこれら2社における全社員に占める女性の割合は，20％と30％である。そこで，管理職に占める女性の割合を全社員に占める女性の割合と同じレベルまで上げようとしていることがわかる。これは，前段の外資系コンサルタント企業が目指している目標と重なっている。

6　おわりに

　この章では，ニューアジアにおける人材活用を，韓国におけるダイバーシティ・マネジメントを中心に，筆者が行った最新の調査をもとに，明らかにしたものである。多様な人材を活用する重要性は，最近になって韓国でも認識されており，多くの企業で女性の活用が，また一部の企業で外国人の活用が始まっているが，その歩みはまだ緒についたばかりである。

　しかし，この調査でも明らかなように，韓国の大企業のなかには，具体的に女性の管理職や役員レベルの比率の目標値を設定している企業もある。また，積極的に外国人を人事戦略の中枢に据えて，異なる「知」を注入しようとしているところもでてきている。1997年以降の劇的な社会の変化により，とくに大手企業においては退職年齢が大幅に下がっているが，そのことが逆に多様な人材の活用につながり，社会の活力に結びつくということもいえるであろう。その反面，競争社会から振り落とされた人びとが急増し，社会的な問題にもなっている。

　そこで，今一度立ち止まり，伝統的な価値観の良さを再考し，バランスの取れた経営と社会のあり方を考える必要があるのではないだろうか。日本と韓国は地理的に近いだけでなく，人事管理においても人材活用の風土においても，共通点が多い。日本企業も一時，アングロサクソン型

の経営にふりこが大きく振れたことがあった。もっとも，韓国が経験したIMF危機のような国の存亡にかかわる状態ではなかったため，その変化は韓国ほど劇的でなかった。そこで，日韓双方の企業はいたずらに競争に走るのではなく，互いの認識を深めて日韓共通の課題を見いだし，協働して「**東アジア発のグローバル経営**」を追求し，世界に発信していくことが求められており，そこに大きな意義があると信じるものである。

《参考文献》

有村貞則「在米企業とダイバーシティ・マネジメント〔I〕」『山口経済学雑誌』第49号，第5号，2001年

有村貞則「アメリカン・ビジネスとダイバーシティ」『山口経済学雑誌』第47号，第1号，1999年

ジャパン・ウィメンズ・カウンシル編集委員会編「日本IBM ウィメンズ・カウンシル報告書（1998—2000年）」2000年

日経連ダイバーシティ・ワーク・ルール研究会編「原点回帰—ダイバーシティ・マネジメントの方向性」日本経営者団体連盟，2002年

『日本経済新聞』2004年9月27日付夕刊

馬越恵美子『心根〔マインドウェア〕の経営学』新評論，2000年

Cox, T.H. and Blake, S., "Managing Cultural Diversity: Implications for Organizational Competitiveness," *Academy of Management Executive,* Vol.5, No.3. 1991.

Profiles in Diversity Journal, January/February, 2002.

Profiles in Diversity Journal, March/ April, 2002.

Samsung Electronics, *Annual Report,* 2002.

SK Corporation, *Annual Report,* 2002.

Thomas, R.R. Jr., "Managing Diversity: A Conceptual Framework," in Jackson, S.E. & Associates (ed.), *Diversity in the Workplace: Human Resources Initiatives,* The Guilford Press, 1992.

《注》

1） 有村貞則「在米企業とダイバーシティ・マネジメント〔I〕」『山口

経済学雑誌』第49号，第5号，2001年．pp.67-68
2) 有村貞則「アメリカン・ビジネスとダイバーシティ」『山口経済学雑誌』第47号，第1号，1999年，p.261
3) 以下の部分は，有村（1999）pp.269-274を参考にしている。
4) Cox, T.H. and Blake, S. "Managing Cultural Diversity : Implications for Organizational Competitiveness," *Academy of Management Executive,* Vol.5, No.3, 1991, p.47.
5) Thomas, R.R. Jr., "Managing Diversity: A Conceptual Framework," in Jackson, S.E. & Associates (ed.), *Diversity in the Workplace: Human Resources Initiatives,* the Guilford Press, 1992, p.317.
6) *Profiles in Diversity Journal,* January/February, 2002, pp.8-10.
7) *Profiles in Diversity Journal,* March/April, 2002, p.46.
8) このインタビュー調査は2004年3月に韓国のソウルで筆者が行ったものである。
9) SK Corporation, *Annual Report,* 2002, pp.1-2.
10) この部分は，2004年3月に筆者が行ったリー氏に対するインタビューを基にしている。
11) 結婚情報会社オーエムエムジーが行った24歳から33歳までの日韓両国の独身男女約1,000人を対象とした調査によると，「結婚しない人が増える」と答えたのは，日本が65.0％で韓国が73.8％であり，「子供を作らない夫婦が増える」と考える人は，日本で61.6％，韓国で45.8％となっている。少子化の要因として両国とも第1にあげるのが「教育費用などの経済的負担」である。「子供には自分よりいい学校に行かせたい」と考える若者は，日本では33.3％にすぎないのに対して，韓国では73.8％と，倍以上になっている。韓国では学歴偏重の度合いが日本よりも強いということが示唆される。（『日本経済新聞』2004年9月27日付夕刊）
12) Samsung Electronics, *Annual Report,* 2002, p.11.
13) 日本企業からも引き合いがあったが，日本語ができないとダメだということで，諦めざるを得なかった，と同氏は言う。
14) この部分は2004年3月に筆者が行ったミラー氏と同社の人事部のマネジャーであるキム氏に対するインタビューを基にしている。

15) MBAを持っている同社の東南アジア出身の若い女性が，お客様にお茶を出すようにいわれて，憤慨した例がある。
16) 本調査は，日本労務学会と韓国人事管理学会の共同プロジェクトの一環として2004年に行ったものである。ここに記して関係者に感謝したい。

《レビュー・アンド・トライ・クエッションズ》

① ダイバーシティ・マネジメントとは，どのようなマネジメント・アプローチを指すのか？
② ダイバーシティ・マネジメントでは多様性をどのように定義しているか。
③ 韓国と日本においてなぜ女性の活用が遅れているのか，その原因を考えてみよう。また今後どのような対策を講じたらよいだろうか？
④ 「東アジア発のグローバル経営」について，考えてみよう。

第9章

アジア企業のグローバル化―国際的ネットワークの構築

本章のねらい

アジアNIEs，ASEAN，中国といったアジア諸国が，近年，直接投資の受け入れ国ではなく，直接投資の送り出し国として台頭してきている。これからアジア諸国の直接投資はアジア域内での相互間の投資活動が多いという特徴がある。本章を学習すると以下のことが理解できるようになる。

① 伝統的な国際経営論からみたアジア企業のグローバル化

② 経営資源の比較優位性を重視した国際経営学の主張

③ アジア企業の直接投資の特徴と競争優位の観点からの分析

1 伝統的な国際経営論よりみた「アジア企業のグローバル化」

国際的資源移転論―比較優位性による進出

いわゆる経済学の**完全競争**を前提とするとき,世界各地に遍在する経営諸資源は,多国籍企業の活動を介して円滑に移転することができる。もし先進諸国において経営資源のうち資本,技術および企業家的な能力がすぐれており,一方,発展途上国では天然資源と労働力が優位であるとすれば,両国の間に資源の交流が起こり,資源の遍在による需給関係の不均衡は是正される。

先進国から進んだ技術,資本,経営能力が発展途上国に投入され,そこにある豊富な天然資源と低廉な労働力が活用されて,付加価値の高い工業製品が生産され,先進国に輸出される。すなわち,**経営資源の優位性**から生じた国際移動として経営の国際化を把握する。一方,発展途上国から先進諸国への経営資源の移転は,天然資源と労働力が考えられる。しかし,現実には,労働力の国際的移転は,むずかしい。

こうした資源の自由な移動を妨げる要因が,存在している。**フェアウェザー**[1])によれば,この要因として,受入国側の政治,経済,社会,文化の環境的な摩擦要因があげられ,これらに対する企業側の経営戦略が重要とされる。そして,多国籍企業のとる戦略には,環境的制約要因に適応・順応しながら国際的な資源移動の戦略を講ずるという受動的な対応と,現地国の制約条件を多国籍企業にとって有利になるように変革していくという能動的な対応のいずれかがある。

アジア企業の国際化の論理をこの経営資源の比較優位による**国際的資源移転論**である程度,説明できる。アジアの諸国のなかでも,経済発展の水準がかなり違っており,たとえば,台湾,シンガポールといったア

ジアの先進諸国では，1人当たりのGNPが1万ドルを超えている。これに対して，ベトナム，インドネシアなどは，1,000ドル以下の水準である。このような格差により，人件費を中心とした企業経営コストに格差が存在する。

一方，シンガポール，台湾，韓国の資本，技術，および企業家能力は，ベトナムやインドネシアといった諸国に比較して優位にある。

以上から，アジアの発展途上国は労働力に比較優位性が存在し，これに対してアジアの先進諸国は資本，技術，企業家能力に比較優位性が認められる。そこで，アジア諸国の企業内での経営資源の国際移転，企業の国際化が促進されることになる。

ただし，この比較優位による資源移転論は，企業経営の国際化の動機・目的，および経営戦略上からの理論化には不十分である。また，アジア企業から先進諸国への直接投資の論理を説明できない。のちにこれらの点を克服する試みを行うことにする。

プロダクト・ライフサイクル・モデル

企業国際化の論理として経営学の分野で影響力を及ぼしてきた理論に，第1章でも述べたバーノンによる**プロダクト・ライフサイクル・モデル**（PLC）がある[2]。これは1965年から行われた，バーノンを中心としたハーバード大学多国籍企業プロジェクトの成果として生まれたものである。彼は，製品のライフサイクルの概念を基本的ツールとして，そのサイクルがアメリカ，その他の先進国，発展途上国で相違していることに着目して理論を構築した。

まず，新製品の開発と市場への導入は，アメリカが他国に先駆けて行うと仮定されている。その理由は，アメリカの技術水準は世界一であり，巨額な開発費と製造費を拠出できる能力があるため，新製品を開発する可能性が高いことにある。そのうえ，新製品は，通常，高価格であるた

め，市場需要は，高所得国であるアメリカにおいて最初に生まれると考えられている。

新製品はアメリカで開発され，市場化される。アメリカの企業は，この最初の**導入期**には事実上，独占的な創業者利益を得ることができる。この時期には，消費の伸びよりも生産の増加分のほうが大きく，その差の余剰生産部分は，高価格製品を購入することのできる消費者が存在する他の先進国に輸出される。

アメリカでも，**技術の標準化**が徐々に進み，市場の拡大につれ，新規参入企業が出現し，製品ライフサイクルの第2段階である**成熟期**を迎えることになる。成熟期では，大量生産や競争の激化により，製品価格は低下し，需要は拡大する。とくに価格弾力性の大きい製品の場合，価格の低下にともなって市場需要の増加が著しくなる。国内市場のみならず，海外市場でも，価格低下により輸出が急激に拡大する。そして，比較的豊かな消費者をもつ他の先進国への輸出が増えることになる。

他の先進諸国でも，製品技術が標準化されるにつれて，**技術移転**がなされ，製品の生産が開始される。この時期では，国内需要に対して国内生産がまだ追いつかず，その需要ギャップはアメリカからの輸入により賄われる。そして，国内市場は，需要の増大につれて，徐々に拡大する。労働コストの安いこれらの国々の企業は，アメリカより安いコストで生産できるようになり，アメリカ企業にとって重大な脅威となる。また，国産化促進のため，輸入製品に対して**関税障壁**を設けることも多い。

このような状況に対処するため，アメリカ企業は，輸出市場の確保のため，他の先進諸国で**現地生産**を開始することになる。さらに，**製品の標準化**が進むと，競争優位の要因が，価格となり，賃金コストの安いこれらの先進諸国で生産することがますます有利になる。

すなわち，基本技術の標準化が，いっそう進むと，革新的な製品差別化の余地が，徐々に限定されてくる。企業は，経営戦略として製品の差

別化を行おうとするが，ほぼ同じような標準化技術で生産されるために，製品の品質・機能に本質的な格差はみられなくなる。その場合，製品の**価格競争力**の強さが，企業間の市場競争を決定するのに，より重要な要因になる。

　他の先進諸国では国内需要が満たされ，さらにコスト優位からアメリカの子会社を含む先進諸国企業は，アメリカ市場に対しても製品を輸出するようになる。このため，アメリカでは，輸入が増大し，これに対して他の先進国では輸出が増大する。

　発展途上国でも，徐々にではあるが，消費が増え，アメリカや先進国からの輸入により，需要が賄われる。発展途上国のなかで，製品を国際化する国が出現する。これらの発展途上国でも，先進諸国が経験したサイクルと同様なことが起こり，最終的にはコスト優位から輸出が拡大するようになる。その後，製品を国際化する他の発展途上国が出現する。このようなプロセスがさらに続くと考えられる。以上のように，製品のライフサイクルと工業化の発展段階が，国により異なる。

　以上が，バーノンのPLCモデルである。新製品の開発をアメリカと仮定している，などの批判があるが，彼の理論は企業国際化に対する経営学理論として，依然として大きな影響を与えている。

　現在のアジア企業のグローバル化の論理をバーノン・モデルによって考えてみよう。アジアで，まず工業化に成功したのは，日本である。日本は，まずアメリカやヨーロッパ諸国を中心とする先進諸国からPLCが導入期の製品を，輸入する段階から始まっている。製品が成長期に入り技術が標準化されるにつれて，**輸入代替**が進展し，国内生産志向型に転じている。

　さらに製品が成長期，成熟期になり，国内生産の拡大にともなう競争力の強化によって輸出化の動きが高まり，**輸出志向型**の産業に発展する。続いて，**製品の成熟期**になると，競争優位の要因が価格となり，輸出か

ら賃金コストの安いアジア諸国への直接投資への転換が進められることになり，海外生産とその比率が上昇する。

　日本に続いて，アジアではNIEs諸国などにおける工業化が進展する。NIEs諸国は，製品のライフサイクルと産業の発展プロセスが，日本よりやや遅れて同じように進展していく。その後，アジアではNIEs諸国のあとに，ASEAN諸国が続き，同様のライフサイクルと発展プロセスが進展していく。

　現在では，中国，ベトナム，インドなどのニュー・フロンティア諸国への日本，NIEs諸国，ASEAN諸国からの直接投資が注目されている状況である。このような製品のライフサイクルと国の工業化の発展段階が時間に相違していることに着目した経済発展の考え方を，**雁行発展モデル**と呼ぶことがある。

　このPLCによる国際化の理論的妥当性に関しては，多くの問題点を指摘できる。

　第1の問題点は，本質的に**製品のライフサイクル**という概念は，あいまいなものである。たとえば，自動車という製品をどう考えるべきであろうか。メーカーの生産する車種のレベルでライフサイクルを考えれば，メーカーは頻繁に新型車を開発・販売しているので，サイクルは数年間という短い期間となる。

　だが，産業というレベルで製品のライフサイクルを考えると，自動車のライフサイクルは，かなり長いことになる。たぶん，先進諸国の自動車産業は，成熟産業であろう。自動車産業のような場合，その代替製品が出現するのには，かなりの時間がかかると予想され，他方でその需要は根強いことから，自動車産業は，**成熟産業**としてかなりの期間，持続するであろうと考えられる。このように，どのレベルでのライフサイクルを考えるべきなのか，あいまいな点がある。

　第2の問題点は，PLC理論では，製品の成熟期になると，競争優位

の要因が価格になり，製品輸出から，賃金コストの安い他の諸国への直接投資による産業移転が進められ，海外生産比率が上昇すると仮定されていることである。しかし，これはすべての場合に，当てはまるのであろうか。

　この理論が当てはまるための条件をつけるとすれば，生産コストに占める人件費の割合が高い，いわゆる**労働集約的な製品**の場合，技術や生産面で改善・改良による生産性の向上が望めない場合，などが考えられる。逆に，**資本集約的**で，生産性を向上させる余地のある製品については，成熟製品であっても，国内での生産を維持し，海外生産移転を望まないということも考えられよう。

　第3の問題点は，**技術の標準化**という概念のあいまいさである。実際には，技術の標準化された製品であっても，製品はすべて同じというではなく，企業は製品に対してなんらかの**差別化**を行っているし，差別化は可能であろう。

　たとえば，自動車は技術が標準化された製品であるといえるのであろうか。たぶん，自動車の基本的技術は，ほとんど標準化されているが，それでもなんらかの技術の差別化はできる。それは，生産・技術レベルでの改善によるもの，先端技術を取り入れたもの，デザイン，ブランドなどによるものかもしれない。PLC理論では，製品技術が標準化された成熟期になると，競争優位の要因が価格となると仮定しているが，成熟期の製品であっても，価格競争以外の差別化の競争戦略も存在するはずである。

　第4の問題点は，PLC理論では先進諸国から発展途上国への直接投資の論理については説明できる。しかし，発展途上国から先進諸国への直接投資や，同じ経済発展レベルの国どうしの企業の直接投資の論理については，説明できない点である。その意味で，PLC理論は，先進国の論理で国際化をとらえているといえる。

内部化の理論

　ここでいう**内部化**とは，企業内に市場を作りだすプロセスをいう。この企業の内部市場は，欠陥のある正規（または外部）市場に代替し，資源配分と流通上の問題は企業内の管理命令を用いて解決する。企業の内部価格（あるいはトランスファー価格）は，企業の組織活動を円滑化するだけでなく，内部市場が，正規市場と同じように効率的に機能できるようにする。

　欠陥のある市場が，（たとえば中間生産物の価格設定におけるごとく）存在するとき，あるいは正規市場における取引コストが不当に高い場合，それらを内部化する理由が発生する。経済には，そうした**市場の不完全性**があるため，企業が内部市場を創出したいという強い動機はつねに存在する。

　世界的な規模でみても，貿易には無数の障壁や，他の不完全市場が存在するので，多国籍企業が出現する理由は，さらにある。多国籍企業は，国際的な市場の不完全性を（国内の場合と同じように）内部化し，これによりグローバルな社会的厚生の増大を図る。

　多国籍企業の内部市場という考えは，**ウィリアムソン**（Williamson, O.E.）によって主張され，国内的状況を対象として開発された企業理論を国際的に拡張したものである。ウィリアムソンによると，企業の内部市場は情報の不完全性という条件に対応し，階層性（hierarchical），集権的な**垂直統合**（vertical integration），**内部市場の組織**に関連する研究の進展にともない，企業は集権的意思決定をすることが明らかとなってきた。

　内部化されたなかでの資源配分のプロセスもまた集権的なかたちで遂行される。このようにウィリアムソンは企業が内部的意思決定をした結果生じる複雑性（complexities）に光を当てている。したがって，内部

化の理論とは意思決定の集権化（多国籍企業の研究開発機能への応用を含む）に関する理論でもある。

内部化理論は，先進諸国の大規模な多国籍企業の国際化の論理としてはよく説明できるが，比較的規模が小さく，海外子会社に対する統制が弱いアジアの多国籍企業を説明する理論として説得力が弱い。

2 経営資源の比較優位性を重視した国際経営論の主張

競争優位の創出と維持という考え方

アジア企業の国際的事業展開と，欧米や日本のような先進諸国企業のそれとの間には，いくつかの共通点があるが，相違点も少なからず存在する。とくに，アジア企業の海外直接投資の目的・動機やそのプロセスには，欧米や日本の多国籍企業とは相違した要素が含まれている。

ここで重要になるのが**経営資源の比較優位**であるが，これを国際経営学の視点で考える場合に重要な点は，経営資源の比較優位を，国レベルでなく，個々の企業レベルで捉えるということである。すなわち，それは国際的な企業競争における比較優位性を考えることである。換言すれば，本国の経営者が，現地企業以上のなんらかの**比較優位性**—経営戦略論では**競争優位性**と呼んでいる—を認識していることである[3]。

それでは，競争優位性の観点からみると，企業の**経営資源**とはどのようなものなのであろうか。人的資源，技術，資本などは，古くからいわれてきた経営資源である。しかし経営学の立場では，経営資源をかなり幅広くとらえている。たとえば，企業家能力，生産や販売における有形，無形のノウハウ，ブランド，経営管理能力，情報収集力，経営・組織文化といったものも，経営資源と考えている。このようなソフト的な経営資源が，むしろ企業の競争優位において重要である。

日本の企業の国際競争力の強さは，生産プロセスのたえざるささやかな改善と工夫による，いわゆる**インクリメンタル・イノベーション**によるところが大きい。QCサークルなどによる改善活動，徹底した不良品の排除，在庫管理の改善といった現場での生産ノウハウが日本企業の競争優位性のひとつの源泉であった。しかも，**ソフト面としての経営資源**（これを「**見えざる資産**」とも呼ぶ）は，金を出して，他から買うことができず，また作るのに時間がかかるものが多いということである。したがって，この経営資源は，長期間をかけて企業独自で作るしかないタイプの経営資源なのである。

　以上から，国際経営学における比較優位性という考え方は，ソフト面としての経営資源を含めた企業レベルでの経営資源が，ライバル企業と比較してすぐれていると経営者が認識することである。すなわち，現地企業の経営資源と比較して競争優位であると経営者が認識することにより，企業は海外に直接投資を行うのである。海外の進出企業が，現地で操業し，ライバルの現地企業との競争に勝つためには，現地の低賃金の労働力を活用するとしても，なんらかの競争優位を有する経営資源を持つ必要がある。

　さらに，戦略的視点に立つと，進出国の低廉な労働力を活用し，企業の競争優位を維持，発展させるための企業戦略として，直接投資を行うと考えることもできる。企業が外国に直接投資することで，本国での経営資源の優位性を強化することができる。また本国での経営資源の劣位を相殺するために，外国で事業活動行うことで，立地に基づいた優位（たとえば発展途上国では低賃金の労働力，天然資源などの経営資源，先進国では技術や資本）を獲得することもできる。

説明力のある理論

　この**比較優位による国際的資源移転論**は，アジアの企業のグローバル

化を説明する理論として，ある程度の説得力を持つ。シンガポール，韓国や台湾といったNIEs諸国企業が，ベトナムに，現地市場の販売を目的として直接投資を行うのは，ベトナムの他のライバル企業と比較して，競争優位性を持つと認識しているからである。また，NIEsや中国企業が先進諸国へ直接投資するのも，なんらかの競争優位性が存在するからであろう。

そのNIEs企業の競争優位性は，技術・生産，資金，経営管理能力であるかもしれないし，見えざる資産としてのソフト面での経営資源であるかもしれない。いずれにしても，外国企業にハンディキャップのある海外で事業を行うためには，なんらかの競争優位が必要である。

ただし，アジア企業が進出国の輸出加工区などで，もっぱら輸出のみを目的とした海外進出を行う場合には，直接現地企業と競争するわけではないので，現地企業に比較して優位な経営資源を持たなくても進出は可能となる。この場合のアジアの企業は，第三国や本国での輸出市場で，他のライバル企業と競争することになる。輸出市場で成功するためには，輸出国のライバル企業に対してなんらかの競争優位性が必要であろう。

この競争優位による資源移転論を考えると，きわめて興味深い国際戦略上の命題が生じる。すなわち，企業が海外直接投資に成功するためには，進出国や輸出国企業以上の競争優位性を持たなければならないということである。本国企業に競争優位性がなければ，進出国で成功しない確率が高くなるのである。

日本企業の海外進出のケースで，これを考えてみよう。日本企業のアジア進出にともない，**生産の空洞化**による日本企業の国際競争力の低下が懸念されている。しかしこの競争優位性理論によれば，もし日本企業がなんらかの企業経営上の競争優位性を維持できるような海外進出である場合，日本企業はグローバルなレベルでの国際競争力を低下させずに，むしろ強化できるであろうと考えられる。日本企業のアジア進出で一番

懸念されるのは，日本企業の競争優位性を維持できないかたちでのアジア進出である。

日本の生産，技術という競争優位を生みだす可能性の高い経営資源をすべて海外に移管する戦略が，もっとも危険である。日本企業が生産をアジアに移転させるとしても，日本に競争優位を生みだす生産や開発の部門をなんらかのかたちで残しておくべきである。具体的には，日本企業は，先端技術分野や付加価値の高い製品の生産部門，生産に関する開発や改善のための部門，研究開発部門は日本に残して，これらの経営資源の国際的な競争優位性をますます高めるべきである。

この考え方はアジア企業の海外進出でも同様である。アジア企業も進出国や輸出国以上になんらかの経営資源の優位性を維持していくべきである。この優位性を維持できなければ，その進出国から撤退せざるをえないであろう。

アジア企業の海外進出をみると，このようなケースがみられる。経営資源の競争優位性の低い企業は，より賃金の低い国に渡り鳥のように，生産を移転し続けなければならないということになる。ある企業は，当所はNIEs諸国へ進出するが，競争優位を維持できずに撤退し，つぎにより賃金の低いASEAN諸国へ進出する。時間が経つと，そこでまた競争優位を維持できずに撤退し，他のフロンティア諸国へ進出するといったケースはその典型であろう。

以下では，アジア企業の直接投資の特徴を，アジア企業の競争優位の創出と維持という視点から考えてみよう。

3 グローバル化するアジア企業の競争優位の検討

ニッチ戦略による海外進出

ニッチ（隙間）戦略とは，他企業との競合を避けて，競争の少ない分野を選ぶことである。これは，一種の差別化戦略となっている。地域的に競合の少ない国へアジアの企業が進出する戦略は，一種のニッチ戦略であろう。

経営戦略論におけるニッチ戦略とは，隙間市場へ，たとえば特定の買い手グループとか，製品・サービスの種類とか，特定の地域市場とかへ企業の資源を集中する戦略をいう。ターゲットを広くした競争企業よりも，狭いターゲットに絞るほうがより効果的で，より効率のよい戦いができるという前提から，この戦略がでてくる。特定のターゲットのニーズを十分に満たすことで，差別化や低コストが達成できたり，あるいはこれらの両方とも達成できたりする。

それでは，どうしてアジア企業は，このようなニッチ戦略を採るのであろうか。その理由は，アジア企業は，日本や他の先進諸国企業と同一の地域でまともに競争していても，まだ勝ち目がないと認識しているからであろう。日本や他の先進諸国が進出していない地域の市場では，競争優位性を維持できるのである。

アジア企業の競争優位は，一般的に差別化によるものではなく，低コストによるものが多い。**低コストによる競争優位**とは，競争企業よりも安く同種類の製品を製造し，販売できる能力のことである。一方，差別化とは，製品の本質，特別な特徴，技術，デザイン，または販売後のサービスというかたで，特異に優れた価値を顧客に提供できる能力である。

アジア企業は現段階では差別化戦略をとりにくく，低コストによる**コ**

スト優位戦略と，競争の少ない国への進出戦略をとるのである。とくに労働集約的製品の場合，コスト優位を維持するためには労働コストの削減が重要である。そのため，アジアの企業はより安い労働力コストを求めてアジアの他の地域に生産拠点を移そうとする。その結果として，現状ではリスクが高いが，人件費の安い，先進国企業のあまり進出していないニッチ地域に進出し，現地生産することになる。

輸入代替による海外進出

① 進出国の現地市場での販売やサービスを目的とした海外進出

アジア企業が生産する製品は，一般的にライフサイクルが成熟期で，技術的にも標準化された製品が多い。それらの製品は，労働集約的であり，技術がそれほど高度ではないものが多い。企業の競争優位の源泉において差別化の部分は，少なく，どちらかというと低価格に基づくコスト優位が一般的である。一方，先進諸国の多国籍企業は，コスト優位のみならず，なんらかの差別化を行っている。そして，**技術集約的な製品**を持つ企業も多い。以上から，アジア企業は先進国の多国籍企業との競争では不利な立場にある。

また，アジア企業は，本国でコストが上昇した場合，コスト優位を喪失し，輸出競争力が低下する。さらに，現地資本企業との競争もある。この現地資本企業は，現地の低コストの資源を活用した立地優位から，競争優位を持つかもしれない。しかも，現地の政府は，国内産業を保護するために関税を高くするかもしれない。

このようなアジア企業の輸出環境条件，競争条件の悪化が，輸入代替としての現地市場型投資を促進させたのである。すなわち，進出国の現地市場で，コスト優位というアジア企業の競争優位を維持し続けるための戦略として，現地生産を選択している。

その際，アジア企業は，先進国企業の子会社と競合しない製品分野や

地域に進出するというニッチ戦略をとることも当然考えられる。これに関連して，アジア企業の直接投資で重要なのは，現地市場のサービスの提供を目的とした**第3次産業への投資**である。ホテル，小売り，観光，情報，不動産開発，といった投資が拡大している。

また，本国の企業進出を支援・援助するための進出として，銀行，証券，保険等の金融関連会社の進出も拡大している。さらに，政府間の協議により合意した進出として航空，船舶，通信，輸送関連の企業の投資も，拡大している。アジア企業の場合，一般的に技術・生産関連における競争優位は弱く，マーケティングや資金関連における競争優位が大きい傾向にある。そこで，第3次産業の投資は，その意味で適合的であろう。

② 先進諸国への海外進出

最近は，台湾，韓国といったアジアでの先進諸国の企業において，現地市場への販売を目的とした**貿易摩擦回避型**の対米・対欧投資が増えつつあり，投資の規模も大きくなっている。

アジア企業が，先進諸国で現地生産し，現地の市場に販売するためには，アジア市場以上になんらかの経営資源の比較優位性が必要である。その意味でアジアの先進諸国である韓国，台湾は，標準化製品の生産・技術に関して先進国に立地する企業に比較しても優位性を持つようになったのであろう。

コスト優位の維持による輸出志向の海外進出

この型の主要な動機は，進出国での**低コストの人的資源**の利用によって，輸出競争力を高め，企業の優位性を獲得しようとする古典的な海外投資戦略である。本国でコストが上昇すると，現在の輸出市場の需要を満たすために，企業は，コストのより安い輸出生産拠点を求めることになる。

ベトナムの外資導入

ベトナムは，ドイモイ政策が決定した以降の1987年12月，新たな外国投資法が制定され，1988年1月に実施された。そして，1988年9月に外国投資法に関する施行細則が発表された。この新たなベトナムの外国投資法，および施行細則の内容は，他のアジア諸国の外資関連法規に比較しても遜色ない内容となっている。

ベトナム政府は，外資を積極的に導入する政策として，**輸出加工区**（EPZ：Export-Processing Zone）を設置した。現在，ホーチミン，北部のハイフォンやハノイ等で輸出加工区が認可されており，その他の省でも輸出加工区設立の計画がある。ホーチミン市での輸出加工区の現状のケースについてみてみよう。ホーチミンには，2つの大きな輸出加工区がある。第1は，「サイゴン・タントゥァン輸出加工区」である。これは，ホーチミンで最初の輸出加工区であり，台湾とベトナムの共同出資形態である。現在，多くの日系企業が進出している。著者の聞き取り調査によると，日系企業の経営は，全般的に良い実績を上げているようである。第2は，「サイゴン・リンチュン輸出加工区」である。この加工区は，中国とベトナムの共同出資形態である。現状では，日系企業の進出はまだ少なく，アジアの企業が中心に進出している。

1994年に入ってからの大きな変化は，とくに**工業団地**の強調である。つまり，輸出加工区は輸出向けの外資導入を基本とするが，工場団地では，輸出指向とともに輸入代替も強調する。ホーチミン市での工場団地の現状についてみてみよう。ホーチミンには，現在多くの工業団地があるが，ビエンホア工業団地とアマタ工業団地のケースについてみてみよう。ビエンホア工業団地は，ホーチミンで最大の工場団地であり，ベトナム国営企業による開発である。ビエンホア工業団地には，富士通，三洋電機，マブチ等の多数の日系企業が進出している。アマタ工場団地は，ビエンホア工業団地に隣接した，新しい工業団地であるが，伊藤忠が一部出資のタイ企業とベトナム国営企業

> との合弁企業が開発した。日系企業では，花王等が進出しているが，日本企業はまだ少ない。

　アジア企業は，一般的に標準化された技術分野における労働集約的産業が多い。そこで，人件費，輸送費，通信費，部品・原材料，資金調達，関税，税金といったコスト優位を維持するために，コストのより安い他のアジア諸国に直接投資を行い，企業進出する。

　低コストを求めて輸出生産拠点を海外に移転させるアジア企業は，相対的に労働集約的産業であり，かつスキルの移転が容易である衣服，履物，家電，電子などの消費財を生産する企業が多い。アジアNIEs企業が，中国，ベトナム，ミャンマー，インドネシアといった労働コストのより安い国に労働集約的な輸出産業を移転させるのは，この事例であろう。

垂直的統合戦略による海外進出

　企業活動には，原料や部品を調達して加工，組立，流通経路を経て，販売するという一連のプロセスがある。この生産から販売にいたる段階を，自社に取り込むこと，つまり内部化することを垂直的統合という。企業は**垂直的統合**によって，競争優位を獲得し，維持しようとする。垂直的統合のプロセスのなかで，原材料生産の方向を**川上**，最終消費の方向を**川下**という。

　企業は，なぜ競争優位のために，垂直的統合を行うのであろうか。経営学の視点からは以下のような理由が考えられる。

　第1は，**統合の経済性**である。購入，販売，管理などの共同化による経済性，コスト削減が達成される場合に，垂直的統合戦略が選択される。各部門が一本化されることにより，生産の効率性を達成できるであろう。また，計画，調整に関するコストを低くする，という内部の管理や調整

の経済性が存在する。さらに、市場を直接相手にしないことや、安定した取引関係による経済性もある。すなわち、企業は、市場取引での販売、交渉、取引に関するコストの一部を節約することができ、市場取引での不確実性を回避することができる。

第2は、垂直的統合により**適切な情報**を得ることができる。重要な技術情報が社外に流れないというメリットもある。たとえば、海外での販売部門で、これを行えば、現地の企業の販売を任せるより、正確で有益な情報を得ることができる。

ウィリアムソンは、この情報伝達の効率性を重視した。彼によれば、企業間の直接取引関係において、財、サービスが分化されていくにつれて、小数者間の取引という局面が多くなる。そこでは、「限られた合理性」とか「駆け引き」や「情報の偏在」というような要因が、市場における安定的な取引を困難にし、垂直的統合による内部組織が選好されるようになるという。つまり、市場を通した企業間の取引では、中途半端で、はなはだゆがめられた情報しか入手されない可能性が高いので、内部化することによって、より正確で、適切な情報を低いコストで得ることができる。

第3は、**販路や資財供給の確保**ができる。垂直的統合により、品不足の時期でも必要な供給を確実に確保でき、また需要の低迷期にも商品の販路を確保できる。とくに天然資源の供給に不確実性が高い場合、資源開発に直接投資することは、大きなメリットとなる。

第4は、**差別化の力**を強める。垂直的統合は、経営者の思いのままになる付加価値の幅を広げて、差別化する能力を高めてくれる。

しかしながら、垂直的統合の戦略は多くの利益をもたらすが、反面その戦略コストもかなり高い。まず、一般的に**必要資金が巨額**である。外部の独立企業との取引から、新たに自社が投資して事業を内部化するのであるから、その投資額は大きい。また、投資額の巨大化による垂直的

統合の進展は，**撤退障壁**を高くする。要するに，事業の撤退が容易でないのである。

垂直的統合の戦略によるアジア企業の海外進出として，川上方向の統合戦略としての**資源開発**，川下方向の統合戦略としての**販売拠点の設置**，などがある。現状では，垂直的統合を目的とするアジア企業の投資は，天然資源開発を除いて，それほど多くない。これに対して，アメリカを中心とした先進諸国の多国籍企業の直接投資は，グローバルな視点のもとで内部化による垂直的統合を目指したものがかなりある。最近，アジア企業，なかでも韓国，台湾，中国企業を中心として，垂直的統合を目的とした投資が萌芽していることから，今後この型の投資に注目する必要があろう。

① 資源開発への投資

川上方向の統合戦略の代表的形態として，**資源開発型の直接投資**がある。天然資源を輸入する場合には，安定した価格で生産に十分な量を確保することが必要である。天然資源を外部の市場で購入すると，不確実性が高くなり，不利な取引条件を求められることも多い。

そこで，安定的な資源輸入を確保するために，天然資源の開発を内部化するのである。ただし，一般的に天然資源の開発には，巨額の資金が必要である。そのために，資源開発を単独で行うのではなく，共同資源開発プロジェクトに参加することや，海外の企業や現地政府との共同出資の型で資源開発に参加することも多い。

アジア多国籍企業のアジアへの直接投資においては，天然資源を採掘し，本国に輸入するための投資も少なくない。つまり，天然資源に恵まれない本国に不可欠な工業原料の供給を確保するために投資をするのである。

中国で最も早く多国籍企業となった，**首鋼総公司**（首鋼）の直接投資の動機のひとつが，天然資源の確保である。そして，製鉄業の主要な原

料である鉄鉱石の国内での供給不足が，その背景にある。中国国内で鉄鉱石の鉱山を新たに開発することはむずかしく，コストもきわめて高い。そこで，安価で質がよく安定的な鉄鉱石供給源を世界に求めることが首鋼にとってひとつの経営戦略となった。

② 販売拠点への投資

これに対して，川下方向の統合戦略の代表的形態として，販売拠点への直接投資がある。製品の海外輸出のために現地販売拠点を設置する。製品の輸出を第三者としての商社や外部の販売会社に委託・委任するのではなく，海外で販売部門を海外子会社として内部化するのである。

現地販売を内部化することにより，グローバルなレベルでのマーケティング戦略の統一，アフターサービスの充実，在庫管理の徹底，現地の需要動向や消費者ニーズの把握，各種の情報収集などが，より適切にできる。とくに機械や電気関連の企業の場合には，製品が技術的に高度で，専門的なものが多く，修理やサービスステーションネットワークが確立されることが製品の販売を増大させるために重要である。そこで，外部に販売を任せるのではなく，内部化してメーカー自身が，現地販売に関与していくことが必要となる。

たとえば，最近の韓国企業をみると，日本への積極的な販売拠点への投資がある。アジア企業の本格的な海外進出にともなって，このような拠点設置のための直接投資は，今後拡大していくであろう。

製品分業のための海外進出

アジア地域の特性に適合した戦略として，製品分業を行うための直接投資がある。この製品分業には，技術レベルがそれほど違わない製品を各国が分担生産するかたちと，技術レベルの異なる製品を分担生産するかたちがある。

アジア企業の製品分業をみると，前者の事例としては，シンガポール，

台湾,韓国などのアジアNIEs諸国の企業が,日本,米国,欧州といった先進諸国に進出する場合がある。後者の事例としては,シンガポール,台湾,韓国などの企業があり,それは本国では高度技術の製品,アジアの進出国では労働集約的で,技術的にそれほど高くない製品を生産する,というかたちの分業を行っている。

また,**現地市場のニーズ**にあった製品の生産・開発を目的とした**現地市場密着型**の海外進出もある。アジアでも,国や地域によって,人びとの製品に対する要求は微妙に違っているので,それを的確にとらえて製品に反映させる戦略をとることになる。すなわち,アジア地域特有のニーズに適合させて,製品化を行い,それにより,製品を差別化するのである。

現在のアジア企業において,グローバルな視点での戦略としての**製品分業**は,韓国,台湾企業の一部でみられる。今後,アジア企業の海外進出は,本格化し,その国際的競争優位が高まっていくにつれて,このような進出も増加していくであろう。

リスクの回避や分散による投資

とくにいわゆる**アジアの華僑・華人企業**は,資産,財産の保全を目的とするリスク回避のために**分散投資による海外直接投資**をする場合がある。企業活動の経営資源をひとつの国に集中させると,もしその国に政治的,経済的変化などが起きれば,大きな影響を与えるかもしれない。企業の経営資源をすべて本国1ヵ国に投下するのではなく,そうした影響を受けにくい他の国に直接投資をすることで**リスクを分散**するのである。

アジアの発展途上国は,一般的に政治的,経済的な不確実性が高いため,このような分散投資が行われる。とくに,アジアの華僑・華人企業は,居住国,地域で不安定な立場にあることから,それに対応し,**リス**

クの分散を図ろうとすることが多国籍化への動機となっている。

　1997年に返還された香港，アセアン諸国の華僑・華人企業の一部からの直接投資には，その傾向がある。また，アジアの華僑・華人企業の直接投資は，投資の回収が早い非製造業分野が比較的多い。これらは，先進諸国の多国籍企業ではあまりみられない特徴である。

コングロマリット展開による海外進出

　アジアの大企業，とくに**華僑・華人系企業・グループ**は，同一の事業・業種や技術，販売などに関連を持つ事業に，多額の投資を集中するという戦略は，もちろんみられる。しかし，本業とあまり関連を持たない複数の他業種に事業投資を行うという資本の分散（**コングロマリット的事業戦略**）を行う企業・グループもかなりある。これは，ひとつの事業よりも，多業種で拡大戦略をとろうとするものである。

　これに関連して，アジアの華僑・華人系企業の特徴として，**外国資本との戦略的提携の重視**がある。これは，華僑・華人系企業の**商業資本家的体質**に関連がある。すなわち，外資と合弁や提携を行っている華僑・華人系企業の経営者は，外資側に技術生産の援助を期待し，みずからはもっぱら人事・販売を中心に経営するか，合弁企業を単なる**ポートフォリオ投資**の対象とする場合が多い。

　以上のような背景として，アジア企業の海外進出において，先進国企業から生産，技術を依存したうえで，利益のあがる分野であれば，本業とあまり関連のない分野でも海外進出を行うという，コングロマリット的な直接投資を行うことがある。経営戦略の視点からみると，このようなアジア企業の海外進出において，先進諸国企業との**合弁，提携**といった関係が重要であろう。

経営資源（技術，ブランド）の獲得や組織学習・経験蓄積のための海外進出

　アジア企業の先進諸国への投資目的は，**先進国の技術やブランド**などの経営資源の獲得である場合が多い。たとえば，最近の韓国企業の日本への投資がそれである。これは，日本人研究者の採用などを通じて日本の先端技術を積極的に取り入れるのが，狙いのひとつである。

　また，前述した中国の首鋼総公司の海外投資の動機のひとつも，先進諸国からの技術や経営管理ノウハウの獲得である。首鋼の最初の海外直接投資は，先進技術を獲得する目的で，アメリカのメスタ・エンジニアリング会社の買収を行った。また，その直接投資による海外進出を通して，経営管理の経験を得るだけでなく，国際化経営を担う人材も育てることができた。首鋼がその後，香港で多くの投資プロジェクトを行った重要な動機は，国際市場における各種の慣行を学び，種々な会社を経営するという経験を積むことであった。

　最近，アジア企業による日本や欧米といった**先進諸国企業の企業買収**が注目されている。海外での企業買収を通じて，海外市場の獲得，研究開発能力の向上，海外拠点の獲得，生産能力の向上・生産コストの縮小などが追求されている。そして，買収の目的は，アジア企業に不足している経営資源を補うために行われる場合が多い。

　とくに，先進諸国企業の生産・技術の吸収，ブランドの獲得，各種の情報収集，資金の調達を目的とした企業買収が大半である。たとえば，韓国企業による日本企業の買収では，韓国企業は世界的に知られた日本企業のブランドを獲得することで，知名度と製品イメージの向上を図れるほか，日本企業の持つ技術やノウハウを得ている。

　このような海外進出，とくに合弁による進出を，新たな経験の蓄積による**学習・知識創造**として捉えることもできる。企業が，海外の他組織の合弁に参加することを通じて，他組織の持つ技能や能力を学習するだ

けではなく，他組織と結びついて，新たな能力を創造していくのである。こうした**組織学習**と創造こそが合弁の中心的な目的となる。

外国との合弁によって，企業はこれまでにはなかった知識を実地に経験し，蓄積することができる。こうした合弁を中心とした海外進出による組織学習を通じて，企業みずからの能力を拡大したり，修正したり，構築することができる。さらに，企業の海外進出は，組織論でいう「ゆらぎ」を誘導し，その矛盾を解決する情報創造を誘発させながら，自己革新を進める組織変革の手段と考えることもできる。

本国での成長制約を打破するための国際化

本国での市場が小さいため，国内での成長が見込めないために，国際化戦略をとる場合がある。アジアでも香港，シンガポール，台湾，マレーシアといった比較的国内人口の小さい国の企業は，海外に目を向けた国際化戦略をとりやすい。その他の本国での企業成長の制約としては，経済成長の低下，市場の飽和，大企業の存在，法的規制，政府の規制，資源の余剰といった要因が考えられよう。

これらの制約要因のうち重要であると考えられるのは，本国での大企業による独占・寡占に対する制約である。すなわち，本国では，すでに大企業により市場が支配されている状況があり，中小・中堅企業や他の企業が新たに参入したり，成長するのが困難な状況にあるために，さらなる企業成長をもとめて海外での事業活動を選択するのである。

アジアでも，このような独占・寡占の状況によって，国際化戦略をとるというケースも考えられる。たとえば，インドの一部の大企業においては，政府による独占に関する制約によって，海外投資を行ったとの指摘がある[4]。

また，台湾の中小企業が海外進出に積極的である理由について涂照彦は，以下のように説明している[5]。台湾では国内市場は国営企業（国民

党系企業グループを含む）と民間大企業（国内資本と外資系の民間企業）によってほぼ握られており，国内の中堅・中小企業は国内市場に割り込む余地が少なく，海外に向かわざるをえないという。

　台湾の内部での産業構造と国内市場メカニズムの硬直化が，中小企業を外に押し出すのである。台湾の中小企業は，輸出依存の傾向が高く，台湾の通貨が高くなると，中小企業は海外に出て行く。台湾の中堅・中小企業は，元高で輸出競争力が落ちると，工場を海外に移して海外生産により輸出をしようとする戦略をとっている。

　逆に，本国の市場において，企業成長の制約が少ないと認識している場合，企業は国際化を選択しないということも考えられる。この意味で，人口が多いため国内市場が大きく，国内市場で参入企業がなく，これから市場成長が期待される国の企業は，国際化戦略より国内戦略に重点を置くかもしれない。

資金調達を目的とした企業進出

　アジアの企業の海外進出の目的として，本国で資金調達が困難であることから，**進出国で資金調達**をしようとする企業がある。これは，アジアの発展途上国では，資本市場が未発達であるために，海外の資本市場で資金調達をしようとするのである。

　たとえば，中国の首鋼の海外進出の動機のひとつは，海外からの資金調達である。中国では資本市場の形成が遅れている。そのため，国際市場において資金調達を行うことが，首鋼をはじめとした中国の企業が海外直接投資を進めるひとつの動機となっている。

4　おわりに—アジア企業のグローバル化の促進要因

　最近，アジア地域の諸国間での政治的・経済的結びつきが緊密となっ

ミャンマーのカントリーリスク―インフラと二重為替問題

ミャンマーは，東南アジア諸国で外国からの直接投資がもっとも少ない国のひとつである。それは軍事独裁政権による国際的孤立が大きな原因である。ミャンマーの経営リスク要因として，インフラの未整備と二重為替問題がある。

ミャンマーの**インフラ（産業基盤）**は，鎖国政策によって他の東南アジア諸国と比較しても立ち遅れた状況となっており，インフラの未整備が外国投資の最大のリスク要因となっている。ミャンマーが，このようにインフラの整備が大幅に遅れている原因のひとつとして，西側先進国や国際機関から開発援助がきわめて少ない状況にあるということがある。ミャンマー軍事政権による民主勢力への抑圧を理由として，ミャンマーへの援助を停止している国や国際機関が存在するのである。ミャンマーでは，経済制裁が行われていない中国やタイなどからの借款，外国企業によるBOT方式や民間借款を用い，あとは乏しい国内の資金でインフラ建設を行うという状況となっている。最近の注目すべき動きとして，製造業分野の投資誘致に効果を発揮しているのは工業団地の造成である。日本，タイ，シンガポールなどの企業が手掛けている工業団地のプロジェクトは，ヤンゴン周辺に数ヵ所あり，三井物産のミンガラドン工業団地は1998年2月にオープンした。すでに外資企業が進出してきているが，日系企業は数社程度で，まだ必ずしも多くない状況である。こうした工業団地は電力，上下水道，運輸，通信等のインフラ整備について，特別の配慮がなされており，外資企業の進出を妨げてきたインフラ面でのリスクをある程度，緩和させている。

二重為替問題については，現地通貨のチャットが公定レートでは1米ドル6.52チャットであるのに対して，市場での実勢レートでは1米ドル700チャット程度まで下落して，公定と実勢レートで約100倍近い開きが生じている。この二重為替問題が，外国からの投資を妨げ，大きなリスク要因となっている。この問題の解決には国際通貨基金（IMF）の支援が不可欠であるが，欧

米の反対でそれが得られない状態では，解決の目処は立ちにくい。外資企業の経営において，このような二重為替の存在は，企業経営において各種の制約要因となっている。

てきている。1967年，インドネシア，マレーシア，フィリピン，シンガポール，タイの東南アジア諸国5ヵ国で地域連合として，**ASEAN（東南アジア諸国連合）**が結成された。1995年には，ASEANにベトナムが正式に加盟し，インドシナ諸国（1997年にミャンマーとラオスの加盟，1999年にカンボジアが加盟）によるASEAN10が実現している。

また，ASEAN地域の経済的統合を目的とした**AFTA（アセアン自由貿易地域）**が実現しつつある。このようなアジア諸国間の経済的な交流の拡大は，アジア企業のアジア地域内への企業進出（アジア域内投資）への促進要因となっている。これ以外にも，アジア企業の海外投資の促進要因として，以下が考えられる。

第1は，**ふるさと投資による企業進出**である。アジア諸国に存在する華僑・華人企業の中国本土への投資には，利潤動機以外の祖国に対する特別の思い，ふるさとへ貢献・恩返しの気持ちが込められているとも考えることができる。ベトナム難民のベトナム投資も，このような意識がある。最近，ベトナム政府は「越僑」に対して，希望すれば，いつでも帰国してもよいという政策をとっている。そのため，祖国へのふるさと投資による企業進出が増大している。

第2は，**人的ネットワークによる海外進出**である。アジア企業の多くを支配しているといわれる華僑・華人は，血縁・地縁のみならず，同業者や取引業者を含む広い範囲での人的ネットワークを重視している。その人的ネットワークは，本国のみならず，国際的規模で構築されている。

企業の国際化においても，この海外でのネットワークを活用した国際化の事例が多くみられる。アジアの華僑・華人企業の特徴である，この

ような人的ネットワークの強さや，物理的，心理的遠隔性の弱さが幸いして，NIEs諸国，ASEAN諸国，中国，ベトナムなどのアジア諸国へのアクセスが容易という立地特殊的優位性を享受している。すなわち，華僑・華人を中心としたアジアの企業は，他のアジアの諸国に対して地理的異質性への認識が少ない。そのため，比較的容易に海外進出に踏み切ることができるのである。

また，華僑・華人を中心としたアジアの企業は，合弁形態によるアジアの他の国への海外進出も多い。この企業の相手国の合弁パートナーは，民族的には華人系が多い。このような華僑・華人を中心とした同一民族の結びつきによる国際化展開は，日本やアメリカの多国籍企業にはあまりみられないものである（もっとも，ユダヤ財閥が，西側ではこのようなものとして存在している）。

第3は，**インフラ，工場団地，輸出加工区の建設を目的とした企業進出**である。アジアでは，1980年代の中ごろから，対外債務という成長制約要因を回避する意味での民間移管型の開発方式が一般化してきている。輸出加工区，工業団地の建設，および付随した不動産開発，電力発電所建設に典型的にみるイフラ建設が，その対象である。債務負担増を回避するための枠組みとして**BOT**（Build Operation Transfer）が採用されることが，一般化しつつある。このようなインフラ開発は，インフラが未整備なアジアの発展途上国への直接投資において，重要な促進要因となるであろう。

《注》

1) Fayerweather, J., *International Business Management*, Mcgrow-Hill, 1969（戸田忠一訳『国際経営論』ダイヤモンド社，1975年）
2) Vernon, R., "International Investment and International Trade in the Product Cycle," *Quarterly Journal of Economics,* No.2, 1966,

pp.190-207.
3) 経営戦略論の立場から競争優位の理論については，ポーター (Porter) の以下の研究が注目される。Porter, M. E. (1980), *Competitive Strategy : Techniques for Analyzing Industries and Competitors,* The Free Press, 1980.（土岐・中辻・服部訳『競争の戦略』ダイヤモンド社，1982年）。Porter, M. E., *Competitive Advantage : Creating and Sustaining Superior Performance,* The Free Press, 1980.（土岐・中辻・小野寺訳『競争優位の戦略』ダイヤモンド社，1985年）。Porter, M. E. (ed.), *Competition in Global Industries,* Harvard Business School, 1986.（土岐・中辻・小野寺訳『グローバル企業の競争戦略』ダイヤモンド社，1986年）
4) United Nations, *Transnational Corporations from Developing Countries,* United Nations, 1993.（江夏健一監修『発展途上国の多国籍企業』国際書院，1994年，p.37）
5) 涂照彦『台湾からアジアのすべてが見える』時事通信社，1995年，pp.43-50

《参考文献》

Caves,R.E., "International Corporation : The Industrial Economics of Foreign Investment," *Economica*, vol.38, 1971.
江夏健一『多国籍企業要論』文眞堂，1984年
井上隆一郎『新版アジアの財閥と企業』日本経済新聞社，1994年
大西康雄・丸川知雄編著『アジア企業の多国籍化』アジア経済研究所，1996年
Rugman, A.M., *Inside the Multinationals*, Croom Helm, 1981.（江夏健一ほか訳『多国籍企業の内部化理論』ミネルヴァ書房，1983年）
Stopford, J.M., and Wells, L.T., *Managing the Multinational Enterprise*, Basic Books, 1972.（山崎清訳『多国籍企業の組織と所有政策』ダイヤモンド社，1976年）
朱炎編著『アジア華人企業グループの実力』ダイヤモンド社，2000年

《いっそう学習（や研究）をすすめるために》

丹野勲『国際比較経営論』同文舘，1994年
　　国際比較経営理論に関して概観し，さらに現在，注目されているアジア太平洋諸国の企業経営について，企業の経営風土と企業を取り巻く環境に焦点を当てながら国際比較の視点より研究したものである。

丹野勲，原田仁文『ベトナム現地化の国際経営比較』文眞堂，2005年
　　ベトナムの人的資源管理や戦略について，経済，人口，貧困，教育，雇用構造等の人的資源のマクロ環境，日系企業，欧米系企業，ベトナム現地企業を対象とした質問紙調査とケース研究を基にして，実証的，理論的に分析した研究である。

丹野勲『アジア太平洋の国際経営――国際比較経営からのアプローチ』同文舘，2005年
　　東南アジア，中国を中心としたアジア地域，および，オーストラリアを中心とした太平洋地域の国際経営に関して，国際比較経営の視点から研究したものである。特に日系企業のアジア太平洋での国際経営・現地経営，アジア太平洋企業の経営に重点をおいている。

《レビュー・アンド・トライ・クエスチョンズ》

① 直接投資の理論とその問題点について論じなさい。
② アジア企業がグローバル化する促進要因について論じなさい。
③ アジアの華僑・華人系企業の経営行動について論じなさい。
④ 東南アジア地域の地域連合の重要性について論じなさい。
⑤ ベトナムとミャンマーの投資環境について論じなさい。

第10章

日本および東アジアのグローバル化とニューアジア経営の展望

本章のねらい

　これまでの章では，経営のグローバル化現象やその理論的フレームワーク，および東アジアにおける経営のグローバル化現象に適応するための各種の経営行動・経営戦略などを学んできたが，この章では，以下のような問題に焦点を当てて日本および東アジアのグローバル化とニューアジア経営の展望について学習し国際経営の理解を深める。

　① 日本企業のグローバル化の軌跡
　② グローバル化とニューアジア経営の展望
　③ 東アジア地域主義の台頭
　④ 日本の多国籍企業の特質
　⑤ ニューアジア経営の展望

1 日本企業のグローバル化の軌跡

　1853年ペリー提督の率いる軍艦わずか4隻によって太平の夢を破られ開国を余儀なくされた日本は明治維新の文明開化・富国強兵策を通じて「西欧に追いつけ・追い越せ」を合言葉に驚異的な成長を遂げ，1894年に日清戦争，1904年に日露戦争の勝利をテコに国際社会にデビューし列強諸国の仲間入りをした。しかし，日・独・伊三国同盟を結び戦った第2次世界大戦で大敗し壊滅的な打撃をこうむった。連合軍は6大都市のみならず120の地方都市をリスト・アップして66の都市を絨毯爆撃で壊滅状態にしたばかりか広島と長崎に人類初の原爆投下を行った。しかし，まさに焦土と化した日本がわずか10数年で復興を達成し，高度成長を遂げるまでに成長したことを世界中が驚異の目で捉えて「**日本の奇跡**」と呼んだ。ところが，多くの資源を外国に依存しながら技術の高度化をテコに貿易を通じて1950年代・1960年代にわたり**高度成長時代**を続けた日本経済は1970年代・1980年代になると1971年の**ドル・ショック**，1973年の**第一次オイル・ショック**，**1979年の第二次オイル・ショック**という世界経済を揺るがした事件により大きな転換期を迎えることになった。転換期の日本経済は急激な円高に大きな影響を受けたが，**重厚長大型**から**軽薄短小型**への生産構造の再構築などの競争力強化策で大きな成功を収めたため，日本的経営の合理性や競争力が海外の研究者たちの研究の的となった。しかしながら，1990年以後は**1992年のバブルの崩壊**やコミュニケーション・トランスポーテーションのドラマティックな発展のもたらすグローバル化・世界経済の一元化圧力の下で**東アジアとの共生**やグローバルベースでの戦略展開を通じて**持続可能な成長**を探求しなければならない時代へと時代の歯車は転換していった。

日本経済のグローバル化への軌跡—経済成長の3つのフェーズ

　第2次世界大戦後まさに瓦礫の中から奇跡的な復興と成長を遂げた日本経済の成長の歴史は**高度成長期**（1950年代～1960年代），**安定成長期**（1970年代～1980年代），**グローバル成長期**（1990年代以後）という3つのフェーズに分類することができる。

　フェーズⅠ；1950年代の第2次世界大戦後の焦土からの復興と1960年代の高度成長期である。1950年代の復興期においては，当時の心ある財界人が「我々**企業経営者の社会的責任**は焦土の復興と失業者の群れに就業機会をあたえることである…」を理念に驚異的な復興と発展を遂げた時代であった。そして1960年代になっても高度成長は続き，この20年にわたる高度成長は海外の研究者たちの研究の的となった。

　1950年代・1960年代の日本企業の高度成長に関する海外の研究の代表的なものとして**ジェームズ　C.アベグレン**の「**日本の経営**」やE.ボーゲルの「**ジャパン　アズ　ナンバーワン**」をあげることができよう。臨床心理学や社会学で博士号を取得したこの二人の研究者は視点の相違はあったが近代国家の中で最も異質な日本社会や日本企業の経営の異質性に強い興味を持った。そして，長い期間の日本滞在や日本研究の末に日本組織・企業の強さの秘密を**家父長的**な**集団主義文化**やそれらに基づく効果的な人事・人的資源管理制度に求めた。

　この時代の日本的経営の主要な研究課題は高度な技術を諸外国から取り入れて大衆市場が貪欲に求める各種の財やサービスを**少品種大量生産・重厚長大生産システム**を通じて実現することであった。そして，企業の組織の特徴は**稟議制度**を採用する**ピラミッド型**が多く，企業間関係は**企業集団や系列・下請け関係の重視，人的資源管理の三種の神器，集団主義，間接金融，株式の持合**などを基調とするものであった。

　フェーズⅡ；1970年代・1980年代の安定成長期である。この時代の日

本企業は，1971年のドル・ショック，1973年，1979年の二度のオイル・ショックという未曾有の相次ぐショックを体験し「世界経済の大転換期」と呼ばれる時代に晒されることになった。そして，円高圧力に抗して高品質な製品を効率よく生産する日本の生産システムや管理システムの優秀さが海外の研究者たちに高く評価されるようになった。

1971年8月米国，ニクソン大統領の金交換停止によるドル防衛策を柱とするインフレ抑制・景気刺激を目的にした総合経済政策の発表により戦後長いあいだ国際通貨制度を支えてきた**ブレドン・ウッズ体制**が崩壊し，経済の圧倒的優位性の上に曲がりなりにも維持されてきた金本位制度が終わりを告げることになった。その結果，日本企業は円高圧力の中で極めて困難な多くの経営問題と取り組まねばならなくなってきた。1949年以降長年に渡り安定していた**ドル平価（1ドル=360円）**は1971年の通貨調整で1ドルが308円に，1973年以後は**変動為替相場**に移行し，1978年には金が通貨基準の役割からはずされて自由相場制に移行したために国際的な流通・決済手段としての円の力がますます高まっていった。そして，1985年の**G5（先進5カ国蔵相・中央銀行総裁会議）**においてドル高の是正のために為替市場への協調介入を決定（**プラザ合意**）したにもかかわらず円の高騰はおさまらず1995年には1ドル80円を切るまでになった。

1973年のオイル・ショックは中東の石油を主要なエネルギー源としていた日本経済に衝撃的な影響を与え，エネルギー政策の欠如に対して「油断」などという流行語を生み出した。そして，極度のインフレ経済が蔓延し，あらゆる資源，農産物，工業製品の価格が急騰したばかりか洗剤やトイレットペーパーなどの**買占めや売り惜しみ**などが市民の日常生活を圧迫した**狂乱物価**や総合商社などの企業批判が新聞紙面を毎日のように賑わすようになった。

OPEC（Organization of Petroleum Exporting Countries）による

大幅な原油価格の引き上げは、バーレル当たり約2ドル50セントを一挙に5倍にするというものであったために日本ばかりでなく世界中を驚嘆させることになった。さらには、1972年には**ローマ・クラブ**により資源の浪費を警告する報告書「**成長の限界**」が発表されるようになると資源の乏しい日本の企業にとって減量経営や省力・省資源投資が死活問題となった。このような世界の政治経済の動きに翻弄された日本企業は経営の合理化や体質強化に奮闘した結果、1979年のイラン革命がきっかけとなった**第二次オイル・ショック**（バーレル当たり約15ドルが40ドルにまで高騰した）を比較的軽微な影響で切り抜けることができた。そのため、日本国内はもとより欧米の多くの研究者により「日本的経営」や「国際経営比較研究」がますます盛んになり、生産組織のみならずその底流に流れる伝統や組織文化などがこれまで以上に興味ある研究対象とされるようになってきた。

　この安定成長時代における日本的経営の主要な研究課題は**国内・外の市場成熟・飽和**（サチュレーション：saturation）に積極的に適応するために**軽薄短小化・ハイテク化**などの生産方式の転換を通じて効果的に**多品種少量生産**を実現することや**JIT（ジャストインタイム）**システム、**QCサークル、改善運動**などの生産組織の研究であった。また、マーケティング時代の進展にともない企業の経営者は既存の企業や産業システムに固執するのではなく、企業グループ、系列取引、情報共有システム、**組織のフラット化**、研究開発、労働協議制度などを重視し、**ニーズとシーズのスリ合わせ**を効果的に達成するための戦略策定を最も重要な課題と捉えるようになってきた。

　フェーズⅢ；1990年代以後のグローバル・サステインアブル（持続可能な）成長期である。この段階はコミュニケーション・トランスポーテーションがますます急速な発展を遂げる中で企業が時間的・物理的・空間的拘束から開放されて地球的規模で経営戦略を展開し、長期・安定・持

続可能な成長を追及する時代である。この時代において企業は人・金・物・情報などの各種資源をグローバルなスケールで確保し，グローバルな市場において市民権を勝ち得られるような戦略展開をグローバルなマインドを持って策定していかなければならなくなってきた。

しかも日本企業はこれまでに経験をしたことの無いさまざまな経営環境の変化を乗り切りながら**競争優位**を探求していかなければならなくてきた。そして，**少子高齢化・終身雇用の変遷・年俸制や成果主義制度**の導入・外国人労働者の活用などの労働市場の激変，資本・資産・資金運用の意思決定構造の再編や**アカウンタビリティー・ディスクロージャー・コーポレート・ガバナンス**などの財務・金融環境の激変，ビジネスのIT化およびITのビジネス化の急展開・**SCM（サプライチェーンマネジメント）**のグローバルスケールにおける展開・ソフトウエアやビジネスモデルの開発競争・**ロジスティックシステム**などの生産や流通・物流構造の革命的変化等などの加速度的展開が日本の企業経営に課せられてきている。

また，21世紀型経営の最も重要な要素として忘れてならないものは情報化とそれをテコにますます加速する国際化・グローバル化の趨勢である。情報化の進展とともに"情報"こそが企業経営にとって最も重要な資源と考えられ，ネットワーク型組織がグローバルなスケールで展開される時代となり，資本を中核とする集権的な企業経営の時代から情報を中核とする分権的・**グローバルオープンシステム**型企業経営時代へと移行してきている。かくて，グローバル・サステインアブル成長期の経営において企業経営者は既存の各種資源およびその組み合わせや市場を前提とせずに企業理念・目標・目的を実現するためにグローバルなスケールで最適化を探求し戦略的意思決定をしなければならなくなってきた。そのため，国や企業の国際的な競争優位の確保を目指すEU（European Union）やNAFTA（North American Free Trade Agreement）などに

習って東アジア地域を中核とするニューアジア時代の経営を実現するための国際組織の構築が求められる時代になってきたといえよう。

日本経済の強さのバロメーター"円のパワー"

　円高の影響は企業経営のみならず我々の日常的な経済行為にも大きな影響をもたらしたことは言うまでもあるまい。ドル・ショック以前の日本経済は国際取引の決済通貨であるドルの準備高不足に悩まされていたため海外渡航者の持ち出しドル制限が500ドルと決められていたため，我々が長期渡航をする場合には不本意ながらも**ブラック・マーケット**で1ドルを400円で買わなければならなかった。1960年後半頃の大学新卒者の初任給は2万8000円程度であったので彼らが一ヶ月平均給与で買える闇ドルは僅か70ドルでしかなかった。そればかりか，欧米のどの国の紙幣と比べても立派な世界に誇れるあの聖徳太子が印刷された1万円札は我々個人が世界中どこへ持って行ってもドルとの交換はほとんど期待できなかった。

　しかしながら，最近では1ドルを110円程度で何の制限も無く自由に買えるばかりでなく，かつて闇ドルとして買っていた70ドルを学生アルバイト1日の給料ぐらいで買えてしまうのである。そればかりか，世界中の銀行，飛行場やホテルばかりでなく街角の小さな通貨交換ショップにおいてすら一万円札を喜んで交換してくれるのである。海外渡航の折に日本円を交換するとき，日本経済・経営の力強い発展やグローバル化の急速な進展をしみじみと実感する高齢者は少なくあるまい。

② グローバル化とニューアジア経営の展望

　アンドレ・グンダー・フランクは，独自の世界システム論に基づいて，次のような指摘をしている。

　「既存のヨーロッパ中心的な歴史の説明や社会理論を『**グローバル学**

(globological) 的パースペクティブを用いて転覆しようと思う。……グローバリゼーションとは、きわめて今日的現象であると一般的には考えられているが、16世紀以降、世界規模の分業と多角的な交易関係を備えた単一のグローバルな世界経済が存在してきた。この世界経済は、1000年以上前にさかのぼって**アフロ・ユーラシア的**なルーツを有する固有の特徴とダイナミズムを持つシステムとして同定することができるものである。十字軍以来ずっと、ヨーロッパの人びとは、経済的には優越していたアジアへのアクセスをより大きなものにしようとしてきた。そして、その動機をなしたのが、この世界政治経済の構造とそのダイナミズムなのである」。

　フランクによれば、18世紀中葉に至るまでの少なくても3世紀の間、世界経済はアジア人によって支配され続けていた。しかし、その中核をなしていたインドのムガール帝国に始まり、オスマン帝国、中国の清朝などが、さまざまな理由で弱体化したすきに、ヨーロッパ諸国が、アメリカで手に入れた金・銀を用いて、アジア経済という列車の3等席の切符を買い、やがては列車全体を買い占めてしまったという大胆な論理を提示している。

　そして、その理論的ベースとして、帝国が弱体化した理由の究明や、西アジア・東南アジア・東アジアなどに関する歴史の流れを克明に分析している。日本についても、封建的で、鎖国政策を採る閉鎖的で、後進性を多く残した社会であったという見解が、見直されてきていることを指摘している。

　そして、日本における顕著な都市化現象について次のように記している。「**日本の都市人口は**、同時期の中国やヨーロッパよりもかなり多く、同時代においてヨーロッパで人口10万人以上の都市に住む割合がわずか2％にすぎなかったのに比べ、大阪・京都・江戸などの大都市の人口は100万人（江戸は130万）以上もあり、全人口の6％〜13％以上が10万人

以上の都市に住んでいた」。この史実を考えれば，単純に後進性を残した社会という枠組みで日本を捉えることは決してできないとフランクは論じるのである。かくして，西洋偏重の歴史観に支配されるばかりでなく，世界システムという大きな枠組みのなかで，西洋，東洋，アジア，日本の歴史を見直すならば，これまでとは異なる解釈や展望が生じてくるであろう。

ともあれ，激動が予想される21世紀にあって，極東アジアに位置する日本は，その**周縁的特性**ゆえに生じるさまざまなメリットやデメリットを的確に把握して，アジア・グローバル経済システムの中で果たすべき役割を正しく認識する必要がある。ベルリンに生まれ，アムステルダム大学の名誉教授をへて，アメリカの大学で客員教授を務めるフランクが，西欧中心主義を諌め，グローバル経済において中心的な地位と役割を持つのは，アジアであるとする世界システム論は，とかく日本中心主義的にアジアを考えがちな，われわれに対して多くの示唆に富む内容になっている。

東アジアの奇跡

日本人のアジア観については，単なる地理的・地域概念による，あるいは関心テーマ，時代的背景などなど，実にさまざまな切り口からの捉え方が存在する。西アジア，中央アジア，南アジア，東南アジア，東アジアなどの地理的な捉え方や，古くは**岡倉天心**のような芸術家の視点に立つ「**アジアは1つ**」論，文明論的視点が強い福沢諭吉の「**脱亜入欧**」論，日本のアジア侵略を合理化するための「**大東亜共栄圏**」思想などや，西洋，中洋，東洋などというものもある。しかし，ここでは，アジアを基本的には東アジアを中核としてとらえ，必要に応じて概念枠を広げて，新しいアジア（ニューアジア）観の模索や樹立を重視したい。

ともあれ，以下においては経済的切り口からニューアジア観を模索し

ていくことにしよう。19世紀の初頭において，中国，インド，東南アジア，朝鮮，日本というアジアの主要国の総所得合計は，世界の58％に達していた。しかし，英国に端を発して英国の旧植民地や西ヨーロッパ諸国で次々と起こった産業革命の結果，特にアメリカの急速な工業化により，20世紀の中葉には，それらの諸国の総所得合計が世界所得の56％となり，これに対してアジア主要国は19％に低落したといわれる。

ところが，1950年を境にして，東アジア諸国を中心に経済力が急速に成長し始め，1992年までにアジア地域諸国の総所得は世界の37％のシェアを占めるにいたった。そして，1993年の世界銀行レポートでは「**アジアの奇跡**」と高い評価がなされ，このまま高度成長が継続できれば2005年には世界所得に占めるシェアが57％にまでなり，200年前のアジアの隆盛が復活するであろうといわれている。

日本を除く東アジア地域の経済的評価は，1970年代初頭までは「**停滞と貧困のアジア**」というイメージであった。1960～70年代にかけての東アジアは，日本やアメリカなどの先進工業国の直接投資による現地生産や，それらの下請として労働集約的な輸出産業を中心にし，とくに，繊維・衣類，雑貨，弱電関連産業などを中核とする構造であった。

しかし，1970年代末にいたると重化学工業化が進展し，「**成長するアジア**」というイメージチェンジがなされ，韓国や台湾は鉄鋼，造船，石油化学工業の育成を積極的に行い，成功を収めたのであった。これらの産業は，産業技術が標準化しており，単価が高額で，産業の裾野が広く，雇用効果も高く，技術移転効果もあり，東アジア諸国の経済成長に大いに貢献することになった。

そして，1979年に**経済協力開発機構（OECD）**から出された「**NICs報告**」によって，ますますその評価が高まった。NICs報告では，急速な工業化を達成して工業製品の輸出を通じて急成長を遂げている東アジアの国・地域および世界の発展途上の国々のなかからアジア地区4ヵ国

（韓国・香港・台湾・シンガポール，ヨーロッパ地区4ヵ国（ギリシャ・スペイン・ポルトガル・旧ユーゴスラビア），ラテンアメリカ地区2ヵ国（ブラジル・メキシコ）10ヵ国をニクス，NICs（Newly Industrializing Countries）諸国と命名した。これらの諸国は，先進工業国が1971年のドルショック，1973年のオイルショックというダブルショックにより，不況に喘いでいたにもかかわらず，経済の急成長を達成し，先進工業国への輸出を増大させたため，先進工業国にとって脅威の的となった。

しかし，1980年代に入ると，アジア地区のNICs諸国以外は，低成長に陥った。そこで，1988年に，カナダのトロントで開かれた先進国首脳会議（サミット）でアジア地区のNICsの名称が**NIEs**（Newly Industrializing Economies）と改められた。また，1980年代後半には，中国，韓国やASEAN諸国が高度成長を達成するようになると，東アジアは「**世界の成長センター**」として世界の耳目を集め，その成長を支えた社会・経済システムなどが研究されるようになってきた。

その後，1993年に世界銀行から政策研究報告書（A World Bank Research Report）「東アジアの奇跡（THE EAST ASIAN MIRACLE）」が発表され，東アジアの経済成長がグローバル化する世界経済の中で重要な研究課題となってきた。この世界銀行の報告書によれば，東アジア諸国は，1965年から1990年の間の1人当たりGNP平均成長率（図表1－1）は他の地域よりきわめて高く，その中でもとくに日本と香港，韓国，シンガポール，台湾の（**4匹の虎**），およびインドネシア，マレーシア，タイの8ヵ国が奇跡とも思える成長を達成したことを指摘している。そして，これらの高いパフォーマンスを示す8ヵ国を**HPAEs**（High-Performing Asian Economies）と名づけ，重要な研究対象とした。

1960年以来のHPAEsの成長率を他の諸国と比較すると，他の東アジア諸国の2倍以上，ラテンアメリカ，南アジアの約3倍，サハラ以南のアフリカ諸国の実に25倍もの成長を遂げている。また，1960～85年の間

図表10—1　1965〜90年の1人当たりGNP平均成長率

1人当たりのGNP平均成長率（％）

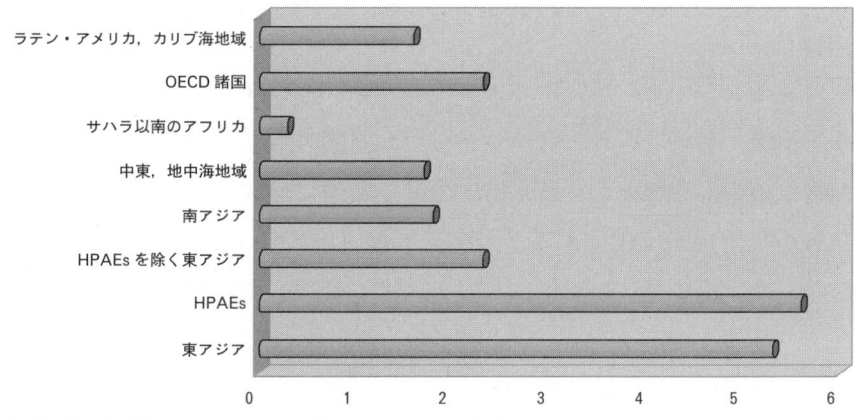

地域	成長率
ラテン・アメリカ，カリブ海地域	約1.8
OECD諸国	約2.4
サハラ以南のアフリカ	約0.3
中東，地中海地域	約1.8
南アジア	約2.0
HPAEsを除く東アジア	約2.4
HPAEs	約5.7
東アジア	約5.5

出所）世界銀行〔World Bank〕(1992d)，p.2より作成

の1人当たりの実質所得の伸びは，先進工業国や石油資源の豊富な中東，北アフリカ地域諸国と比較しても，日本および「4匹の虎」では4倍以上，東南アジア諸国においてすら2倍以上の増加を示した。

さらに，HPAEsにおける1人当たりの国内総生産（GDP）の伸びと，所得の不平等を計る統計的尺度である**ジニ係数**との関係を検証してみると，これらの国々においては，所得の高度の伸びと不平等度の減少が同時に起こり，豊かさと公平さとが同時に達成されたのであった。その結果，HPAEs諸国では，生活環境や福利・厚生が飛躍的に改善されて，平均寿命が約10年も延び，教育や労働環境の急速な改善により，さらなる成長が期待されたのであった。

東アジア諸国の産業政策と「奇跡の経済成長および危機の克服」

東アジアの急速な経済成長を説明する理論としては，①政府は**市場の失敗**の領域以外には介入しなかったとする新古典派的見解，②政府は産

業政策などを通じて積極的な介入をしたとする修正主義的な見解という、ふたつの見方があった。しかし、世界銀行のレポート「東アジアの奇跡」は、これらふたつの中間的な**マーケット・フレンドリーな政策介入**の有効性に焦点を当てて、奇跡的な経済成長を説明している。

そして、成長を理解するための機能的アプローチとして「HPAEsのそれぞれの国は、マクロ経済の安定を保持するとともに、成長のための3つの機能、すなわち貯蓄、資源の有効配分、急速な技術上のキャッチアップを効果的に達成したことを強調し、それらを市場指向および政府主導による政策の組み合わせで達成した」と指摘している。さらに、それらの政策を5つの基礎的政策（マクロ経済の安定を促進するもの、人的資本への高い投資、安定した安全な金融制度、限定された価格の歪み、外国の技術への開放性）および、4つの選択的介入（緩やかな金融抑圧：金利をプラスに保ちつつ低く抑える、政策金融、選択的産業振興、非伝統的な輸出を促進するための貿易政策）に分類し、それらがどのようにより速い貯蓄、より効果的な資源配分、そしてより高い生産性の実現にどのように貢献したか、について詳細な分析をしている。

しかしながら、東アジア諸国政府の各種の産業政策は、一時的には「奇跡」の経済成長を達成したと思われたが、経済・経営・金融のグローバル化の荒波にさらされ、さまざまな構造的欠陥を露呈し、「危機」を招くことになった。それゆえに、21世紀のニューアジア経営を展望するとき、われわれはこの20世紀末の東アジアの奇跡と危機の意味するものを的確に捉えておくことが必須である。

ドイツや日本などの先進工業国における工業化の歴史は、保護主義によって工業製品の輸入を抑制して、国内市場を発展させ、世界市場に乗り出すというパターンであった。しかし、急速にグローバル化が進展する今日において、東アジア諸国の場合には、工業化の初期段階から多国籍企業や国際金融機関との関係のなかで世界経済や世界市場を前提とし

て奇跡の成長と危機を体験することになった。

　1997年7月の**タイ・バーツの危機**を引き金に，東アジア諸国は，連鎖的な通貨・金融危機に直面した。タイ，インドネシア，韓国がIMFへ支援を要請することになったが，東アジアに端を発したこの通貨危機は，ロシアやラテンアメリカ諸国などをも巻き込み，各種の多国籍金融機関に多大な損失を与えた。そして，1999年には，欧米の景気回復や電子・通信関連機器の市況が好転したことにより，韓国をはじめ景気が急速に回復した国々もあったものの，インドネシアのような不況からなかなか抜け出せない国もあり，東アジアの産業構造の抜本的改革が重要な課題として提起されるようになった。

　東アジアの経済成長は，輸出に依存する度合いが高く，かつ，資本財の輸入を不可欠としているために，経常赤字を持つ体質を抱えている。そのため，輸出の減少は，不況の引き金となり，経常収支の危機をもたらすことにつながる危険をつねに抱えている。

　また，輸出が順調なときには高い利潤を求める資金の流入により経常赤字は相殺されるが，ひとたび輸出が低落すると，逃げ足の速い資金が流出して，通貨・金融危機を引き起こすことになる。それゆえ，東アジア諸国は，金融・産業政策の見直し，企業の資本構造・金融機関の健全性の確保，研究・技術開発の推進，中小企業の振興・育成等など，改革すべき多くの問題を抱えている。しかし，最近ではそれらの個別の問題以上に重視しなければならない課題として，グローバル化のもたらすリスクを軽減するために，日本と東アジア地域との間で多角的・多層的な協力のスキーム，つまり**開かれた東アジア地域主義**を構築することの重要性が叫ばれるようになってきた。

　かくて，東アジア諸国は，高度情報化時代の到来とともに，マニュファクチャリング時代からマーケティング時代への転換，技術革新と生産システムのグローバル化，グローバル化とアジア・ビジネスの新展開とい

う，3つの大転換の圧力に耐えながら，経済危機を克服し，新しい時代に積極的に適応していかなければならなくなってきたのである。

3 東アジア地域主義の台頭

東アジアの地域主義台頭と地域統合組織・国際機関の必要性

　東アジア諸国は奇跡ともいわれた高度経済成長による自信と，その後に訪れたグローバル化の波に晒されたことによる危機を体験したことによりグローバリズムに対する懐疑の念を持ち始め，ナショナリズムあるいはリージョナリズムが台頭してきた。経済危機の後に「IMFはわが国の資産や企業をアメリカの多国籍企業に出来る限り安値で売り払う画策をしている…」という鋭い批判がタイ・インドネシア・韓国で巻き起こり，グローバリゼーションの強力な圧力に対抗するために**地域主義・地域経済統合**が東アジアに広がり始めた。

　しかし，東アジアの経済危機は基本的には不用意な金融市場の国際化と，それに乗った過度の資本流入・信用拡大によって開花した見せかけの経済繁栄というあだ花が資金不足で散ったにすぎないと考える論者も多い。それゆえ，東アジア・モデルに対する批判も多く以下のような課題が突きつけられてきている。

① 　奇跡的経済成長を支えてきた労働集約的製品の世界的過剰生産傾向に適応するための産業構造の改革。

② 　未発達・未整備な流通・物流インフラに対してビジネスチャンスを見出そうとするグローバルビジネスの圧力に対する規制緩和や積極的適応策の展開。

③ 　国内のみならず東アジア地域レベルでの金融制度の整備が不可欠であり，**アジア通貨基金**などの設立により各国の経済政策に一定の範囲で

介入できるシステムの確立などが急務である。

東アジアでは1960年代において**地域主義（リージョナリズム）**の動きがあったが，1980年代に再び地域主義の復活が起き，21世紀初頭にいたってますますその傾向が強くなり，地域主義時代の胎動が始まってきたといわれている。国際的には20世紀末はグローバリズムが急展開する中でさまざまな業種の多国籍企業の大型合併が多発し，カンパニーイズムとナショナリズムの対立やリージョナリズムとグローバリズムの対立という乱気流が吹きまくった時代であった。そのため，EUやNAFTAのように参加各国が政策協定の下に相互の繁栄を確保するために地域レベルでの効率性や競争力を調整していく地域統合組織・国際機関などの存在がますます必要となってきている。

21世紀の世界経済を語るとき急成長を遂げて世界経済の表舞台に躍り出た中国について深く研究しなくてはならないことは誰も否定できまい。特に，2001年のWTO加盟前後のGDP成長率が2000年（8.0％），2001年（7.5％），2002年（8.0％）と安定的な高成長を実現したことは世界中の注目を集め続けてきている。また，韓国の経済成長も奇跡と呼べるだけの内容を持っており，世界経済にさまざまな影響を与えている。ところが，地域経済統合システムなどの国際機関に参画していない世界の主要国は日本・中国・韓国の3カ国だけであるといわれ，東アジア経済のみならず世界経済システムに3カ国の果たす役割がますます重要になってきていることは疑問の余地があるまい。

1990年代には世界各地で**自由貿易協定（FTA）**を中心とした経済統合が急速に進んだが，アジアにおいても2002年1月に93年から始まった**ASEAN自由貿易地域（AFTA）**が多数の留保を残しながらも一応の完成段階にいたり，11月には中国とASEANの間で包括的経済協力枠組み協定が締結されて2015年にFTAの実現を目指すことになった。また，日本においても2002年に日本初の2国間FTAが日本・シンガポールの間

で締結され，2003年からはASEANとの間で包括的経済連携構想に関する政府間交渉が開始されて10年以内にFTAの実現を目指すことになり，メキシコ，チリ，韓国とも2国間FTAが検討されている。かくて，21世紀の初頭にはさまざまなFTAネットワークの充実を通じて日本・中国・韓国・ASEAN諸国の間に政冷経熱関係を脱した多面的・濃密な関係が樹立されることになるであろう。そして，ASEANプラス・スリーが中核となってニューアジア時代を切り開き地域主義・グローバル化時代の歴史の歯車を加速してゆくことになるであろう。(2005年9月1日，日本とタイの間で経済連携協定で大筋合意の報道がなされた)。

4 日本の多国籍企業の特質

企業の経営行動が国境を越えて展開される場合，通常はまず貿易から始まった。明治維新以来1980代中ごろまでの約100年間の日本の国際経営は輸出を中心とする国際貿易が主役であった。1960年代から一部で海外生産が行われるようになり，1970年代に輸出比率は一貫して右肩上がりの傾向があったが1985年のプラザ合意以降の急激な円高圧力の中で国際経営の重心は海外生産へとシフトすることになり，企業経営の多国籍化・グローバル化が急速に進展することになった。

日本企業のグローバル化

国際経営・グローバル経営の研究対象は大規模多国籍企業や先端的技術・戦略を駆使して活躍するミニ多国籍企業の行動や生態に限られるものではない。いうまでも無くそれらの企業は主体的な意思決定に基づき社会に多大な影響を与えると同時に社会の変遷の結果でもある。1945年の終戦後日本経済の復興期には企業の生産技術はまだまだ未熟なものが多いにもかかわらず無我夢中で外貨を稼ごうとするために無茶な貿易を

することもあり,「**ジャップ アンド ジャンク**」と揶揄されたこともあった。また,生産技術の未熟さもさることながら外国語や国際取引のノウハウに通じているスタッフを抱えている企業は極めて少なかったため国際経営といえば総合商社が活躍する輸出が中心であった。ところが,1960年代の高度成長になると生産技術も成熟し,社内スタッフが輸出業務を取り扱えるようになってきたのみならず海外生産が徐々に行われるようになってきた。そして,1985年の**プラザ合意**以後の厳しい円高圧力の中で海外生産のみならず国際的スケールで研究開発・マーケティング・財務戦略などが展開されるようになってくると国際社会における日本のプレゼンスがますます高まってきた。そのため,米国の**リビジョニスト**(**日本異質論者**)をはじめとするさまざまな批判にさらされることが多くなり,日本企業は国内においても国際的に通用するような普遍的理念やルールに基づき行動するべきであるという「**内なる国際化**」が叫ばれるようになってきた。ともあれ,国際世論が具体的な批判の対象とするケースの多くは日本の多国籍企業の行動であることは確かである。

日本企業の多国籍化の足跡

　ここでは多国籍企業の明確な定義はせずに,グローバルなパースペクティブと選択的適応能力に基づき戦略展開をする企業であり,東京証券取引所1部上場の売上高基準でベスト500に属し,5カ国以上に海外製造子会社を持つ企業としておく。そして,このような基準を満たしている日本の多国籍企業について以下で概観して行くことにする。
1）日本の多国籍企業の概観（1974〜2002年）
　急増する多国籍企業；日本の製造業の多国籍企業は1974年には37社であったが1982年には67社,1994年には149社,2002年には約208社と急増してきている。(非製造業の多国籍化は製造業に比べて多少遅れたとはいえ,1994年には108社,2002年には約120社であった)。

① 大規模製造業の多国籍化傾向の加速化；東京証券取引所1部上場の売上高基準によるベスト500社の中に占める多国籍企業の割合で見ると，1974年当時は7％，1992年には30％，2002年には42％と急増し，日本の経済をリードする製造業ベスト500社の半数近くがすでに多国籍企業化している。

② グローバル化と多国籍企業；ベスト500社の中の多国籍化した企業とその他の未だ多国籍化していない企業とを比較すると，多国籍化している企業は海外に生産拠点を移しながらも**輸出比率**（輸出÷売上高×100）では1.8倍，**研究開発費比率**（研究開発費÷売上高×100）でも1.5倍も高く日本経済のグローバル化の牽引車としてその役割が重視されるようになっていくことは間違いあるまい。

2）日本の多国籍企業の海外子会社の特質

多国籍企業の要件のなかで最も重要なものである海外子会社について，その設立時期・地域的分布およびその特性について概観しよう。

①海外子会社設立の歴史；最も多くの海外子会社を持っている松下電器は早くも1961年にナショナル・タイを設立しており，東レは1962年にスリランカ，1963年にはタイに海外子会社を設立しており1960年代の高度成長期に海外子会社の設立が始まっていた。とはいえ本格的な海外進出が展開されたのは1985年のプラザ合意以後の急激な円高圧力によるものであり，海外子会社全体の3分の2がこの時期に設立された。設立の歴史の流れを見ると全体の26％が1960年代〜1979年に，10％が1980年〜1984年に，34％が1985年〜1989年に，そして30％が1990年〜1994年に設立されている。

②海外子会社の地域的分布；

＊海外製造子会社の半数以上の52％はアジア地域で22％が北米，ヨーロッパ全体で16％に位置している。

アジア地域への進出は安価な労働力・市場の将来性やホスト国の輸入

代替工業化政策・グリーンフィールド投資メリットなどが挙げられる。しかし,円高克服のための省力化・ハイテク化努力の結果,海外ローテク,国内ハイテクのような**技術の国際分業**が進行して生産コストに占める人件費の割合が低下してきている。そのため,国内で差別価値を持つ高品質な製品を生産するほうが競争優位を享受できる,**生産技術・ノウハウの盗用**を防げるなどの理由により**国内回帰現象**も出てきている。

　一方,北米やヨーロッパに子会社を設立する場合には産業・市場構造を配慮して先端技術をベースに現地企業を買収していくケースが増えてきている。また,**日本的生産方式**が高く評価されてきており,今後の進出の鍵を握っているといえよう。日本的生産システムの特徴としては**多能工システム**が可能にしたFA化,**人格連鎖・職人気質**により精緻化された生産管理,平等主義・現場主義を基調とする組織風土などが挙げられるが,それらの移転の可能性を模索し能率的な生産システムを構築するためにはアジア地域とは異質な文化構造に対する理解やたゆまぬ現地化努力が求められることになるであろう。とはいえ,まだまだ「国内大企業・海外中小企業」などと揶揄される場合も少なくなく,従業員が99人以下のケースが28％,100〜300人未満のケースが31％であり海外製造子会社の3分の2は中小企業であり今後の残された課題といえよう。

　＊海外販売子会社の進出先は製造子会社の場合とは異なり「市場の特性」を反映したものとなり,24％はアジアに,21％は北米に,そして43％がヨーロッパに位置している。

　販売子会社の場合には消費者に直接接触するために市場の成熟度,商習慣や文化・言語など製造子会社の場合以上にさまざまな複雑な要素に対する配慮が必要になってくる。欧米のようにマーケティングという学問が発達している国では各種のマーケティング戦略・販売戦略・セールスマンシップあるいはCI（コーポレート・アイデンティティー）・CR（カスタマー・リレーション）・CS（カスタマー・サティスファクショ

ン）の研究やそれらを生かすためのマニュアルの充実が究明されているようであるがマインドが決定的に異なることが現場管理者の頭痛の種のようである。日本人が共有している「**お客様は王様・神様**」・「**看板を背負っている**」・「**看板に泥を塗る**」というようなマインドを欧米人従業員に身につけさせるのはきわめて難しいようである。アジア地域においてはこのようなマインドを期待でないばかりか，マーケティングという学問の成果の蓄積が充分で無い上に時として偏狭なナショナリズムが頭をもたげるようなことがあると，ことは厄介になりかねない。

また，海外販売子会社の多くは中小規模であり，日本では有名デパートでも現地では中規模スーパーのようであり，顧客の多くは日本人の駐在員の家族や観光客である場合が多く，筆者が現地調査をした際に支店長が「**現地人顧客比率を如何に上げるかが最大の課題です…**」と額に皺を寄せながら語ってくれたことが強く印象に残っている。

5 ニューアジア経営の展望

日本経済が急激なグローバル化の波に晒される中で日本企業がさまざまの理由で旺盛に海外進出を展開し多国籍化してきたが，日本市場も外資にとってさまざまな魅力を持つ投資対象になってきた。そのため，外国企業や外国人投資家による旺盛な直接・間接投資が加速し，日本企業の経営のグローバル化が急速に進んできた。それに伴って日本における外資企業の動向，**国内空洞化問題**，グローバル化戦略とニューアジアの経営などが日本企業の経営にとって重要な課題となってきた。

外資企業の動向

明治初期には外国資本の進出は厳しく規制されていたが1889年の商法改正に伴い進出が可能となりNEC，東芝，大阪ガスなどの企業はもとも

と外資系企業として設立された。また，IBM，GM，フォードなどが進出した歴史もあったがそれらの企業はきわめて例外的な特別な存在であった。そして，終戦後の1945年にGHQにより外国企業進出の自由化が推進されたとはいえ当時の日本市場はさほど魅力のあるものではなかったため外資の進出はほとんど無かった。1952年以後，日本政府は国内産業育成策のために再び外資の進出を厳しく制限しはじめたが，日本経済の復興と成長に伴い貿易・資本の自由化圧力が強くなり1967年～1973年の間に5度の自由化をすすめ，1980年の外国為替管理法の改正により外資の進出が原則自由となった。

日本は外国の優れた製品や各種の技術を貪欲に取り入れてはきたが企業の進出を制限し続けてきたため，対外投資と対内投資あいだに極端なアンバランスが生じ1980年～1998年の資料を概観すると対内投資は対外投資の数分の1から20分の1でしかなかった。そのため，2004年発行の「**外資企業の動向＜第36回＞**」において「5年間で対日投資残高を倍増させる」という政府の施政方針の決定が論じられ，外資の誘致が積極的に展開されるようになった。

とはいえ，自動車産業のような国際競争の厳しい業界においてはすでに投資対象の経営に加わることを目的とする直接投資が盛んに行われており，経済産業省の調査報告書「外資系企業の動向」では外国企業の出費比率が3分の1を超える企業を**外資系企業**として扱っているため，トヨタとホンダ以外の日産（ルノー），マツダ（フォード），三菱（ダイムラー・クライスラー），スズキ（GM），富士重工（GM），いすゞ（GM）などはいずれも外資系企業として扱われている。このように，我々が明確に意識しないうちに外資系企業が増加していく傾向があり，2005年になると欧米の有力ファンドが相次ぎ日本に進出して**企業買収（MBO）**を狙う対日投資攻勢が始まっており対日直接投資の新段階に入ってきたといわれている。

一方，外国企業や個人間接投資は利子，配当，値上がり益などの利殖を目的とする間接投資も証券投資やポートフォリオ投資として盛んに行われてきており，キャノン，オリックス，HOYA，ヤマダ電機などの場合は出費比率が50％を超えていても外資系企業としては扱われないことになる。今後，このような間接投資も日本市場をターゲットにしてますます増加することが予測されるために日本企業のグローバル化がさらに加速することになるであろう。

国内空洞化問題

　この問題は新聞紙上で大きな社会問題として取り上げられ「**リストラ**による大量の人員削減…，相次ぐ工場閉鎖…，中小企業の倒産急増…」などとセンセーショナルな見出しが多くの人々の耳目を集めた。ところが，この空洞化には①**相対的空洞化**と，②**絶対的空洞化**の二つの場合が考えられ，①の場合よりも②の場合の方がより深刻である。

①　相対的空洞化；この場合には国際競争の激化に伴って競争優位を確保するために生産コストが安くて済む海外生産が増加するが，製品の質，納期，歩留まり率などさまざまな理由により国内生産も伸びるために社会問題となるほど深刻にはならない。とはいえ，激しい競争があるために差別的技術やノウハウなどを持たない下請け・孫請け企業にとっては深刻な場合もある。例えば，再三の値引き圧力に応じかねて親会社に値引き要求を考え直してもらうように懇願し「これ以上いくら絞っても一滴も出ませんよ…」と窮状を訴えたところ，「中国に移転し向こうの水を使えばまた絞れるはずだ…ダメなら取引停止だ…」と冷たくあしらわれ，遂には倒産に追い込まれてしまったというケースを耳にしたことがある。

②　絶対的空洞化；国内生産が絶対的に減少し人員削減や工場閉鎖が相次ぎ深刻な社会問題となるようなケースである。プラザ合意以後の厳し

い円高圧力の中で多国籍企業が各種資源の組み合わせの効率を**グローバルスケールで最適化**しようとするためにコスト削減が可能な海外生産にシフトしたことによってもたらされた。この場合，進出先の国では雇用の創出，技術移転，さまざまなイノベーションの誘発などを伴うので歓迎されることも多いが，環境汚染・公害の輸出などの批判が生じることがある。

日本の多国籍企業経営のグローバル化とニューアジア

日本の代表的企業の全業種467社による**海外生産比率**は「開発金融研究所報」（2004年2月）によれば2002年度：25.9％，2003年度：27.6％，今後3年程度の中期的計画においては：33.1％となっており，業種別の中期計画では電機・電子産業が（47.2％），自動車産業が（34.9％）とい

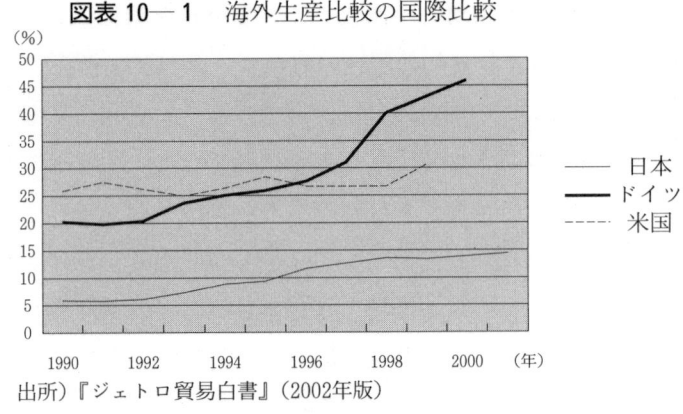

図表10—1　海外生産比較の国際比較

（グラフ：日本，ドイツ，米国の1990年から2000年までの海外生産比率の推移）

出所）『ジェトロ貿易白書』（2002年版）

う高い比率になっている。

また，海外生産比率の国際比較は「ジェトロ貿易投資白書」（2002年版）によればグラフで示されているように，日本・米国・ドイツ3国の比率がきわめて高い。このような統計数字を見れば日本企業の海外生産比率はドイツほどではないとしても今後も増加の一途をたどることは間違いあるまい。

それではこのような海外生産比率の増加はどのような国や地域に対して展開されるのかということが次の重要な課題となろう。先に引用した「開発金融研究所報」の中期的(今後3年程度)および長期的(今後10年程度)有望事業展開先ベストテンの調査によれば，

　中期的にはベストファイブが1位中国，2位タイ，3位米国，4位ベトナム，5位インド，となっており，長期的にはベストファイブは，1位中国，2位インド，3位米国，4位タイ，5位ベトナムとなっている。

順位	有望事業展開先			
	中期（今後3年程度）		長期（今後10年程度）	
	国・地域	社数（社）407	国・地域	社数（社）490
1位	中国	356	中国	456
2位	インド	123	タイ	143
3位	米国	88	米国	106
4位	タイ	84	ベトナム	88
5位	ベトナム	83	インド	70
6位	ロシア	43	インドネシア	63
7位	インドネシア	39	韓国	44
8位	韓国	24	台湾	35
9位	ブラジル	23	マレーシア	31
10位	マレーシア	17	ロシア	25

出所)『開発金融研究所報』第18号，2004年2月，46-53ページより筆者作成

　この趨勢を概観すれば中国が21世紀における最大の進出先であることは当然としても米国との関係は維持され続け，アジア諸国の中でもインドとの関係が深まりそうである。また，ロシアやブラジルが10位以内に挙げられるのは**ブリックス**が台頭してきていることを表していると考えられるが，いずれにしてもアジア諸国との関係が今後ますます深まっていくことは必定であるといえよう。

　ところで，アジア諸国の中には日本と同程度あるいは日本以上に発展を遂げてきている国や地域が出現し，トップ企業が多国籍化していることを見逃してはなるまい。ちなみに，日本の成田や関西空港よりも大規模なハブ空港がシンガポール，マレーシア，香港，韓国，中国に存在し，港湾についても韓国，香港，シンガポールなどに神戸，大阪，東京，横浜より大規模な港湾が存在している。また，韓国（サムスン，現代，LG），

台湾（エイサー，台湾プラスティック，エバーグリーン），香港（長江実業，新世界），シンガポール（UOB, DBS, 豊隆）など多くの国のトップ企業が続々と多国籍企業化してきている。

したがって，21世紀の日本企業のグローバル化戦略を策定するに際してはこのような日本とアジアとの相互関係の新しい段階・時代，すなわち，ニューアジア時代の認識を新たにすることがますます重要になってきたといえよう。

グローバル化戦略とニューアジアの経営

グローバル化戦略とは，"企業の長期・安定・成長を実現するために既存の各種システムを前提とせず各種資源の組み合わせを地球的規模で最適化させ，同時に地球的市民権の確保を実現するための適応計画である"と定義しておく。コミュニケーションとトランスポーテションの急激な発達が企業行動のグローバル化を加速し，多国籍企業が文字どおり地球的規模で激しい競争を展開してきており，多国籍企業間の抗争のみならず多国籍企業と**ホスト・カントリー（受入国）**，受入国中央政府と地方政府などさまざまなレベルの摩擦や対立が21世紀における国際政治・経済・経営・社会問題となることは必定である。それにもかかわらず，多国籍企業を管理する国際機関は未だ存在しない。そのため，この問題解決のためにさまざまな努力がなされて来ており，世界各地域において**共生・共栄思想**に基づく共同体が形成されてきている。日本のように資源の無い国家が高付加価値生産をテコに繁栄を実現するためには共生・共栄思想や多国籍企業経営者の高い倫理に基づくニューアジア・グローバル化戦略が不可欠であるといえよう。

ニューアジアの経営においてはコミュニケーション言語やその背後にある文化，IT化とヒューマンネットワーク（最近ますます活性化してきた華僑，印僑を含む），共通経済・通貨圏の樹立などの重要な課題が残

思い込みの現地主義

　企業経営のグローバル化に伴って経営の国際化・現地化・グローバル化などという主題が経営関係の研究者にとってきわめて重要なテーマとなり多くの研究成果が発表されてきている。1988年に環太平洋研究会で我々は日本において成功している外資企業の成功の秘訣について研究・調査・トップインタビューを行いその成果を発表したことがある。インタビューにおいてトップ経営者たちは異口同音に日本的経営を重視していることを強調し、「当社は人的資源管理において終身雇用・年功序列や企業内組合などを重んじ、福利厚生なども充実している…」などと自信を持って力説していた。そこで"ジョブ・ローテーション（配置転換）は重視しておりますか？"と尋ねると殆どの企業であまり重視されていないことが判った。アベグレンの指摘した三種の神器に配慮すればそれで日本的経営重視になっていると考えていたようである。欧米の職種を変えずジョブホップするスペッシャリスト・機能連鎖構造重視型と違い、日本は配置転換を通じて企業の業務を多面的に理解し企業内昇進をするジェネラリスト・人格連鎖構造重視型であるという極めて重要な側面が見落とされていたようである。

　ところが、1991年に英国のレディング大学に留学していた時に英国で成功している日本企業に対してその成功の秘訣について同様の研究をしてみたところ興味ある結果が得られた。日本企業の人事担当責任者たちは異口同音に英国的経営を重視していることを強調し、「当社では毎日の朝礼の際に英国人従業員たちのさまざまな意見に注意深く耳を傾け経営に生かしている…」などと自信を持って力説していた。そこで「自由契約主義に基づき職務分掌・責任・権限を明確に示して現場の人間の職務遂行能力を評価するのではなく、彼らの意見を尊重して職務の円滑な遂行を図るという現場主義的経営はある意味で日本的経営の典型ではないのか？」と質問してみた。すると「現場主義ではなく現地主義である。」という答えが返ってきた。経営の現地化という主題は実に奥が深い課題であり、今後も多国籍企業の経営において重要テーマであり続けるであろう。

されているが，ニューアジア経営を展望するに際しては進出先の国において**文化相対主義**に基づく不断の現地化努力を重ねることを通じて「より広い世界の住人になる」理念・哲学が最も重要となることはいうまでもあるまい。

《参考文献》

Vogel, E.F., *JAPAN AS NUMBER ONE——Lesson for America——*, 1979.（広中和歌子訳『ジャパン　アズ　ナンバーワン』TBSブリタニカ，1979年）

ジェームズ C. アベグレン著，山岡洋一訳『日本の経営』日本経済新聞社，1958年

Dunning, J.H., *The Globalization of Business ; the challenge of the 1990s*, Routledge, 1993.

ドネラ，H. メドウズほか著，大来佐武郎監訳『成長の限界：ローマ・クラブ"人類危機"レポート』ダイヤモンド社，1972年

桶田篤編『外資企業インジャパン』同文館，1988年

世界銀行著，白鳥正喜監訳『東アジアの奇跡―経済成長と政府の役割―』東洋経済新報社，1994年

平川均・石川幸一『新・東アジア経済論——グローバル化と模索する東アジア——』ミネルブア書房，2003年

OECD, *The Secretary-The Impact of the Newly Industrializing Countries on Production and Trade in Manufactures ; Report OECD Publications and Information*, 1979.（大和田悳朗訳『OECDレポート―新興工業国の挑戦』東洋経済新報社，1980年）

森本三男編著『日本的経営の生成・成熟・転換』学文社，1999年

中垣昇『日本企業の東アジア戦略』文眞堂，2004年

安室憲一『中国企業の競争力』日本経済新聞社，2003年

木村福成・鈴木厚編著『加速する東アジアFTA』ジェトロ（日本貿易振興会），2003年

吉原英樹『国際経営・新版』有斐閣，2001年

吉原英樹『国際経営論』放送大学教育振興会，2005年

佐々木弘・奥林康司『経営学』放送大学教育振興会，2003年
村山元英『国際経営学原論』創成社，2004年
竹内好『アジア学の展望のために』創樹社，1985年
武者小路公秀ほか『国際学；理論と展望』東京大学出版会，1983年
大野健一『途上国のグローバリゼーション』東洋経済新報社，2002年
桜美林大学・北京大学共編『新しい日中関係への提言』はる書房，2004年
深尾京司・天野倫文『対日直接投資と日本経済』日本経済新聞社，2004年
「開発金融研究所報」国際協力銀行，2004年2月
『ジェトロ貿易投資白書』日本貿易振興会，2002年版

《いっそう学習（や研究）をすすめるために》

森嶋通夫『なぜ日本は「成功」したか？』TBSブリタニカ，1985年
　　著者はマクス・ウェーバーが「プロテスタンティズムの倫理と資本主義の精神」においてイデオロギーや倫理と物質的関係についてマルクスとは逆の関係が成立することを主張した理論に依拠して，儒教的価値観と経済的発展を分析している。そして，同じように儒教的価値観をもつにもかかわらず日本・韓国・台湾が異なった経済成長の軌跡を辿ったのかについて徳目を重視する構造の違いに求めている。

市村真一 編著『中国から見た日本的経営』東洋経済新報社，1998年
　　編著者は，『日本企業インアジア；ビジネスマンの見た東南アジア』（1980年）『アジアに根づく日本的経営』（1988年）いずれも（東洋経済新報社）などアジアにおける日本企業についての多くの研究がある。

村山元英『アジア経営学—国際経営学／経営人類学の日本原型と進化』2002年
　　長年にわたる著者の豊富な経験とアジアに腰をすえた独特の経営論には学ぶところが多い。

陶坊資『ここが違う！日本と中国—2つの母国の生活体験—』蒼蒼社，2001年
　　中国人の父と日本人の母に，中国と日本という2つの文化の下で育てられた筆者の生い立ちゆえに豊富な日常生活の体験からにじみ出てくる比較文化論にはみるべきものがある。

《レビュー・アンド・トライ・クエスチョンズ》
① 東アジアの軌跡について述べなさい。
② 東アジアの危機の意味を述べなさい。
③ アセアン・プラス3について説明しなさい。
④ 日本における外資企業の動向の歴史について説明しなさい。
⑤ 日本の多国籍企業の海外子会社について説明しなさい。
⑥ グローバル化戦略とニューアジアの経営について説明しなさい。

索　引

あ　行

ISO　73
IMF危機　185
相手国市場の評価　11
相手国優先戦略　62
アカウンタビリティー・ディスクロージャー・
　　コーポーレート・ガバナンス　234
アジアが弱体化した　4
アジア金融危機と「IMF危機」　181
アジア通貨危機　93,112
アジア通貨基金　243
アジアの奇跡　238
アジアの時代　2
ASEAN(東南アジア諸国連合)　91,225
ASEAN自由貿易地域(AFTA)　244
ASEANプラス3　5
アダム・スミス　9
アファーマティブ・アクション　176
AFTA(アセアン自由貿易地域)　95,225
アベグレン，J.C.　231
APEC　5
アメリカ経営学　3
アンペイド・ワーク　181
安定成長期　231
安定的な依存関係　8
EMS　101
域内関税撤廃　95
域内経済の連携　105
イケア　47
一次原料　143
移動や交信の自由　10
EPR(経済連携協定)　96
EU(European Union)　94,234
インクリメンタル　56,57,208
インターナショナル企業　47
インターナショナル戦略　64
イントラカンパニー　14
ウィリアムズ，D.E.　43
ウィリアムソン，O.E.　25,206,216
WIN-WINの関係　106
ウォルマート　34
受入国経済　15,24
内なる国際化　246
ウプサラ(Uppsala)モデル　56
売掛金　126,164
エイサー　66
HPAEs(High-Performing Asian Economies)
　239
SK　184
FA化　248
FDI　22
MTE(Multinational Trading Enterprise)
　14
MBA　188
LG　184
LGカルティックス　191
エルメス　34
エンクロージャー(囲い込み)　9
オイコノモス　9
オイルショック　3
欧米日企業　66
OEM　101,150
大馬不死　158,168
OJT　122,126
経営者中心の企業統治構造　158
お客様は王様・神様　249
OPEC　232
オペレーションコスト　42
温故知新　11

か　行

海外拠点　114
海外子会社設立の歴史　247
海外子会社の地域的分布　247
海外生産比率　252
海外直接投資　57,112
海外投資アドバイザー　127
外国資本との戦略的提携の重視　220
外資受け入れ政策　24,36,250
外資系企業　141,250
買占めや売り惜しみ　232
外資利用戦略　150
海南大州摩托車　77
価格競争力　203
科学的管理運動　3
価格連鎖(バリューチェーン)　102
華僑・華人系企業・グループ　37,94,136,
　151,219,220
学際的(インターディスプリナリー)　3,4
学習・知識創造　221
学習プロセス　57
各種資源のパッケージの移転　15
各種の所有優位　23
加工貿易　143
可処分所得　35

索　引　259

寡占モデル　20
カソン, M.　89
合作企業　6,118,120,138
合従連衡　6
合併　220
華南経済圏　97
家父長的　231
カルフール　34
川上　215
川下　215
川端基夫　37
雁行形態発展論　38,66
「関税および非関税」障壁　24,202
間接投資　15
完全子会社　145
カンパニーイズム　4
看板に泥を塗る　249
官房学　2
起亜自動車　160
機会主義　25
企業規模　165
企業経営者の社会的責任　231
企業特殊的優位性（Firm-Specific Advantages FSA）　89
企業の所有優位　23
企業買収（MBO）　250
岸本工業　72
技術移転　202
技術援助　86
技術集約的な製品　212
技術の国際分業　248
技術の標準化　202,205
規模の経済性　24
客体的条件　4
逆貿易志向型対外直接投資　89,117
キャッシュ・アンド・キャリー　51
ギャランツ社　149
QCサークル，改善運動　126,233
急増する多国籍企業　246
共栄思想　254
共生　106
業績給　121,192
競争促進効果　96
競争優位　207,234
業務提携　114,116
国別生産分業　129
グループ経営　158
グローカル　99
グローバル化時代　11,92,99,188,234
グローバル差別化戦略　47,59,61
グローバル産業　46
グローバルスケールで最適化　64,79,147,252
グローバルネットワーク　136,145,154
グローバル学　235

経営学　2
　　──の経済学統合　18
経営管理論的アプローチによる諸理論　19
経営資源　124,207
　　──の優位性　200,207
経営情報リテラシー能力　19
経営戦略　42
経営目標　164
経済協力開発機構（OECD）　238
経済厚生　91
軽薄短小型　230,233
啓蒙思想運動　6
敬老の精神　187
ケネディ大統領　178
研究開発費比率　247
権限分散型の連合体　46
現地企業の能力　79
現地工場　86
現地志向型（ポリセントリック）　15
現地市場の拡大　38
現地市場のニーズ　219
現地社員への権限委譲　121,179
現地人顧客比率　249
現地生産　202
合意的国際分業論　88
交易条件の変化　96
工業団地　214
公正取引委員会　163
構造調整本部　166
高度成長時代　230,231
高品質と低価格というトレードオフ　71
高付加価値製品は日本で，量産品は海外で　78
合弁企業　118,120,138
効率性　64,65,170
高齢化社会　181
ゴーイング・コンサーン　28
ゴーシュ　63
コース, R.H.　25
コーポレート・ガバナンス　186
子会社　146
国外子会社　14
国外直接投資（FDI:Foreign direct investment）　15
国際経営論　2
国際資本移動のマクロ理論と個別企業に関するミクロ理論の統合　19
国際通貨不安　12
国際的資源移転論　200
国際的な資本のフロー　19
国際ビジネスの普遍的な理論　16
国際ビジネスの歴史的発展段階　22
国際貿易理論　18
国内回帰現象　248

国内・外の市場成熟・飽和　233
国内空洞化問題　249
国内志向型(エスノセントリック)　15
国有企業　140
小島清　88
コスト競争　73,77
コストコ　34
コスト優位戦略　72,73,77,212
コピーバイク　75
雇用機会均等の運動　178
コングリマリット的事業戦略　220
コンビニエンス・ストア　50
コンプライアンス(法令遵守)　107

さ 行

採算価格　70
再組織化される局面　26
差異と共通性　48
財閥の婚脈(婚姻ネットワーク)　172
SCM(サプライチェーンマネジメント)
　　103,234
差別化　205,216
　──の力　216
サムスン(三星)　160,161,163,184,187,191
三角貿易　7
産業革命　6,9
三洋電機　149
CR(カスタマー・リレーション)　248
CI(コーポレート・アイデンティティー)
　　248
CEPT(共通有効特恵関税)　95
CS(カスタマー・サティスファクション)
　　248
仕入・販売先企業の多様化　118
JETRO　127
ジェフリー・ジョーンズ　16
ジェンダー　177
時価総額　164
事業ユニット　168
事業グローバル化　172
資源移転　21
資源開発　151,217
資源国際移転モデル　21,22
資源の格差　22
資源の国際移転論　21
事後合理性の確保　167,172
資産特殊性　25
市場開拓型　151
市場拡大効果　96
市場特殊的知識　42,59,60
市場の失敗　240
市場の成長性　67
市場の不完全性　90,106,206
市場防御戦略　62

事前合理性　167,171
持続可能な成長　230,233
自動車販売台数　40
ジニ係数　39,240
G5(先進5カ国蔵相・中央銀行総裁会議)
　　232
資本市場(マーケット)　23,165
資本集約的　205
資本主義的工業社会　10
社会的なインフラ　184
社外理事(取締役)制度の義務化　171
ジャスコ　51
JIT(ジャストインタイム)　102,233
シャネル　34
ジャパンアズナンバーワン　231
周縁性特性　236
集権化の程度　168
重厚長大型　230
集団主義文化　231
集中化現象　164
重農主義　9
自由貿易協定(FTA)　244
主活動　61
首鋼総公司　217
主体的条件　4
出資規制・禁止　24
出店規制の強化　41
順貿易志向型対外直接投資　88
蒸気機関の実用化　9
商業革命　7
消極的組織参加型社会・文化　8
商圏　52
少子高齢化・終身雇用の変遷・年俸制や成果主
　　義制度　234
消費スタイル　37
商品情報　35
商用車　40
初期投資　116
職人気質　248
植民地争奪戦　7
女性と外国人の活用　188
女性のリーダー　182
ショッピングセンター　37
所得格差の縮小　39
所有特殊的優位　26
所有と立地の要因論　23
白物家電分野　149
人系連鎖型　8,248
新興工業経済群(NIEs)　91
新興工業国(NICs)　91
新古典派経済学者　23
進出国で資金調達　223
人的ネットワークによる海外進出　225
真の世界市場の出現　17

索　引　**261**

進料加工　143
垂直統合　106,206,215
スカウト　192
スケールメリット（規模の経済）　21
ステファン・ハイマー　20
ストック・オプション　166
ストップフォード,J.N.　14
成果（業績）主義　169,185
生産技術　248
生産基地　129
生産拠点の設立　115
生産志向的接近　12
生産の空洞化　104,209
政治的環境　22
成熟期　21,202
成熟産業　204
製造委託生産　146
成長機会　78
成長するアジア　238
成長戦略パターン　67
成長の限界　233
製品差別化能力　23,128
製品の成熟期　203
製品の標準化　202
製品のライフサイクル　21,204
制約された合理性　25
整理解雇　193
世界志向型（ジオセントリック）　15
世界の成長センター　239
世界の大工場　38,94,136
積極的組織参加型社会・文化　8
絶対的空洞化　251
絶対優位　88
折衷パラダイム論　23,26
セットメーカー　128
潜在的市場規模　68
全社的なグローバル戦略　140
先進国の技術やブランド　221
先進諸国企業の企業買収　221
選択と集中　162
戦略的撤退　125
戦略特性　164
総経理　120
相対的空洞化　251
組織学習　60,222
組織のフラット化　233
ソフト面としての経営資源　208

た 行

タイ・パーツの危機　242
第一次オイル・ショック　230
対外直接投資　89
大企業との戦略提携　129
大規模小売店舗法　43

大航海時代　6
第3次産業への投資　213
大東亜共栄圏　237
第二次オイルショック　230,233
ダイバーシティ・イニシアティブ　176
ダイバーシティ・マネジメント　176
台湾企業　97
多国籍企業　12
多国籍生産企業　14
脱亜入欧論　237
ダニング,J.H.　14,26
多能工システム　248
多品種少量生産　233
多頻度配送　50
WTO加盟　5,94,138
短期的な利益　166
男女の役割分担意識　180
男性中心社会　183
地域経済統合の効果　96
地域主義（リージョナリズム）　243,244
地域本社制度　99
地下工場　75
知識移転　65
知的財産　129
チャレンジャー企業　74
中外合弁的な経営　154
中間層市場　38
中間流通システム　48
中堅・ベンチャー企業　78
中国海洋石油総公司　153
中国からの研修生　73
中国市場　72
中国シフト　98,146
中国商務省　136
中国商務部　151
中国の部品産業　75
中国への生産移転　104
中小企業の経営資源　125
中進国　68
中途採用　189
長期・安定・成長・存続利潤　10
長期的ビジョン　69
朝貢・冊封政治のマンネリ化　6
超国籍　13
超国家企業　13
長時間労働　190
直接金融　165
直接投資活動　13
直接投資理論　19
ちょっと先を行く生産技術　105
通貨危機（金融危機）　158
通常の海外移転戦略　72
通常貿易　143
提案・改善制度　122

低級品　41,117
提携　220
提携戦略論　74
低コストによる競争優位　211
低コストの人的資源　213
ディスクロージャー　94
停滞の貧困のアジア　238
適切な情報　216
デジタル家電　127
テスコ　34,47
撤退陣壁　217
撤退比率　121,123
デル・コンピュータ　103
伝統的国際分業論　87
トイザラス　34
ドイツの経営学の歴史　2
統合ネットワークモデル　65
統合の経済性　215
投資意思決定主体　10
鄧小平による改革開放政策　97
導入期　202
TOEIC　186
独資企業　118,120,139,140,141
特許侵害　79
トップ(オーナー)経営者の意思決定スタイル　171
トップダウン式の意思決定パターン　168
飛び地　44
富の偏在性　9
ドラッカー, P.　11,16
トランスナショナル企業　47,64
取引コスト経済学　25
取引リスク　145
ドル・ショック　3,230
トルネックス　68
ドル平価(1ドル＝360円)　232
奴隷貿易　7
董事会(トンシー)　119
どん欲に利益を求めて投資　10

な　行

内部学習能力　64
内部化と取引コスト　23,25,27,90
内部化理論　26,87,89
内部市場の組織　106,206
内部昇進　192
ナショナリズム　4
NAFTA(North American Free Trade Agreement)　94,234
NIEs,(Newly Industrializing Economies)　116,239
ニーズとシーズのスリ合わせ　233
二次原料　143
二重為替問題　224

ニッカポッカー　24
NICs報告　238
ニッチ(隙間)戦略　211
日本的経営論　3
日本的生産方式　248
日本の奇跡　230
日本の経営　231
日本の経営学　2
日本の都市人口　236
日本の流通システム　48
ニューアジア市場　35
ニューアジア的アプローチ　5
ニューアジアという概念　5
ニューアジアの時代　2
年功　192
年功序列の職位　123
年俸制度　185
ノウハウの盗用　248
能力給　121

は　行

パーセプション・ギャップ　23
バーノン, R.　13,201
パールミュッター, H.V.　14
バーレットとゴシャール　46,64,100
ハイ・パフォーマー　190
ハイアール　74,149
ハイパーマーケット　43
「生え抜き」社員　169
パックス・アメリカーナ　7,11
パックス・ブルタニカ　7,11
バックレー, P.J.　89
バーノン, R.　20
バブルの崩壊　113,230
バンド・ワゴン効果　24
販売確保の困難性　124
販売拠点の設置　217
販売拠点の設立　115
販売代理商　49
汎用品　107
汎ヨーロッパ企業　16
販路や資材供給の確保　216
BRICs　5
PLCモデル　21
BOT　226
比較生産費説　88
比較優位性　207
比較優位による国際的資源移転論　208
比較優位の法則　18
東アジアとの共生　230
東アジアの奇跡　92
東アジアの奇跡・危機・復興　28
東アジア発のグローバル経営　195
引資　148

必要資金が巨額　216
人の現地化　126
一人勝ち　107
ヒュンダイ・オイルバンク　191
ヒュンダイ・モーター　191
標準化される段階　21
開かれた東アジア地域主義　242
ピラミッド型　231
ファブレス　101
ファミリーフレンドリー　192
フィルター構造　48
フェアウェザー，F.　13,21,200
フォーチュン誌　13,177
付加価値　163
福利厚生の充実　122
プッシュ要因　41
プラザ合意　92,112,232,246
ブラック・マーケット　235
フランチャイズ　15
ブランド力　76
ブリックス　253
ふるさと投資による企業進出　225
プル要因　41
プレゼンス　136
ブレトン・ウッズ体制　232
プロダクト・ライフ・サイクル（PLC）モデル
　　20,201
文化相対主義　256
分散投資による海外直接投資　219
平均所得の上昇　38
平生職場　169
ベスト500社　13
ペダセーン，T.　59
ヘドランド，G.　59
ベネトン　47
変動相場制　94,232
貿易自由化　146
貿易創造効果　96
貿易転換効果　96
貿易摩擦回避型　213
法定退職年齢　189
ボーゲル，E.　231
ポーター，M.　45,61
ポートフォーリオ投資　220
ホーム市場　86
ホールセール・クラブ　51
ボーン・グローバル・カンパニー（BGC）　60
母国市場の産物　47
保護主義　17
ホスト国（投資受入国）　88,254
本国経済　15
ホンダ基準　76,79,95

ま　行

マークス＆スペンサー　47
マーケット・フレンドリーな政策介入　241
マーケティング時代の展開　18
マイノリティー　176
マジョリティ　176
マネジメント技術　23
マネジメントの質　63
マルチナショナル戦略　64
マルチドメスティック　45
マルチナショナル企業　46
見えざる資産　208
ミスマッチ　185
三菱重工　149
民営企業　141
村田製作所　71
メトロ　34
メンタリング・システム　177
模造品　129
模倣企業　75

や　行

ヤオハン　51
役割・機能連鎖型　8
優遇税制　24
誘致策　24
有能な候補者　182
有望な投資先　123
輸出加工区　214
輸出比率　247
輸入志向型　203
輸入代替　203
輸入代替工業化政策　87
ヨーロッパの奇跡　6
横並び戦略　71,78
吉野浩行　76
ヨハンソン　57
40代半ばの中間管理職　169
4匹の虎　239

ら　行

ライセンシング　15,89
ライセンス制　144
来料加工　143
リージョナリズム　4
利益の送金規制・禁止　24
リカード，D.　87
リスクのマネジメント　64
リスク分散　58,219-220
リストラ　251
立地優位　24,26
リビジョニスト（日本異質論者）　246
量産は国内，高付加値は中国　73

リリエンサル, D.E. 12,14
稟議制度 231
ルイ・ヴィトン 34,47
累計稼動企業数 141
ルネッサンス 5,6
レディング学派 89
レノボ 153
レビット, T. 99
労働集約的な製品 205
ローカルコンテンツ(現地調達率) 92
ローカルメーカ 104

ローマ・クラブ 233
ロールモデル 183
ロジスティックシステム 234
ロビンソン, R.D. 13
ロボック＝シモンズ 17

わ 行

和 194
ワーク・ライフ・バランス 180,184,190
ワークフォース・ダイバーシティ 180

編者紹介

佐藤憲正(さとうのりまさ)

1942年生まれ

現　職　桜美林大学経営政策学部・大学院国際学研究科教授
　　　　早稲田大学第一政治経済学部卒業後，同大学院商学研
　　　　究科博士課程修了
　　　　1991年レディング大学・大学院客員研究員（1年間）

専　門　経営管理論，組織論，国際比較経営論，情報リテラシー論

主　著　『中小企業のための利益増進方』（中小企業調査協会，
　　　　1979年；訳書）
　　　　『外資企業インジャパン』（同文舘，1988年；共著）
　　　　『国際化社会の経営学』（八千代出版，1990年；共著）
　　　　『国際ビジネスとHRS（人的資源戦略）』（黎明出版，
　　　　1996年；監訳）
　　　　『情報リテラシー入門』（東洋経済新報社，1998年；編
　　　　著）など。

21世紀経営学シリーズ 9　　国際経営論　グローバル化時代とニューアジア経営の展望

2005年10月30日　第1版第1刷発行

監修者　齊藤　毅憲
　　　　薬谷　友紀
編著者　佐藤　憲正
発行所　株式会社 学文社
発行者　田中　千津子

〒153-0064　東京都目黒区下目黒3-6-1
Tel.03-3715-1501　Fax.03-3715-2012

ISBN 4-7620-1222-X

©2005 Sato Norimasa　Printed in Japan
乱丁・落丁本は，本社にてお取替致します。
定価は，カバー，売上カードに表示してあります。〈検印省略〉

http://www.gakubunsha.com
印刷／新灯印刷㈱